普通高等教育电子科学与技术特色专业系列教材

激光原理与技术

安毓英　刘继芳　曹长庆　编著

科学出版社

北　京

内 容 简 介

本书以经典理论和速率方程理论为基础，系统地介绍激光的基本原理和基本技术。第 1 章阐述激光的基本原理，第 2 章讨论开放式光腔和高斯光束，第 3 章讨论激光介质的增益线型和增益系数，第 4 章介绍激光器稳态振荡特性，第 5 章较系统地介绍典型激光器和激光技术。

本书可作为电子科学与技术、光信息科学与技术专业本科生的专业基础课教材，也可供高等院校相关专业师生和有关科技人员参考。

图书在版编目(CIP)数据

激光原理与技术/安毓英，刘继芳，曹长庆编著 .—北京：科学出版社，2010. 2

（普通高等教育电子科学与技术特色专业系列教材）

ISBN 978-7-03-026622-4

Ⅰ. ①激… Ⅱ. ①安…②刘…③曹… Ⅲ. ①激光理论-高等学校-教材 ②激光技术-高等学校-教材 Ⅳ. ①TN241

中国版本图书馆 CIP 数据核字(2010)第 019410 号

责任编辑：潘斯斯 匡 敏 / 责任校对：郭瑞芝

责任印制：赵 博 / 封面设计：耕者设计工作室

科学出版社出版

北京东黄城根北街 16 号

邮政编码：100717

http://www.sciencep.com

中煤（北京）印务有限公司印刷

科学出版社发行 各地新华书店经销

*

2010 年 2 月第 一 版 开本：B5(720×1000)

2025 年 7 月第十一次印刷 印张：14 1/4

字数：287 000

定价：59.00 元

（如有印装质量问题，我社负责调换）

丛书序

材料、能源和信息是21世纪的三大支柱产业，电子科学与技术是电子工程和电子信息技术发展的基础学科。目前，许多发达国家，如美国、德国、日本、英国、法国等，都竞相将电子科学与技术相关领域纳入了国家发展计划。我国对微电子技术和光电子技术等方向的研究也给予了高度重视，在多项国家级战略性科技计划中，如“863计划”、“973计划”、国家科技攻关计划、国家重大科技专项等，都有大量立项。在近几年发布的国务院《2006－2020年国家信息化发展战略》、《国家中长期科学和技术发展规划纲要（2006－2020年）》中，对我国的集成电路（特别是中央处理器芯片）、新一代信息功能材料及器件、高清晰度大屏幕平板显示、激光技术等关键领域都提出了明确目标。

电子科学与技术主要研究制造电子、光电子的各种材料及元器件，以及集成电路、集成电子系统和光电子系统，并研究开发相应的设计和制造技术。它涵盖的学科范围很广，是多学科交叉的综合性学科。现在，教育部本科专业目录中，电子科学与技术专业涵盖了微电子技术、光电子技术、物理电子技术、电子材料与元器件及电磁场与微波等专业方向。随着学科的交叉发展和产业的整合，各专业方向已彼此渗透交融。如何拓宽专业方向？如何体现专业特色？是当前我国高校电子科学与技术专业在办学方面所迫切需要探讨的问题。教育部电子科学与技术专业教学指导分委员会起草的《普通高等学校电子科学与技术本科指导性专业规范》，对本专业的核心知识领域和知识单元的覆盖范围作了规定，旨在引导高等学校电子科学与技术专业在办学方向与人才培养方面探索新的模式，不断提高教学质量，增强高校教学的创新能力，更好地培养知识、能力、素质全面协调发展的，适合我国电子科学与技术各领域不同层次发展需求的有用人才。

教育部为了推进“质量工程”，自2007年10月开始，先后三批遴选了国家级特色专业建设点。目前，有三十余个院系被批准为电子科学与技术国家级特色专业建设点。在教材建设方面，2008年10月，教育部高教司在《关于加强“质量工程”本科特色专业建设的指导性意见》中指示：“教材建设要反映教学内容改革的成果，积极推进教材、教学参考资料和教学课件三位一体的立体化教材建设，选用高质量教材，编写新教材。”为了适应新形势下对电子科学与技术领域人才培养的需求，本届电子科学与技术教学指导分委员会经过广泛深入调研，依托电子科学与技术专业国家级、省级特色专业建设点，与科学出版社共同组织出版本套《普通高等教育电子科学与技术特色专业系列教材》，旨在贯彻专业规范和教学基本要求，总结和推广各特色专业建设点的教学经验和教学成果，以提高我国电子科学与技术专业本科教学的整体水平。

本套丛书在组织编写中，重点考虑了以下几方面的特色：

1. **体现专业特色，贯彻专业规范和教学基本要求。**依托“国家级、省级特色专业建设点”，汇总优秀教学成果，将特色专业建设的内容、国内外科研教学的成果、电子科学与技术方向的专业规范与教学基本要求结合起来，教材内容安排围绕专业规范，体现核心知识单元与知识点。

2. **按照分类指导原则，满足多层面的需求。**针对同一类课程，根据不同的教学层次(普通院校、重点院校或研究型大学、应用型大学)和学时要求(多学时、少学时)，涵盖不同范围的拓展知识单元，编写适合不同层次需求的教材。注重与先修课程、后续课程的有机衔接，每本教材在重视系统性和完整性的基础上，尽量减少内容重复。

3. **传承精品，吐故纳新。**本套丛书吸纳了科学出版社 2004 年出版的《高等院校电子科学与技术专业系列教材》中受到高校师生欢迎的精品教材。在保证前一版教材准确诠释基本概念、基本理论的基础上，新一版教材更新内容，注重反映本学科领域的最新成果和发展方向，真正使教材能够达到培养“厚基础、宽口径、会设计、可操作、能发展”人才的目的。

4. **拓宽专业基础，面向工程应用，加强实践环节。**适当拓宽专业基础知识的范围，以增强学生的适应性；面向工程应用，突出工科特色，反映新技术、新工艺；注重实践环节的设置，以促进学生的实际动手能力和创新能力的培养。

5. **注重立体化建设。**本套丛书除了主教材外，还将逐步配套学习辅导书、教师参考书和多媒体课件等，为任课教师提供丰富的配套教学资源，方便教师教学，同时帮助学生复习与自学，使教材更加易教易学。

本套丛书的编写汇聚了全国高校的优势资源，突出了多层次与适应性、综合性与多样性、前沿性与先进性、理论与实践的结合。在教材的组织和出版过程中得到了相关高校教务处及学院的帮助，在此表示衷心的感谢。

根据电子科学与技术专业发展战略的要求，我们将对本套丛书不断更新，以保持教材的先进性和适用性。热忱欢迎全国同行以及关注电子科学与技术领域教育及发展前景的广大有识之士对我们的工作提出宝贵意见和建议！

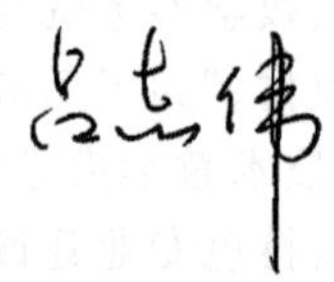

教育部高等学校电子科学与技术专业
教学指导分委员会主任
哈尔滨工业大学教授

前 言

本书是为电子科学与技术、光信息科学与技术本科专业以及电子信息类、电子信息科学类其他相关专业编写的"激光原理"、"激光原理与技术"课程教材。

激光器发明虽然已将近半个世纪，但人们对激光的物理认识仍在不断深化。作者有幸讲授"激光原理与技术"课程30余年，本书是在作者历年讲稿基础上整理编著而成的。理应感谢的是，作者组织讲稿时所用的主要参考教材是周炳琨等编著的《激光原理》一书。

本书力求达到普通高校本科教学的普适性：第一，以经典理论和速率方程理论相结合的处理方法，讲授"激光原理与技术"，不涉及半经典理论；第二，突出爱因斯坦关系的讨论，以受激辐射为红线，从电子学载波技术发展引出光频载波技术（即单模激光器）的基本思想和光学实现方法，使教学师生对受激辐射的观念建立和物理理解有所深入；第三，以三条主线和十二个问题的形式归纳课程体系，既有树木，又见森林，有助于教师根据情况组织教学，又有利于学生自学。

本书共分为5章，每章后附有习题与思考题。第1章主要介绍激光的基本原理和特性，并介绍本书编写的课程体系；第2章分别应用几何光学理论和物理光学理论详细讨论无源光学开腔的损耗描述、稳定条件和腔内模式，并在此基础上介绍高斯光束的传输和变换规律；第3章分别应用经典理论和速率方程理论讨论激光工作物质的增益线型、谱线加宽机制与增益饱和规律；第4章分析激光器稳态工作特性，包括阈值特性、输出功率、模式竞争、频率牵引以及线宽极限等问题；第5章以激光工作物质分类介绍几种典型激光器，并结合激光器介绍改善和控制激光特性的调 Q、锁模、选模、稳频和放大等激光技术。

本书的参考学时为46学时。使用本书的先修课程是大学物理和电磁理论，具有物理光学和量子力学知识的人员，使用本书更加有利。本书既可作为电子科学与技术、光信息科学与技术的本科生专业基础课程"激光原理与技术"的教材，也可供应用物理、通信工程等相关专业课程选用。

本书第1章由安毓英编写，第2、3章由刘继芳编写，第4、5章由曹长庆编写，安毓英统编全稿。在编写过程中，得到了西安电子科技大学技术物理学院教师们的支持，西北大学张纪岳教授、西安电子科技大学石顺祥教授审阅了全书书稿，并提出许多建设性意见，在此对他们表示衷心的感谢。

由于作者水平有限，书中难免存在疏漏之处，希望广大读者批评指正。

作者

2009年12月

前 言

[illegible]

由于作者水平有限，书中难免有疏漏之处，希望广大读者批评指正。

作者

[illegible]年 12 月

目　　录

第1章 光基础——爱因斯坦系数关系

1.1 光波模式和光子态

1.1.1 光波模式

按照经典电磁理论，光电磁波的运动规律同样也由麦克斯韦(Maxwell)方程决定。为了简单起见，这里只写出均匀介质中定态电波 $\boldsymbol{E}(\boldsymbol{r},t)=\boldsymbol{E}(\boldsymbol{r})\mathrm{e}^{\mathrm{i}\omega t}$ 的亥姆霍兹(Helmholtz)方程

$$\nabla^2\boldsymbol{E}(\boldsymbol{r})+k^2\boldsymbol{E}(\boldsymbol{r})=0 \tag{1.1-1}$$

和横波条件

$$\nabla\cdot\boldsymbol{E}(\boldsymbol{r})=0 \tag{1.1-2}$$

以及

$$k=\frac{\omega}{c}=\frac{2\pi}{\lambda} \tag{1.1-3}$$

式中，c、λ 分别为介质中的光速和波长。

在无边界约束条件下，运动方程(1.1-1)有各种形式的特解，每种特解称为一种模式，其中最基本的特解是定态(或单色)平面波。它表示为

$$\boldsymbol{E}(\boldsymbol{r},t)=\boldsymbol{E}_0\mathrm{e}^{\mathrm{i}(\omega t\pm\boldsymbol{k}\cdot\boldsymbol{r})} \tag{1.1-4}$$

式中，$\boldsymbol{E}_0$ 为光波电场复振幅矢量，由式(1.1-2)可知，$\boldsymbol{E}_0$ 有两个独立的偏振分量和初相位 φ_0；$\boldsymbol{r}$ 为观察位置坐标矢量；$\boldsymbol{k}$ 为波矢量且 $\boldsymbol{k}=\boldsymbol{k}_x+\boldsymbol{k}_y+\boldsymbol{k}_z$，代表平面波传播方向。运动方程(1.1-1)的通解可表示为一系列特解，即单色平面波的线性叠加。由于无约束，波矢 $\boldsymbol{k}$ 的大小和方向可以连续取值，即具有任意波矢 $\boldsymbol{k}$ 的单色平面波都可以存在。

在一个有边界条件限制，即有边界约束条件下，特解形式会发生变化。为简单起见，考虑一个充满均匀电介质的矩形导体腔，如图 1.1-1 所示。从图 1.1-1 可见，这

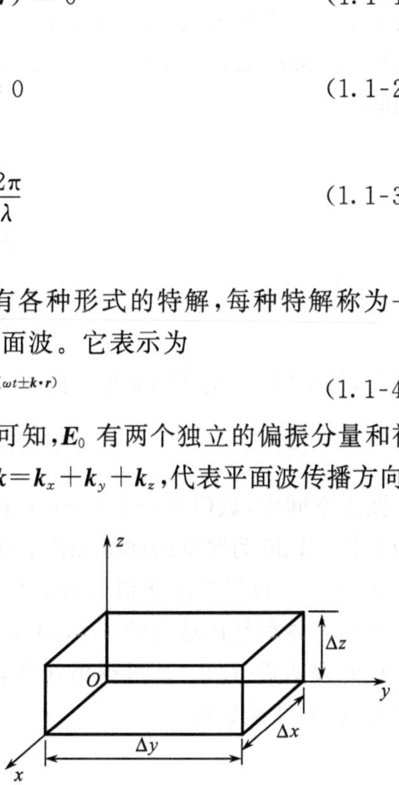

图 1.1-1 导体腔

里的约束体现在：空腔体积 $V=\Delta x\Delta y\Delta z$；导体腔面上必须服从边界条件 $\boldsymbol{n}\times\boldsymbol{E}=0$，这里 $\boldsymbol{n}$ 是腔面外法线方向，表明腔面上电场的切向分量必须等于零。这个约束使波方程(1.1-1)的特解不再是任意波矢 $\boldsymbol{k}$ 的单色平面波，$\boldsymbol{k}$ 的取值不再连续，只能取一系列特定值，腔内只能存在一系列独立的具有特定波矢 $\boldsymbol{k}$ 的平面单色驻波，称为驻波模。而无约束时称为行波模。

在接下来的讨论中，我们不去关注如何求解式(1.1-1)的具体过程，因为既然是驻波解，$\boldsymbol{k}$ 只能取一系列离散值(可数)，我们更关注这些驻波模如何区分？V 内能有多少个模？单位体积内频率 ν 处单位频带内有多少个模(称为模式谱密度 n_ν)？这是一个很重要的概念。

在 $\boldsymbol{k}$ 空间(以 k_x、k_y、k_z 为直角坐标)，驻波条件是

$$\left.\begin{aligned} k_x\Delta x &= m\pi \\ k_y\Delta y &= n\pi \\ k_z\Delta z &= q\pi \end{aligned}\right\} \tag{1.1-5}$$

式中，m、n、q 取正整数。每一组正整数(mnq)在波矢空间确定了一个允许的 $\boldsymbol{k}$ 值，表示腔内一个驻波模，对应 $\boldsymbol{k}$ 空间一个点，记为 TEM_{mnq}(包含两个偏振态，算两个模)。令 $\Delta m=\Delta n=\Delta q=1$，从式(1.1-5)有，每个模式在三个坐标轴方向与相邻模的间隔为

$$\left.\begin{aligned} \Delta k_x &= \frac{\pi}{\Delta x} \\ \Delta k_y &= \frac{\pi}{\Delta y} \\ \Delta k_z &= \frac{\pi}{\Delta z} \end{aligned}\right\} \tag{1.1-6}$$

因此，每个模式(允许的 $\boldsymbol{k}$ 值) 在波矢空间占有一个体积元

$$\Delta k_x\Delta k_y\Delta k_z = \frac{\pi^3}{\Delta x\Delta y\Delta z} = \frac{\pi^3}{V} \tag{1.1-7}$$

在波矢空间中，数值大小为 $k\sim k+\mathrm{d}k$ 的波矢量 $\boldsymbol{k}$ 对应点都在以原点为球心、以 k 为半径、以 $\mathrm{d}k$ 为厚度的薄球壳内。由于 mnq 只能取正整数，允许波矢 $\boldsymbol{k}$ 的三个分量 k_x、k_y、k_z 也只能取正值，因此，可以存在于体积为 V 的空腔内的波矢在波矢空间中所占体积是该球壳的 1/8，即 $\pi k^2\mathrm{d}k/2$。用它除以每个允许波矢在波矢空间的体积元表达式(1.1-7)，可得出在体积为 V 的空腔内、波矢量数值为 $k\sim k+\mathrm{d}k$ 的波矢量(驻波模数量)

$$M_k = \frac{k^2\mathrm{d}k}{2\pi^2}V \tag{1.1-8}$$

注意到式(1.1-3)及 $\mathrm{d}k=\Delta\omega/c=2\pi\Delta\nu/c$，可算出在 V 体积空腔内、频率为 $\nu\sim\nu+\mathrm{d}\nu$

的驻波模数为

$$M_\nu = \frac{4\pi\nu^2 d\nu}{c^3}V \tag{1.1-9}$$

因为光波模式数是光驻波模式数或允许光波矢量数的二倍，故得到存在于体积为 V 的空腔内、频率为 $\nu \sim \nu + d\nu$ 的光波模式(行波模)数为

$$M = 2M_\nu = \frac{8\pi\nu^2 d\nu}{c^3}V \tag{1.1-10}$$

最后，存在于体积为 V 的空腔单位体积内、单位频率间隔的光波模式数，即模式谱密度 n_ν 为

$$n_\nu = \frac{M}{V d\nu} = \frac{8\pi\nu^2}{c^3} \tag{1.1-11}$$

故式(1.1-10)又可以写为

$$M = n_\nu V d\nu \tag{1.1-12}$$

1.1.2　光子态

按照光量子学说，光是一种以光速 c 运动的光子流。光子的基本性质如下。

(1) 光子与其他基本粒子一样，具有能量 E、动量 $\boldsymbol{P}$ 和质量 m。光子的这些粒子属性与光的电磁波动属性有着紧密的内在联系，可表示为

$$E = h\nu \tag{1.1-13}$$

$$\boldsymbol{P} = \frac{h}{2\pi}\boldsymbol{k} \tag{1.1-14}$$

$$m = \frac{h\nu}{c} \tag{1.1-15}$$

式中，ν 是光频率；$\boldsymbol{k}$ 是光波矢；$h = 6.626 \times 10^{-34}\,\mathrm{J \cdot s}$，称为普朗克(Planck)常量。

(2) 光子具有两种可能的独立偏振态，对应于光波场的两种独立偏振方向。

(3) 光子具有自旋，且自旋量子数为整数，因此大量光子的集合服从玻色-爱因斯坦(Bose-Einstein)统计规律。处于同一状态的光子数目是没有限制的，这是光子与其他服从费米(Fermi)统计分布的粒子(电子、质子、中子等)的重要区别。

光子态是光子运动状态的简称。在经典力学中，质点的运动状态完全由其空间坐标(x, y, z)和动量(P_x, P_y, P_z)确定，这种六维空间(x, y, z, P_x, P_y, P_z)称为相空间，相空间的一点就表示质点的一种运动状态，(x, y, z, P_x, P_y, P_z)可连续取值。光子的运动状态与经典质点有着本质的区别，它受量子力学测不准关系的制约，表示为

$$\Delta x \Delta y \Delta z \Delta P_x \Delta P_y \Delta P_z = h^3 \tag{1.1-16}$$

这表明，相同状态的光子都处于同一个相空间体积元 $\Delta x\Delta y\Delta z\Delta P_x\Delta P_y\Delta P_z$ 中，称之为相格，它的大小等于 h^3，相格的空间体积为

$$\Delta x\Delta y\Delta z=\frac{h^3}{\Delta P_x\Delta P_y\Delta P_z}\tag{1.1-17}$$

这进一步说明，光子的某一运动状态只能定域在一个相格中，而不能确定它在相格内部的对应空间位置。也就是说，同一相格中的光子是无法区分的，当然属于同一光子态。

类似式(1.1-7)，在一个宏观体积 V 内，由于光子坐标与动量间的测不准关系，一个光子态(允许的 ΔP 值)在 $\boldsymbol{P}$ 空间占有的体积元为

$$\Delta P_x\Delta P_y\Delta P_z=\frac{h^3}{V}\tag{1.1-18}$$

那么在动量空间(P_x,P_y,P_z)，数值大小为 $P\sim P+\mathrm{d}P$ 范围内的动量 $\boldsymbol{P}$ 对应点，一定都在以原点为球心，以 P 为半径，以 $\mathrm{d}P$ 为厚度的球壳之内。由于 P 的数值没有什么限制，可以连续取值，于是整个球壳体积 $4\pi P^2\mathrm{d}P$ 可取，用它除以一个光子态的动量体积元表达式(1.1-18)，最后，得到宏观体积 V 中可容纳的光子态数目为

$$M_P=\frac{4\pi P^2\mathrm{d}P}{\Delta P_x\Delta P_y\Delta P_z}=4\pi P^2\mathrm{d}P\,\frac{V}{h^3}\tag{1.1-19}$$

注意到 $P=h\nu/c$、$\mathrm{d}P=h\mathrm{d}\nu/c$ 以及光子的两种偏振态，在宏观体积 V 中、频率处于 $\nu\sim\nu+\mathrm{d}\nu$的光子态数目为

$$M_\nu=\frac{8\pi\nu^2\mathrm{d}\nu}{c^3}V\tag{1.1-20}$$

光子态谱密度为

$$n_\nu=\frac{M}{V\mathrm{d}\nu}=\frac{8\pi\nu^2}{c^3}\tag{1.1-21}$$

这与式(1.1-11)完全相同，说明一个光子态等价于一个光波模。在讨论光传播问题时习惯用光波模方法，在讨论光与物质相互作用时用光子态方法则更方便。

1.1.3 光波模与光子态的相干性

由物理光学可知，相干体积 V_c 是光源单色性与光源线度的综合反映，理想的单模光场是完全相干光，相干体积无限大。不同模间的光场是不相干的，且相干体积为零。因此，相干体积 V_c 实际上是指实际光源(面积 A_s、光谱线宽 $\Delta\nu$)单模光场的相干“空间”。光源谱线宽度 $\Delta\nu$ 决定了单模光场的纵向相干长度

$$L_c=\frac{c}{\Delta\nu}\tag{1.1-22}$$

光源面积 A_s 决定了距光源 R 处的相干面积

$$A_c = \left(\frac{\lambda R}{\sqrt{A_s}}\right)^2 = \left(\frac{\lambda}{\theta_s}\right)^2 \tag{1.1-23}$$

式中，$\theta_s=\sqrt{A_s}/R$，表示从 R 处看，光源面积 A_s 所张的角度。光源相干体积

$$V_c = L_c A_c = \frac{c^3}{\theta_s^2 \nu^2 \Delta\nu} \tag{1.1-24}$$

再从光子的观点讨论光子态的相干问题。因为同一相格中光子属于同一光子态，因此，同一光子态的光子一定相干。式(1.1-17)给出的 $\Delta x\Delta y\Delta z$ 应是光子态的相干体积 V_c，即

$$V_c = \Delta x\Delta y\Delta z = \frac{h^3}{\Delta P_x \Delta P_y \Delta P_z} \tag{1.1-25}$$

现在对应物理光学中相干实验的光路，如图 1.1-2 所示，看看 V_c 应该等于什么？因为是同一个物理问题，实验结果应该相同。从光子观点看，可以用一个光子长时间完成实验。于是，距光源 R 处的相干体积 V_c 应为

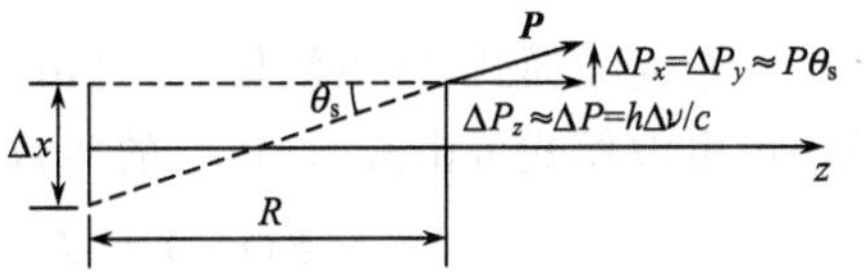

图 1.1-2　光子相干实验示意图

$$V_c = \Delta x\Delta y\Delta z = \frac{c^3}{\theta_s^2 \nu^2 \Delta\nu} \tag{1.1-26}$$

与式(1.1-24)完全相同。又一次说明一个光波模等价一个光子态。上述讨论给我们的启示是：

(1) 在本书的讨论中，光波模和光子态的概念允许混用；

(2) 单模或单光子态光源才是理想的相干光源，如何获得这种光源正是本书所要展开讨论的主题。

1.1.4　光子简并度 $\bar{n}$

在结束本节讨论时，还有一个问题应该提出，那就是如何评价一个光源？这里只关心发光强度和相干性两个参量。

光强度正比于光子数目，而相干性取决于相干体积大小。从前面的讨论可知，光子是玻色子，同态光子数目没有限制。单光子态光源的光场一定是相干光场。式(1.1-24)和式(1.1-26)表明，光源的本质是单色性($\Delta\nu$ 大小)，$\Delta\nu$ 反比于相干体积，而 θ_s 则是相对的，离光源越远(R 越大)，θ_s 越小，V_c 越大，但光强越小。这说明光强与 V_c 是矛盾的。因此，将光强与相干性结合在一起，引入光子简并度 $\bar{n}$ 参量才是评价光源特性的科学方法，表示为

$$\bar{n} = \frac{\text{光子数目}}{\text{光子态数目}} = \frac{\text{光子数目}}{M}$$
$$= \frac{\text{光子数目}}{n_\nu \cdot V \cdot \Delta\nu}$$
$$= \text{一个光波模内平均的光子数目}$$
$$= \text{一个光子态内平均的光子数目} \tag{1.1-27}$$

从式(1.1-27)可见,模式谱密度 n_ν 将严重影响光子简并度 $\bar{n}$。1.2 节将深入讨论这个问题。

1.2 电子学载波技术的迷茫

1.2.1 载波和噪声波

一个光波模式(或电波模式)是由波矢 $\boldsymbol{k}$ 标志的,例如,一个在 z 方向传播的单色平面电波模式可由式(1.1-4)的实数形式表示为

$$\boldsymbol{E}(\boldsymbol{r},t) = \boldsymbol{E}_0 \cos(\omega_0 t - kz + \varphi_0)$$
$$= \boldsymbol{E}_0 \cos\phi \tag{1.2-1}$$

式中,ϕ 称为波相位,ϕ=常数的 xy 面称为 t 时刻的等相位面;φ_0 称为由波源决定的初相位,这是将要讨论的重点。

1. 载波

从式(1.2-1)容易求得

$$\left.\begin{aligned} \varphi_0 &= \text{常数} \\ \omega &= \frac{\mathrm{d}\phi}{\mathrm{d}t} = \omega_0 \end{aligned}\right\} \tag{1.2-2}$$

这说明,只要初相位是常数,那么这个波在传播过程中振幅、频率不会发生改变,其波形曲线如图 1.2-1(a)所示,称为载波,具有携带信息的能力,可使电子学中的幅度调制、频率调制、相位调制的功能得以实现。

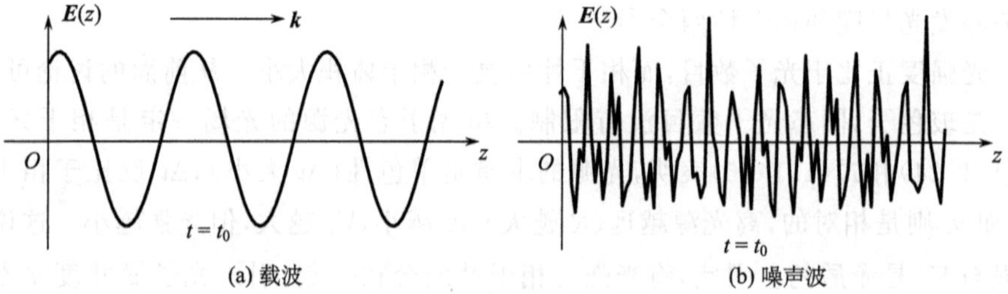

图 1.2-1 载波与噪声波

2. 噪声波

同样，从式(1.2-1)容易求得

$$\left.\begin{aligned}\varphi_0 &= \varphi_0(t)\\ \omega &= \frac{\mathrm{d}\phi}{\mathrm{d}t} = \omega_0 \pm \Delta\omega\\ \Delta\omega &= \frac{\mathrm{d}\varphi_0(t)}{\mathrm{d}t}\end{aligned}\right\} \tag{1.2-3}$$

该式说明，如果 φ_0 不再是常数，那么在传输过程中无论在哪里看，该波都表现出杂乱无章的状态。$\Delta\omega$ 中每个频率分量概率相等，称为噪声波。显然噪声波不会有携带信息的能力，如图 1.2-1(b)所示。但是，噪声波中包含无穷多个载波。

1.2.2 电磁载波技术

现在我们自然会问，电磁载波如何产生呢？电子学中称为载波技术，它是电子学成为电子信息学的重要基础。电子信息学的形成过程正是载波技术从低频、高频以及微波频率不断发展成熟的历程。

按照电磁理论，只要电子器件(电子管、晶体管、速调管、磁控管等)中的电子有加速运动，就会辐射电磁波，而且当辐射体尺寸 l 约等于波长 λ 时，会有强烈的噪声波辐射。而式(1.2-2)表示的载波条件要求 $\omega=\omega_0$，如果将电子器件与谐振器结合起来，构成振荡器，就能从噪声波中选出一个单一的 ω_0 来，从而实现大量电子的同步运动，辐射出一个单一模式的电磁载波，这就是所谓的电子学中的载波技术。值得注意的是，上述的选频谐振器的形式在不同频段是完全不同的，如图 1.2-2 所示。

在低频段($\lambda \gg l$)，集中参数的 LC 回路依靠精确量值的 LC 元件确定了精确的

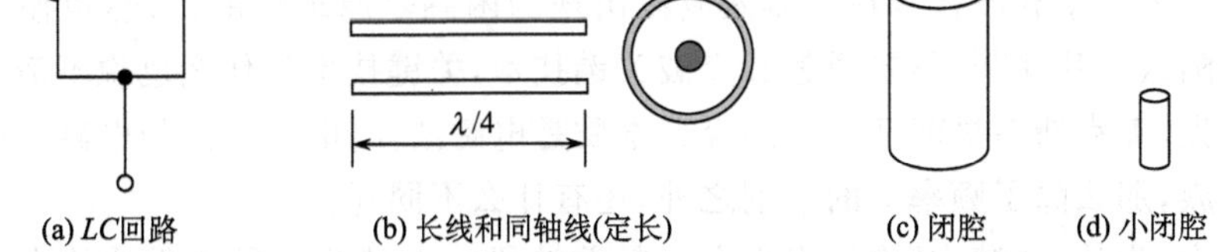

图 1.2-2　电子选频回路的演变

ω_0 值。而集中参数的物理意义是指，在 l 上各处，电磁波是同相位的。因此，φ_0＝常数自动满足，使人觉得 φ_0＝常数的载波条件不再那么重要。

高频段($\lambda \sim l$)，由于波长的缩短，在 l 上各处电波不再同相位，集中参数概念失去意义，被分布参数概念取代。双根导线(称为长线)等效于许多 LC 回路的并联，用 $l=\lambda/4$ 的双导线即可构成有确定 ω_0 和 φ_0＝常数的选频回路。不过由于辐射的加强，这对选频回路来说增大了损耗。为了减小这种辐射损耗，在频率更高一些的高频段，同轴线的结构出现了。然而，随着频率再提高，同轴线的内导体上出现了严重的焦耳热损耗(高频电流正比于 ω^2)，所以到了微波波段，选频回路就变成了空腔形式，称为闭腔结构。

按照式(1.2-2)，要求有一个闭腔选频回路，工作在一个电磁模式状态要求 $M=1$，于是闭腔体积

$$V(=l^3)=\frac{c^3}{8\pi\nu^2\Delta\nu}\approx\lambda^3 \tag{1.2-4}$$

这就是电子加速运动产生电子学载波在技术上必须满足的条件。随着频率的升高，n_ν 变得更大，要使 $M\approx 1$，只有将选频腔线度 l 减小到波长量级。

1.2.3 太赫兹波鸿沟

式(1.2-4)表示的载波条件，随着频率 ω_0 的再提高(波长再变短)，对实现技术的影响明显的显露出来，这个频段就是太赫兹(THz)波频段。第一，电子的更高加速以产生更高频段的噪声波由于相对论效应变得困难起来；第二，选频腔体积 $V\sim\lambda^3$ 的要求变得不再现实。

太赫兹波频段是指 0.1～10THz(相应波长为 3mm～30μm，$1\text{THz}=1\times10^{12}\text{Hz}$)，介于毫米波和红外光波之间，是电子学和光子学的过渡区。也可以说，太赫兹波段是电子学的极限波段。太赫兹波段是阻隔在电子学和光子学间的一条难以逾越的鸿沟。

需要指出，太赫兹波极具特色，有重要的应用价值，已成为当今科学界研究开发的热点之一。

1.2.4 光频载波的迷茫

因为电子学载波技术在太赫兹波段出现的困惑是原理性的，自然也使光频载波技术陷入一片迷茫：不要说怎么突破关键技术，关键技术是什么也说不清楚。

首先，麦克斯韦早就证实光的经典本质是电磁波，与电子学低频电磁波同属一个大家族，那么除了频率上的差别之外，还有什么不同呢？

其次，为什么“鸿沟”恰好出现在太赫兹波段？太赫兹波段电磁波的本质特性是什么？

再次，既然太赫兹波段是电磁波谱图上电波与光波的过渡区，那么它与两边区域的电磁波的区别与联系又是什么？

上述问题归结起来是一个典型的量变到质变的哲学问题。量变是指频率的不断升高，质变是指电子振荡器变成了原子或分子振荡器。原子在高(E_2)低(E_1)能级间的跃迁会吸收(上跃迁)或发射(下跃迁)光子 $h\nu$，且 $h\nu = E_2 - E_1$，如图 1.2-3 所示。

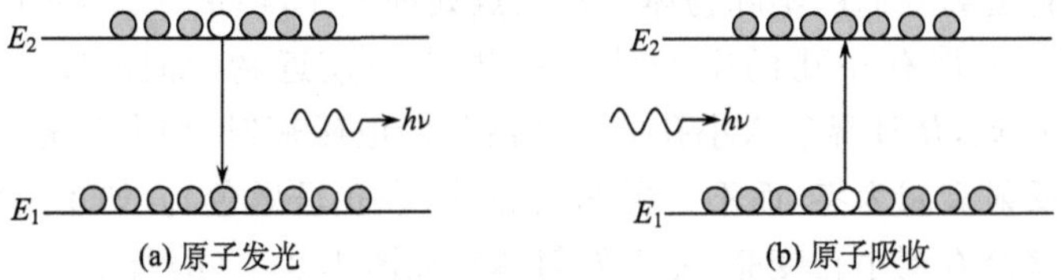

图 1.2-3　原子发光和吸收示意图

一个很自然的逻辑上的问题产生了：电子振荡器能产生 $M=1$ 的载波，原子振荡器也会产生出 $M=1$ 的光频载波吗？

再回顾一下电子学的载波技术和载波条件是有益的。电子振荡器的电子器件提供电磁噪声波，而选频回路(谐振腔)选出 ω_0 来，$\varphi_0=$常数的条件自动满足(大量电子同步运动)。也就是说，利用电子振荡技术，大量电子同步运动是人为可控的。而原子振荡器靠的是跃迁，$h\nu = E_2 - E_1$ 条件即使能保证，跃迁过程的随机特性，$\varphi_0=$常数的条件却是无法人为控制的，因此，原子振荡器发射的只能是噪声波。那么光频载波的出路在哪里呢？一片迷茫。

所幸，迷茫中爱因斯坦点燃了一盏给光频载波技术带来希望的明灯，这就是奠定激光理论基础的爱因斯坦关系。

1.3　爱因斯坦关系——自发辐射和受激辐射

爱因斯坦关系的提出与物体的热辐射特性相关，谈及热辐射，中心论题就是普朗克黑体辐射公式。

1.3.1　普朗克黑体辐射公式

处于某一温度 $T(T>0\text{K})$ 的任何物体(用下标 i 代表)都会吸收和发射电磁波，称为热平衡辐射，简称热辐射。而且服从如下规律：

$$\frac{M_i(\lambda,T)}{\alpha_i(\lambda,T)} = \frac{M_b(\lambda,T)}{\alpha_b(\lambda,T)} = M_b(\lambda,T) \tag{1.3-1}$$

式中，$M_i(\lambda,T)$、$\alpha_i(\lambda,T)$分别表示物体 i 的辐出度(辐射本领)和吸收率(吸收本

领);$M_b(\lambda,T)$、$\alpha_b(\lambda,T)$代表一种特殊的物体(称为黑体)的辐射本领和吸收本领。显然,要求 $\alpha_b(\lambda,T)=1$,即黑体能够完全吸收任何波长的电磁辐射,按照热平衡要求,它的辐射本领也一定是最大的。如果理论上能够求出 $M_b(\lambda,T)$,则对任何实际物体来说,$M_i(\lambda,T)=\alpha_i(\lambda,T)\ M_b(\lambda,T)=\varepsilon_i(\lambda,T)$,$M_b(\lambda,T)$的问题就解决了,这里 $\varepsilon_i(\lambda,T)$表示实际物体的发射率。

其实,黑体概念和力学中的质点概念一样,是理论上的一种抽象思维,但意义重大。如同将远离我们的实际物体当作质点处理一样,将 $\alpha_b(\lambda,T)\approx 1$ 的物体当作黑体对待。一个带有小孔的空腔体就是黑体的逼近物,如图 1.3-1 所示。从图 1.3-1(a)可见,从外界射入小孔的任何波长的电磁辐射(如太阳光)都将在腔内多次不完全反射衰减为零,而不会再逸出腔外(小孔呈黑色)。如果将空腔加热到 500K 以上,就会看到小孔变亮(完全发射体),如图 1.3-1 (b)所示。

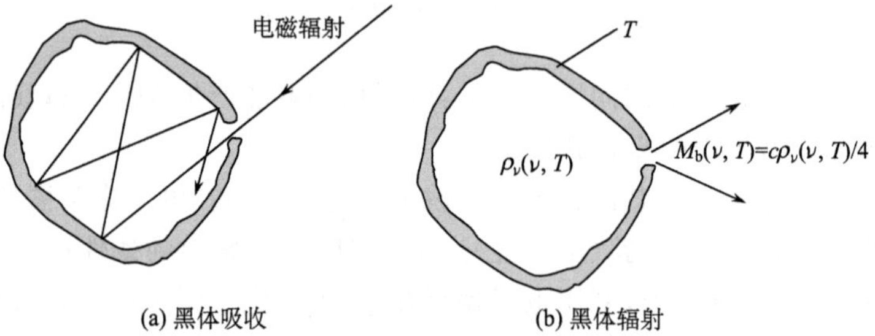

图 1.3-1 黑体示意图

如果黑体腔处于某一温度 T 条件下,则它所吸收的辐射能量应等于所发出的辐射能量,即黑体与辐射场之间应处于能量(热)平衡状态。显然,这种平衡必然导致空腔内存在完全确定的辐射场(广义的驻波场),这种辐射场称为黑体辐射或平衡辐射。用 $\rho_\nu=\rho_\nu(T)$表示温度为 T 的黑体腔内单位体积中频率 ν 处单位频带间隔内的电磁驻波能量,称为黑体能量谱密度($J/(m^3\cdot\mu m)$)。容易证明,从小孔向外发射的电磁行波的辐出度应该是 $M_b(\nu,T)=c\rho_\nu/4$,这里 c 表示光速。

在关于 ρ_ν 的理论研究中发现,所有从经典物理学观点出发所作的一切努力,在关于 $M_b(\nu,T)$的实验测量结果面前都是失败的。所幸,1900 年普朗克提出了与经典观点完全不相容的辐射能量量子化假设,认为黑体腔与辐射场相互作用、能量交换的方式是量子化的,只能是基本能量子 $h\nu$ 的整数倍。运用这一创新观点和拼凑研究法得到了与实验结果相符合的 ρ_ν 表示式,称为普朗克公式,表示为

$$\rho_\nu = n_\nu \cdot h\nu \cdot \bar{n} \tag{1.3-2}$$

式中

$$n_\nu=\frac{8\pi\nu^2}{c^3} \tag{1.3-3}$$

$$\bar{n} = \frac{1}{e^{h\nu/(k_B T)} - 1} \tag{1.3-4}$$

n_ν 是式(1.1-11)或式(1.1-21)给出的黑体辐射模式谱密度；$\bar{n}$ 是分配在一个辐射模式中的平均光子数，即由式(1.1-27)表述的光子简并度；$h\nu\bar{n}$ 则表示分配在腔内每一个模式上的平均能量；$k_B = 1.38\times10^{-23}$ J/K 是玻尔兹曼(Boltzmann)常量。

1.3.2 自发辐射、受激辐射与辐射的受激吸收

爱因斯坦认为普朗克公式的成功不但为红外(光源)辐射光学奠定了坚实的物理基础，而且对光辐射的本质认识提供了研究平台。他的入木三分的问题是，黑体腔(物质)与辐射场(ρ_ν)相互作用的具体过程到底是怎么样进行的呢？为此，他不仅提出了已在1.1.2节中讨论过的光量子理论，而且提出了光与物质相互作用过程应包含自发辐射跃迁和受激辐射跃迁三个过程。只考虑原子的两个能级 E_2 和 E_1，并且

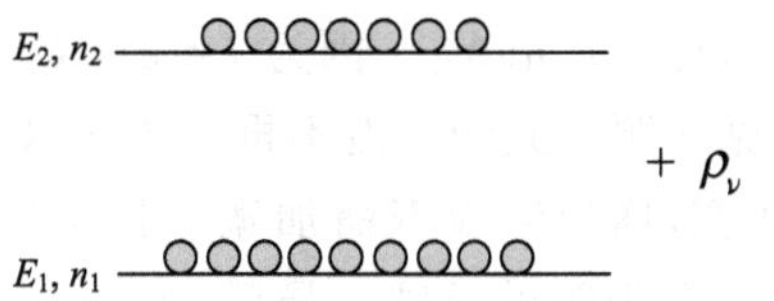

图 1.3-2　二能级原子与辐射场作用模型

$$E_2 - E_1 = h\nu \tag{1.3-5}$$

单位体积内处于两能级的原子数分别用 n_2 和 n_1 表示，辐射场用 ρ_ν 表示，如图1.3-2所示。

1. 自发辐射与自发辐射辐射系数 A_{21}

与辐射场 ρ_ν 无关，处于高能级 E_2 上的原子一定会自发地向低能级 E_1 跃迁，称为自发跃迁，如图1.3-3(a)所示。自发跃迁一定会发射一个光子 $h\nu$，称为自发辐射。在 n_2 个原子中哪些会自发下跃是随机过程，自发辐射光波的传播方向、偏振、初相位都是随机的，所以是光噪声波。

假定 t 时刻 E_2 上的原子数密度为 $n_2(t)$，那么经过 $t\sim t+\mathrm{d}t$ 后自发下跃的原子数 $\mathrm{d}n_{21} = -\mathrm{d}n_2(t)$ 应为

$$\left.\begin{aligned} -\mathrm{d}n_2(t) &= A_{21} n_2(t)\mathrm{d}t \\ A_{21} &= -\left(\frac{\mathrm{d}n_2(t)}{\mathrm{d}t}\right)_{\mathrm{sp}} \frac{1}{n_2(t)} \end{aligned}\right\} \tag{1.3-6}$$

式中，A_{21} 表示单位时间内自发下跃(用sp表示)原子数目的比例，称为自发辐射跃迁概率，也称为自发辐射跃迁爱因斯坦系数。改写式(1.3-6)有

$$\left(\frac{\mathrm{d}n_2(t)}{\mathrm{d}t}\right)_{\mathrm{sp}} = -A_{21} n_{21}(t) \tag{1.3-7}$$

称为爱因斯坦自发辐射跃迁速率方程。如果假定 $t=0$ 时，$n_2(t)=n_{20}$，则积分式(1.3-7)有

$$n_2(t)=n_{20}\mathrm{e}^{-t/\tau_{21}} \tag{1.3-8}$$

式中

$$\tau_{21}=\frac{1}{A_{21}} \tag{1.3-9}$$

称为能级 E_2 的平均寿命，由二能级结构性质决定。$n_2(t)$的指数衰减规律导致自发辐射光强的指数衰减，即

$$I_{\mathrm{sp}}=h\nu\cdot A_{21}n_2(t)=I_0\mathrm{e}^{-t/\tau_{21}} \tag{1.3-10}$$

式中，$I_0=n_{20}h\nu A_{21}$。因为 $I=E\cdot E^*$，自发辐射噪声光电场也是指数衰减规律，显然(见习题)，光噪声波不再是单色波而是复色波，自发跃迁谱线有一个由 τ_{21} 决定的线宽，称为谱线寿命加宽。其实这正是量子力学测不准关系决定的能级宽度 ΔE 不会为零的反映。最后，由 $I=\rho c$ 可知，自发跃迁过程将使腔内电磁场能量谱密度在 $\mathrm{d}t$ 内有$(\mathrm{d}\rho_\nu)_{\mathrm{sp}}$的增加。

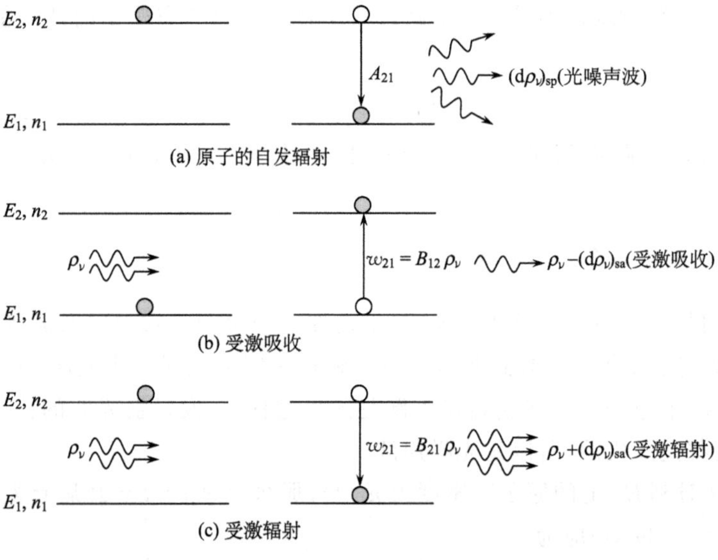

图 1.3-3 自发辐射与受激辐射示意图

2. 受激吸收和受激吸收系数 B_{12}

如图 1.3-3(b)所示，在 ρ_ν 的作用下，只要 $h\nu=E_2-E_1$，处于低能级 E_1 上的原子会吸收光子而上跃到 E_2 上使原子系统内能增加，这种跃迁过程称为受激吸收过程。在 n_1 中，那些原子会吸收光子上跃同样是随机的，因此有

$$-\mathrm{d}n_1(t)=B_{12}\rho_\nu n_1(t)\mathrm{d}t=w_{12}n_1(t)\mathrm{d}t \tag{1.3-11}$$

式中

$$w_{12}=-\frac{\mathrm{d}n_1(t)}{n_1(t)\mathrm{d}t}=B_{12}\rho_\nu \tag{1.3-12}$$

称为受激吸收概率，而 B_{12} 称为受激吸收爱因斯坦系数。改写式(1.3-12)有

$$\left(\frac{\mathrm{d}n_1(t)}{\mathrm{d}t}\right)_{\mathrm{sa}}=-w_{12}n_1(t) \tag{1.3-13}$$

因为 n_1 的减少等于 n_2 的增加，即 $-\mathrm{d}n_1=\mathrm{d}n_2$，所以

$$\left(\frac{\mathrm{d}n_2(t)}{\mathrm{d}t}\right)_{\mathrm{sa}}=-\left(\frac{\mathrm{d}n_1(t)}{\mathrm{d}t}\right)_{\mathrm{sa}}=w_{12}n_1(t) \tag{1.3-14}$$

称为爱因斯坦受激吸收跃迁速率方程。显然，由于受激吸收过程，外来光谱能量密度 ρ_ν 变为 $\rho_\nu-(\mathrm{d}\rho_\nu)_{\mathrm{sa}}$，入射光受到衰减。

3. 受激辐射和受激发射系数 B_{21}

如图 1.3-3(c)所示，在 ρ_ν 的作用下，只要 $h\nu=E_2-E_1$，处于高能级 E_2 上的原子由于外来光子的刺激而下跃到 E_1 上，同时发射一个与刺激光子全同(传播方向、偏振、初相位 φ_0 全相同)的光子，称为受激发射过程。相应的光子辐射称为受激辐射。n_2 当中，那些原子会受刺激而发生下跃当然也是随机的。当然有

$$-\mathrm{d}n_2(t)=B_{21}\rho_\nu n_2(t)\mathrm{d}t=w_{21}n_2(t)\mathrm{d}t \tag{1.3-15}$$

式中

$$w_{21}=B_{21}\rho_\nu \tag{1.3-16}$$

称为受激发射概率，B_{21} 称为受激发射爱因斯坦系数。改写式(1.3-15)有

$$\left(\frac{\mathrm{d}n_2(t)}{\mathrm{d}t}\right)_{\mathrm{se}}=-w_{21}n_2(t) \tag{1.3-17}$$

称为爱因斯坦受激发射速率方程。当然，由于受激发射过程，外来光谱能量密度 ρ_ν 变为 $\rho_\nu+(\mathrm{d}\rho_\nu)_{\mathrm{se}}$，入射光受到增强。由于受激发射辐射的全同性，$(\mathrm{d}\rho_\nu)_{\mathrm{se}}=\mathrm{d}\rho_\nu$，这就是光放大(增强)的概念。

1.3.3　爱因斯坦关系

现在再回到黑体腔内黑体辐射场 ρ_ν 与腔体物质原子相互作用的问题。显然，三个作用过程应同时发生：A_{21} 过程使 n_2 减少，$w_{12}=B_{12}\rho_\nu$ 过程使 n_2 增加，$w_{21}=B_{21}\rho_\nu$ 过程使 n_2 减少。这三个过程同时发生的总结果将维持黑体腔处于热平衡状态(某一确定的 T 值)。在热平衡状态下，黑体腔内物质的粒子数密度按能级分布应服从玻尔兹曼分布，表示为

$$\frac{n_2}{n_1}=\frac{f_2}{f_1}\exp\left(-\frac{E_2-E_1}{k_{\mathrm{B}}T}\right)=\frac{f_2}{f_1}\exp\left(-\frac{h\nu}{k_{\mathrm{B}}T}\right) \tag{1.3-18}$$

式中，f_1、f_2 为能级 E_1、E_2 的统计权重，也称为能级简并度。在热平衡条件下，n_1、

n_2 应保持不变，注意到式(1.3-7)、式(1.3-14)和式(1.3-17)，有

$$\left(\frac{\mathrm{d}n_2(t)}{\mathrm{d}t}\right)_{总} = \left(\frac{\mathrm{d}n_2(t)}{\mathrm{d}t}\right)_{sp} + \left(\frac{\mathrm{d}n_2(t)}{\mathrm{d}t}\right)_{sa} + \left(\frac{\mathrm{d}n_2(t)}{\mathrm{d}t}\right)_{se}$$
$$= -A_{21}n_2 + w_{12}n_1 - w_{21}n_2$$
$$= 0 \tag{1.3-19}$$

利用式(1.3-18)，可解出的黑体辐射 ρ_ν 应该就是普朗克黑体辐射公式的结果，即

$$\rho_\nu = \frac{A_{21}/B_{21}}{\frac{f_1 B_{12}}{f_2 B_{21}}\exp\left(\frac{h\nu}{k_B T}\right) - 1} = n_\nu h\nu \frac{1}{\exp\left(\frac{h\nu}{k_B T}\right) - 1} \tag{1.3-20}$$

式(1.3-20)要求

$$\left.\begin{aligned} \frac{A_{21}}{B_{21}} &= n_\nu \cdot h\nu \\ f_1 B_{12} &= f_2 B_{21} \end{aligned}\right\} \tag{1.3-21}$$

这就是爱因斯坦系数 A_{21}、B_{21} 和 B_{12} 应满足的关系式，称为爱因斯坦系数关系(简称为爱因斯坦关系)。它意义将在稍后讨论。

1.3.4 爱因斯坦微分关系

以上讨论限定 $h\nu = E_2 - E_1$，导致 A_{21}、B_{21} 和 B_{12} 均为由系统(包括腔和辐射)性质决定的定值。实际上自发辐射光波并非单色而是复色波，光强度按照频率总有一定的分布特征，可以测绘出如图 1.3-4 所示的曲线，称为光谱线，其特征用线型函数 $g(\nu,\nu_0)$ 描述。考虑到线型函数的影响后，三个爱因斯坦系数均变为频率的函数，即 $A_{21}(\nu)$、$B_{21}(\nu)$ 和 $B_{12}(\nu)$，它们之间的关系称为爱因斯坦微分关系。

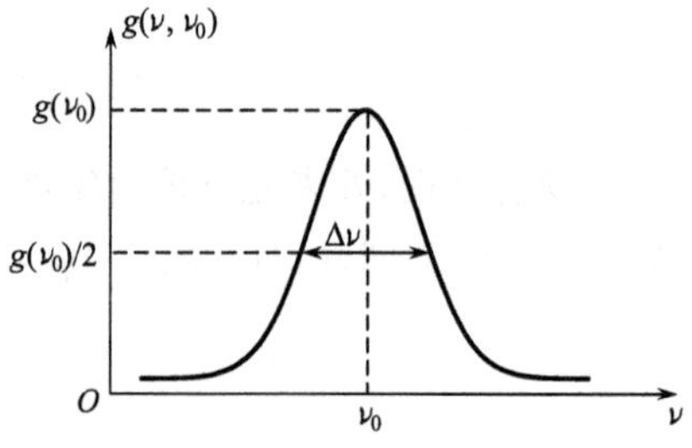

图 1.3-4 线型函数及线宽

若一条光谱线的总光强为 I_0，那么，在频率为 $\nu \sim \nu + \mathrm{d}\nu$ 的光强应为

$$I(\nu)\mathrm{d}\nu = I_0 g(\nu,\nu_0)\mathrm{d}\nu \tag{1.3-22}$$

所以

$$g(\nu,\nu_0) = \frac{I(\nu)}{I_0} \tag{1.3-23}$$

两边积分得

$$\int_0^\infty g(\nu,\nu_0)\mathrm{d}\nu = 1 \tag{1.3-24}$$

称为线型函数的归一化条件。从图 1.3-4 可见，光谱线的线宽 $\Delta\nu$ 定义为 FWHM 宽度，即半最大值对应的全宽度，简称半值线宽。

由式(1.3-22)和式(1.3-10)有

$$I(\nu) = I_0 g(\nu,\nu_0) = n_2 h\nu A_{21} g(\nu,\nu_0) = n_2 h\nu A_{21}(\nu) \tag{1.3-25}$$

式中，$A_{21}(\nu)=A_{21}g(\nu,\nu_0)$。所以

$$A_{21} = \frac{A_{21}(\nu)}{g(\nu,\nu_0)} \tag{1.3-26}$$

将式(1.3-26)代入爱因斯坦关系式(1.3-21)有

$$\left.\begin{aligned} \frac{A_{21}(\nu)}{B_{21}(\nu)} &= n_\nu \cdot h\nu \\ f_1 B_{12}(\nu) &= f_2 B_{21}(\nu) \end{aligned}\right\} \tag{1.3-27}$$

称为爱因斯坦微分关系，表明每一辐射频率分量，爱因斯坦关系仍然有效。式中，$B_{12}(\nu)=B_{12}g(\nu,\nu_0)$，$B_{21}(\nu)=B_{21}g(\nu,\nu_0)$。

1.4　光的受激辐射放大与振荡——激光器运转的阈值和稳定条件

1.4.1　爱因斯坦关系的意义

爱因斯坦关系的发现是出自对普朗克黑体辐射公式的理论解释，要了解它的意义当然也离不开普朗克公式，见式(1.3-2)。当初，普朗克将 $h\nu\bar{n}$ 称为分配在腔内每个辐射模式上的平均能量，现在将 $h\nu$ 与 $\bar{n}$ 分开，那么 $\bar{n}$ 就一定代表分配在腔内每个模式上的平均光子数，即光子简并度，由式(1.3-4)表示。$\bar{n}$ 是频率 ν 的函数，代表辐射场的性质随频率 ν 的变化情况。分析如下：

电子学频段，$h\nu<k_B T$，

$$\bar{n} = \frac{1}{\exp[h\nu/(k_B T)]-1} \approx \frac{k_B T}{h\nu} > 1 \tag{1.4-1}$$

光频段，$h\nu>k_B T$，

$$\bar{n} = \frac{1}{\exp[h\nu/(k_B T)]-1} \approx \exp\left(-\frac{h\nu}{k_B T}\right) < 1 \tag{1.4-2}$$

上述结果表明，从整个电磁波图频率变化范围看，$\bar{n}$ 随频率 ν 升高呈单调下降趋势变化，那么，一定有一个 $\bar{n}=1$ 的频率区域存在。它就是我们前面述及的太赫兹波区，如图 1.4-1 所示。它明确回答了一个问题：自由电子加速运动产生的低频电磁波与原子中束缚电子跃迁产生的光频电磁波在性质上的差别反映在 $\bar{n}>1$ 和 $\bar{n}<1$ 上。也可以这样说，电子学载波技术的成功是 $\bar{n}>1$ 的缘故，而电子学载波技术在光频段的不成功是因为 $\bar{n}<1$。那么 $\bar{n}>1$ 和 $\bar{n}<1$ 又说明什么呢？

爱因斯坦系数关系的意义在于对 $\bar{n}$ 的本质含义给出了科学解释。比较普朗克

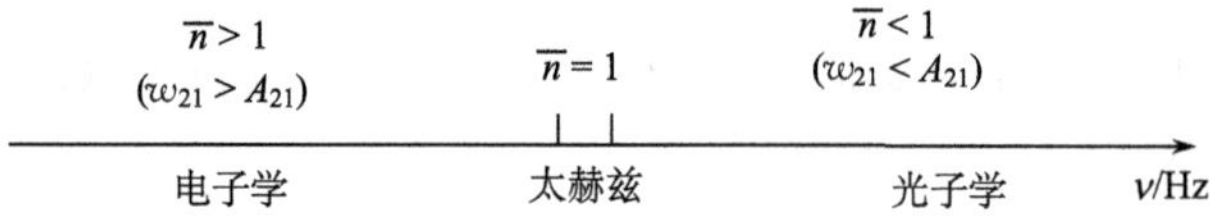

图 1.4-1　光子简并度波谱图

公式和爱因斯坦关系式有

$$\bar{n}=\frac{B_{21}\rho_\nu}{A_{21}}=\frac{w_{21}}{A_{21}} \tag{1.4-3}$$

它表明，$\bar{n}>1$ 就是 $w_{21}>A_{21}$；$\bar{n}<1$ 就是 $A_{21}>w_{21}$。也就是说，电子学载波是受激辐射占优的电磁辐射（大量电子的同步运动）；而光频辐射波是自发辐射占优的电磁辐射，用电子载波技术实现光频载波存在原理上（或性质上）的困难（无法使大量原子同步跃迁发射），所以不成功。

其实，爱因斯坦关系不仅科学地解释了电子学载波技术在低频段的成功和在光频段失败的原因，更为重大的意义在于：指出了光频段实现 $\bar{n}>1(w_{21}>A_{21})$ 光频载波的技术方向，为激光器的发明奠定了理论基础。

1. 粒子数反转

从式(1.4-2)可见，如果令 $-T=T'$，有

$$\bar{n}=\exp\left(\frac{h\nu}{k_B T'}\right)>1 \tag{1.4-4}$$

称为物质的非热平衡状态。其实只要将式(1.3-18)代入式(1.4-2)就会发现

$$\bar{n}=\frac{n_2 f_1}{n_1 f_2}<1 \qquad \text{(热平衡状态)} \tag{1.4-5}$$

或

$$\bar{n}=\frac{n_2 f_1}{n_1 f_2}>1 \qquad \text{(非热平衡状态)} \tag{1.4-6}$$

这说明，在光频段，要想 $\bar{n}>1$，必须打破热平衡，使物质进入非热平衡状态，即满足

$$\frac{n_2}{f_2}>\frac{n_1}{f_1} \tag{1.4-7}$$

条件，称为原子集居数反转。如果 $f_1=f_2$，则要求 $n_2>n_1$。与热平衡情况相比较，简称为粒子数反转状态，如图 1.4-2 所示，这是构成激光器的必要条件之一。以后会知道，用一个称为泵浦系统的机构容易实现粒子数反转。

2. F-P 开腔

由光子简并度 $\bar{n}$ 的定义式(1.1-27)可见，在光子数目一定的条件下，要想

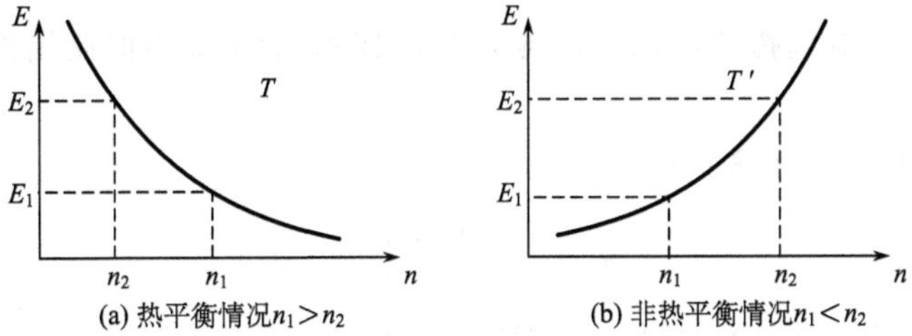

图 1.4-2　粒子数反转示意图

$\bar{n}>1$，必须使光波模式数目 M 小于光子数目；要想实现光频载波，必须使 $M=1$。我们已经知道，封闭腔技术已走到尽头，在光频段已失去意义，那么在光频段如何实现 $M=1$ 的必要条件呢？

1958 年，美国学者肖洛(A. L. Schawlow)、汤斯(C. H. Townes)和苏联学者巴索夫(N. G. Basov)、普洛霍洛夫(A. M. Prokhorov)在各自的国度里独立提出了用开式光腔(即光学谐振腔)来实现 $M=1$ 的建议。这一建议为激光器在 1960 年 5 月 15 日诞生起到了关键作用，且为此于 1964 年获得诺贝尔奖。

所谓开式光腔，就是把闭腔的大部分腔壁除去，保留两个面对的反射镜 M_1、M_2 构成光腔，它能使沿轴线来回反射的光波起振，而使其余方向光波消失。这实际上就是光学中的法布里-珀罗(Fabry-Perot)干涉仪，称为 F-P 开式光腔，如图 1.4-3 所示。从图 1.4-3 可见，F-P 光腔使腔内轴线方向振荡光波约束在 2Ω 内，Ω 是两镜相对所张之立体角，与封闭腔相比，开腔模式减少了 $2\Omega/(4\pi)=\Omega/(2\pi)$ 倍，于是开腔模式数目变为

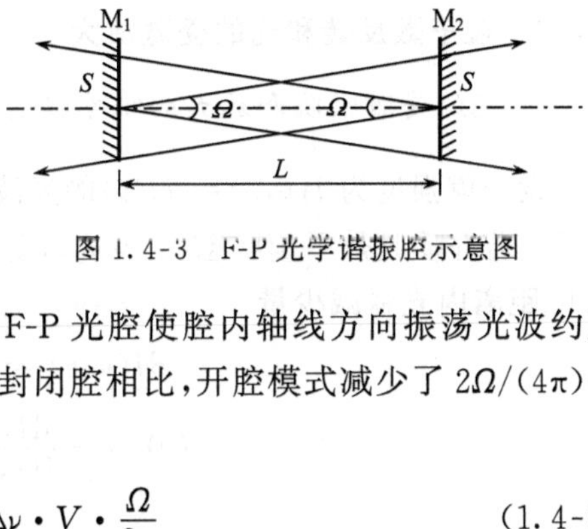

图 1.4-3　F-P 光学谐振腔示意图

$$M = n_\nu \cdot \Delta\nu \cdot V \cdot \frac{\Omega}{2\pi} \tag{1.4-8}$$

用 $S_1=S_2=S$ 表示反射镜 M_1、M_2 的面积，L 表示 M_1、M_2 间的距离，式中 $V=LS$，n_ν 用式(1.1-11)代入，考虑到 S 面的衍射极限角 $\Omega_{衍}=\lambda^2/S$，F-P 腔驻波条件 $L=q\lambda/2$，相邻纵模间隔 $\Delta\nu_q=c/2L$ 及两种独立偏振态，整理后式(1.4-8)变成

$$\begin{aligned} M &= 2 \cdot \frac{\Delta\nu}{c/(2L)} \cdot \frac{\Omega}{\lambda^2/S} = 2\left(\frac{\Delta\nu}{\Delta\nu_q}\right)_{纵}\left(\frac{\Omega}{\Omega_{衍}}\right)_{横} \\ &= 2M_{纵}\,M_{横} \end{aligned} \tag{1.4-9}$$

式中，2 表示两种独立偏振态，纵、横分别表示用频率间隔 $\Delta\nu_q$ 和 S 面衍射极限角 $\Omega_{衍}$ 区分的模式数目，分别称为 F-P 光腔的纵模和横模数目。显然，要想 $M=1$，只

要将 2 变为 1，$M_{纵}=1$，$M_{横}=1$ 即可。

光学里的偏振选择技术，例如，典型的 θ_B 技术，能用最小损耗代价选出一种偏振态，使 2 变为 1。

将 $\Delta\nu$ 理解为可振荡线宽，$\Delta\nu=(\Delta\nu)_{osl}$，则

$$M_{纵}=\left[\frac{(\Delta\nu)_{osl}}{\Delta\nu_q}\right]_{整数}+1 \tag{1.4-10}$$

人为控制腔长 L，使 $(\Delta\nu)_{osl}<\Delta\nu_q$，就能使 $M_{纵}=1$。

注意到 $\Omega=S/L^2=(a/L)^2$，这里 a 为镜面半径，则

$$M_{横}=\left(\frac{a^2}{\lambda L}\right)^2=N_F^2 \tag{1.4-11}$$

N_F 称为 F-P 腔的菲涅耳(Fresnel)数，描述衍射效应的强弱，N_F 越大，衍射效应越小，相应的衍射损耗越小。因此，人为控制 a/L 值，可使 $N_F=1$，从而 $M_{横}=1$，最终实现 $M=1$。

$n_2>n_1$ 和 $M=1$ 是实现 $w_{21}>A_{21}$，$\bar{n}>1$ 的两个独立的必要条件，将两者结合起来，即将反转介质放入 F-P 腔，就构成激光器的基本构型，称为光频段的载波技术。

1.4.2 粒子数反转和光的受激放大

1. 光的受激吸收和放大的唯象描述——吸收系数 α 和增益系数 G

设一束强度为 $I(\nu,0)=I_0(\nu)$ 的光波进入长度为 L 的二能级介质，如图 1.4-4 所示。若介质是热平衡状态$(n_1>n_2)$，受激吸收过程一定会使光强减弱。从 z 到 $z+dz$ 距离内光强减少量

$$-dI(\nu,z)=\alpha(\nu)I(\nu,z)dz \tag{1.4-12}$$

$$\alpha(\nu)=-\frac{dI(\nu,z)}{I(\nu,z)dz}\quad(1/m) \tag{1.4-13}$$

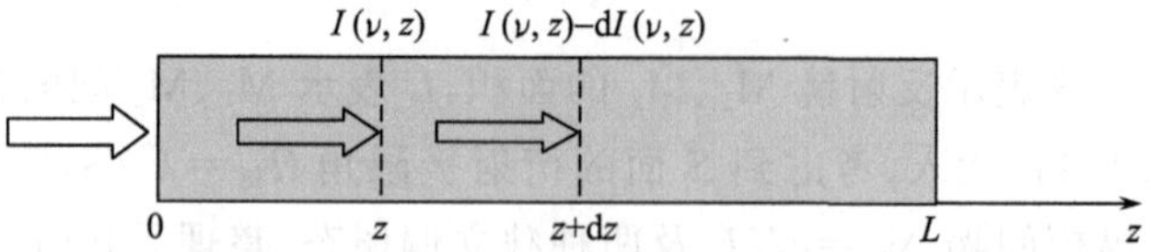

图 1.4-4 介质中光强变化示意图

称为吸收系数，表示单位长度上减少的比率。为了简化，认为 $\alpha(\nu)$ 与 z 无关，即均匀吸收条件。从式(1.4-13)可求出

$$I(\nu,L)=I_0(\nu)e^{-\alpha(\nu)L} \tag{1.4-14}$$

这就是光强指数衰减规律。应注意的是，$\alpha(\nu)$的大小由介质性质决定。

如果二能级介质处于粒子数反转状态($n_2>n_1$)，那么在 z 到 $z+\mathrm{d}z$ 距离内光强将增加 $\mathrm{d}I(\nu,z)$，于是$-\alpha(\nu)=G(\nu)$，在 L 处的光强将变为

$$I(\nu,L)=I_0(\nu)\mathrm{e}^{G(\nu)L} \tag{1.4-15}$$

$$G(\nu)=\frac{\mathrm{d}I(\nu,z)}{I(\nu,z)\mathrm{d}z}\quad(1/\mathrm{m}) \tag{1.4-16}$$

称为介质的增益系数，这就是光的受激放大指数规律。同样，$G(\nu)$由介质性质决定。

2. *爱因斯坦速率方程方法*

现在用爱因斯坦三过程速率方程(1.3-7)、(1.3-14)和(1.4-17)来建立 $\alpha(\nu)$、$G(\nu)$与介质性质参数(A_{21}、B_{21}、B_{12}、n_1、n_2)之间的关系。因为 $h\nu\gg k_\mathrm{B}T$，按玻尔兹曼定律，$n_2\ll n_1$，为了简单，令 $n_2=0$，所以忽略自发辐射过程的贡献，只考虑受激吸收和受激发射两个过程的贡献。

因为 $I(\nu,z)=\rho_\nu(z)c$，这里 c 为介质中光速，所以光强可用 $\rho_\nu(z)$代表。在 $z\sim z+\mathrm{d}z$，两个过程同时作用使 $\rho_\nu(z)$变为 $\rho_\nu(z)+\mathrm{d}\rho_\nu(z)$，而且

$$\mathrm{d}\rho_\nu(z)=[\mathrm{d}\rho_\nu(z)]_{\mathrm{se}}-[\mathrm{d}\rho_\nu(z)]_{\mathrm{sa}} \tag{1.4-17}$$

因为 $\rho_\nu(z)=N_\nu(z)h\nu$，这里 $N_\nu(z)$为该处的光子数密度，所以 $\mathrm{d}\rho_\nu(z)=\mathrm{d}N_\nu(z)h\nu$，对两个过程分别有

$$[\mathrm{d}\rho_\nu(z)]_{\mathrm{se}}=h\nu[\mathrm{d}N_\nu(z)]_{\mathrm{se}}=h\nu(-\mathrm{d}n_2)_{\mathrm{se}}=h\nu w_{21}n_2\frac{\mathrm{d}z}{c} \tag{1.4-18}$$

这里运用了式(1.3-17)，且 $\mathrm{d}t=\mathrm{d}z/c$。

$$[\mathrm{d}\rho_\nu(z)]_{\mathrm{sa}}=-h\nu[\mathrm{d}N_\nu(z)]_{\mathrm{sa}}=-h\nu(-\mathrm{d}n_1)_{\mathrm{sa}}=h\nu w_{12}n_1\frac{\mathrm{d}z}{c} \tag{1.4-19}$$

这里运用了式(1.3-14)，且 $\mathrm{d}t=\mathrm{d}z/c$。

将式(1.4-18)和式(1.4-19)代入式(1.4-17)，有

$$\mathrm{d}\rho_\nu(z)=h\nu(w_{21}n_2-w_{12}n_1)\frac{\mathrm{d}z}{c} \tag{1.4-20}$$

因为 $\mathrm{d}I(\nu,z)=\mathrm{d}\rho_\nu(z)c$，所以对式(1.4-20)两边乘 c 有

$$\mathrm{d}I(\nu,z)=h\nu(w_{21}n_2-w_{12}n_1)\mathrm{d}z=h\nu\rho_\nu(z)(B_{21}n_2-B_{12}n_1)\mathrm{d}z \tag{1.4-21}$$

运用爱因斯坦关系式(1.3-21)，有

$$\mathrm{d}I(\nu,z)=\frac{h\nu}{c}I(\nu,z)B_{21}\Delta n \tag{1.4-22}$$

式中，$\Delta n=n_2-n_1f_2/f_1$，$\Delta n<0$ 对应平衡介质状态，$\Delta n>0$ 则对应反转状态。再运

用爱因斯坦微分关系式(1.3-27),有

$$\frac{\mathrm{d}I(\nu,z)}{I(\nu,z)\mathrm{d}z} = \frac{h\nu}{c}B_{21}(\nu,\nu_0)\Delta n \tag{1.4-23}$$

若 $\Delta n>0$,式(1.4-23)即为受激增益系数

$$G(\nu,\nu_0) = \frac{h\nu}{c}B_{21}(\nu,\nu_0)\Delta n \tag{1.4-24}$$

改写式(1.4-24),可得到原子受激发射截面 $\sigma_{21}(\nu,\nu_0)$ 表达式如下:

$$\sigma_{21}(\nu,\nu_0) = \frac{G(\nu,\nu_0)}{\Delta n} = \frac{h\nu}{c}B_{21}(\nu,\nu_0) \quad (\mathrm{cm}^2) \tag{1.4-25}$$

$$\sigma_{21}(\nu,\nu_0) = \frac{f_1}{f_2}\sigma_{12}(\nu,\nu_0) \quad (\mathrm{cm}^2) \tag{1.4-26}$$

这里又一次用了爱因斯坦关系,且将 $\sigma_{12}(\nu,\nu_0)$ 称为原子的受激吸收截面,它们分别表示一个原子贡献的受激增益或受激吸收系数。所以,有

$$G(\nu,\nu_0) = \sigma_{21}(\nu,\nu_0)\Delta n \quad (1/\mathrm{cm}) \tag{1.4-27}$$

1.4.3 增益饱和与自激振荡

从光的受激放大指数规律式(1.4-15)可以看到一个问题:如果 $L\to\infty$,那么也会有 $I(\nu,\infty)\to\infty$ 吗?从物理学观念看,$L\to\infty$ 是允许的,但 $I(\nu,\infty)\to\infty$ 显然是不合理的。那问题出在哪里呢?

从爱因斯坦受激发射过程可知,光的受激放大是以消耗 Δn 为代价的。所以受激增益系数应是光强的函数,考虑到介质的固有损耗,即固有吸收系数 α_0,且随着 $I(\nu)$ 的增大 $G(\nu)$ 会减小,受激放大过程变慢,最终减小到等于 α_0 时光强会趋于一个稳定值 I_m,这种现象称为增益饱和效应。在第 3 章会证明,增益饱和规律用下式描述:

$$G(\nu,I_\nu) = \frac{G^0(\nu,\nu_0)}{1+I_\nu/I_s} \tag{1.4-28}$$

式中,$G^0(\nu,\nu_0)$ 表示初始最大增益系数,也称为小信号增益系数;$G(\nu,I_\nu)$ 表示饱和增益系数,也称为大信号增益系数;I_s 表示由介质特性决定的饱和光强,其值将决定稳定光强 I_m 的值。

引入介质固有吸收系数 α_0,受激放大过程描述如下:当 $G^0(\nu,\nu_0)>\alpha_0$ 时,入射光强 $I_0(\nu)$ 被放大,$I(\nu,z)=I_0(\nu)\mathrm{e}^{(G^0-\alpha_0)z}$,称为小信号快放大过程;当 $I(\nu,z)$ 放大到可与 I_s 相比时,增益饱和效应使 $G^0(\nu,\nu_0)$ 转变为大信号增益系数 $G(\nu,I_\nu)$,进入大信号慢放大过程;当 $G(\nu,I_m)=\alpha_0$ 时,放大过程结束,保持稳定光强不变,与介质长度无关。这就是放大过程的自激振荡现象。

1.4.4　激光器的构成及阈值条件

1. 激光器的构成

将 $\bar{n}=w_{21}/A_{21}>1$ 的两个必要条件结合在一起，就会实现 $M=1$ 的受激辐射，这就是光频段载波技术方法。

将激光介质放入开式光学谐振腔，配以泵浦系统就构成了一台激光器，如图 1.4-5(a)所示。为了方便对比，图 1.4-5(b)还给出了电子振荡器模型。不难发现，激光器的工作原理和电子振荡器完全一样，但面目全非，即实现方法完全不同。

泵浦系统(包括光泵、电泵和其他)使激光介质产生 $\Delta n>0$ (称为激活介质)，变成增益介质(放大器)，光学谐振腔选频并提供轴向反射光(少数模式正反馈)，轴向光波在腔内来回反射相当于延长了介质长度，自激振荡保证有一个稳定光强存在，控制反射镜反射率小于 1 就会有一稳定光强输出。因此，激光器由一光腔、介质和泵浦系统三部分组成。

与电子振荡器一样，激光器也是一个能量转换器件(图 1.4-5)。例如，光泵激光器就是把非相干光能量(由电能转换而来)转变成相干光能量的器件。

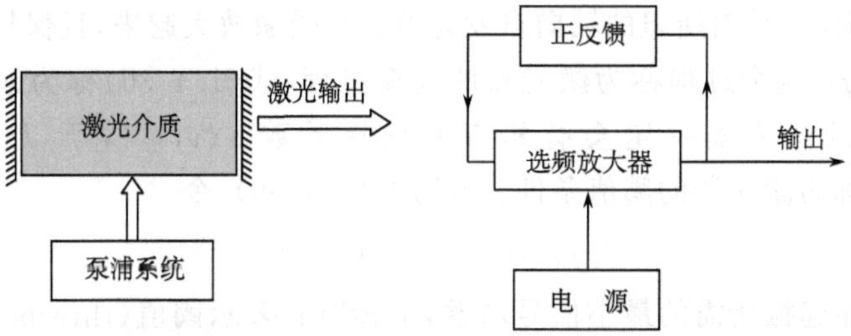

(a) 激光器模型　　(b) 电子振荡器

图 1.4-5　激光器与电子振荡器类比示意图

顺便指出，激光是英文词 Laser 的中译名。Laser 一词是“Light Amplification by Stimulated Emission of Radiation”的词头缩写，意思是“通过辐射的受激发射实现光放大”，实质是光的受激辐射放大。Laser 一词可译为激光(表示一种事物)，也可译为激光器(表示一种器件)。尽管激光器不是放大器而是振荡器，或者是光频载波产生器，为了尊重历史，仍然采用 Laser 的表述形式而不采用“Loser”的表述形式。

2. 阈值和稳定条件

任何振荡器都是不需要外来信号输入的。前面讨论自激振荡概念时，曾假定了一个初始光强 I_0，试问它是从哪里来的？

电子振荡器产生的载波信号是从电子噪声波中选频放大选出来的。激光器产生的光载波信号也应是从光噪声波中选频放大出来的。爱因斯坦的自发辐射光，就是光噪声波。因此，很自然的就能回答出，初始光强 I_0 就是从自发辐射光噪声波中的轴向光波而来。

如果令 M_1 的反射率 $r_1=1$，M_2 的反射率 $r_2<1$（透射率 $T=1-r_2$）就构成了单端输出激光器。就光学谐振腔而言，除了激光介质的固有损耗外，$r_2<1$ 自然造成了腔内光强的损耗，将这两种损耗算在一起，对腔内光强来说就有一个固有的损耗系数 $\alpha(\nu,\nu_0)$，考虑到初始增益系数为 $G^0(\nu,\nu_0)$，一开始（激光器开关一打开），腔内轴向光强用式(1.4-29)表示

$$I_\nu(z)=I_\nu(0)\exp\{[G^0(\nu,\nu_0)-\alpha(\nu,\nu_0)]z\} \tag{1.4-29}$$

显然，如果 $G^0(\nu,\nu_0)-\alpha(\nu,\nu_0)>0$，即

$$G^0(\nu,\nu_0)>\alpha(\nu,\nu_0) \tag{1.4-30}$$

那么一定会有

$$I_\nu(z)>I_\nu(0) \tag{1.4-31}$$

也就是说，如果泵浦系统使激光介质单位距离上产生的反转量（$\Delta n>0$ 的量）足够抵消光腔的损耗，爱因斯坦的轴向自发光就会被受激放大起来，且保持轴向自发光场的初相位 φ_0，这个过程称为激光器的起振过程，式(1.4-30)称为起振条件。因为一台具体的激光器一定会有相应的损耗系数 $\alpha(\nu,\nu_0)$，所以习惯上又将式(1.4-30)称为激光器的阈值条件。改写式(1.4-30)，令

$$G^0_{\text{th}}(\nu,\nu_0)=\alpha(\nu,\nu_0) \tag{1.4-32}$$

表示激光器能起振所需的最小信号增益，下标“th”表示阈值(threshold)。激光器的起振条件用式(1.4-33)表示

$$G^0(\nu,\nu_0)>G^0_{\text{th}}(\nu,\nu_0) \tag{1.4-33}$$

说明激光器的小信号增益系数大于激光器阈值才会起振，称为激光器的阈值条件。

激光器满足阈值条件起振后，由于增益系数的饱和效应，小信号增益系数下降自动变成大信号增益系数，由于自激振荡效应，腔内光强稳定于 $I_{\text{m}}(\nu)$，下式成立：

$$G(\nu,I_{\text{m}})=\frac{G^0(\nu,\nu_0)}{1+I_{\text{m}}(\nu)/I_{\text{s}}}=\alpha(\nu,\nu_0) \tag{1.4-34}$$

称为激光器稳定条件。稳定光强可从式(1.4-34)求出，即

$$I_{\text{m}}(\nu)=I_{\text{s}}[G^0(\nu,\nu_0)-\alpha(\nu,\nu_0)] \tag{1.4-35}$$

激光器的输出功率 $P_{出}$ 为

$$P_{出}=ATI_{\text{m}}=A(1-r_2)I_{\text{s}}[G^0(\nu,\nu_0)-\alpha(\nu,\nu_0)] \tag{1.4-36}$$

或

$$P_{出} = A(1 - r_2)I_s[G^0(\nu,\nu_0) - G^0_{th}(\nu,\nu_0)] \tag{1.4-37}$$

式中，A 为光束面积，I_s 为激光介质的饱和光强。由于 $G^0(\nu,\nu_0)$ 由激光介质与泵浦速率决定，式(1.4-37)又可改写为下式，即

$$P_{出} = ATI_m = A(1 - r_2)I_s(R_p - R_{pth}) \tag{1.4-38}$$

式中，R_p 表示泵浦速率，R_{pth} 表示阈值泵浦速率。单端输出激光器的运转特性由式(1.4-38)表示，如图1.4-6所示。

从图1.4-6可见，激光器只能将阈值能量以上的输入能量(泵浦能量)转换为激光能量。这是激光器不同于普通光源的显著特性。深入了解这一显著特性的关键，是要紧紧抓住激光器损耗和增益系数两个关键因素的矛盾统一关系，也是掌握激光原理与技术的基本线索。特别应该指出，激光器的几乎一切特性(如输出频率、单色性、方向性等)以及激光技术(如调Q、稳频、选频、选模、锁模等)都与增益和损耗特性密切相关。

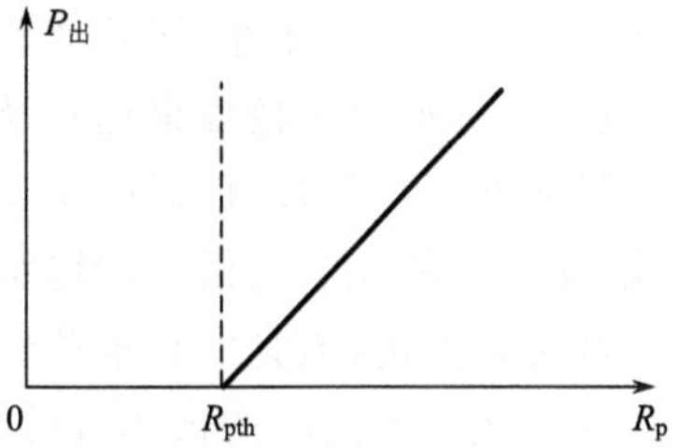

图1.4-6　激光器运转特性

1.5　激光特性和课程体系

1.5.1　激光特性

这里所讲的激光特性，是激光器发明初期从光源角度看，激光器也是一种光源，但与普通光源有很大不同。人们将激光器表现出的宏观奇异特性称为区别于普通光源的激光特性。

其实从前面的讨论已经知道，普通光源与激光器在本质上是完全不同的光源，普通光源是所谓普朗克光源或自发辐射光源，激光器是爱因斯坦光源或受激辐射光源，是光频载波发生器，能发出像电子振荡器所发出的载波一样可用的光频载波。从这个意义上讲，二者已无可比的基础，即没有可比性。但是，一是出于尊重历史，二是激光特性的概括方法有科学的可取之处，因此宁愿仍采用“激光特性”的表述方法，但要融入科学的理解。

激光器与普通光源的本质区别是受激辐射与自发辐射的区别。自发辐射的本质是“发散性”的，受激辐射的本质却是“集中性”的。由常识可知，一份能量所产生的影响，往往不在于其数值的大小，即使一份极小的能量，只要它能够在频率上、方向上(空间上)和时间上高度集中，就有可能造成轰动效应。激光器正是依靠爱因斯坦的受激辐射的“集中性”使光波能量在频率上、方向上和时间上高度集中，表现出与普通光源不同的奇异特性。

1. 高单色性

光源的单色性通常用光源的光谱线宽 $\Delta\nu$ 与中心频率 ν 的比值 $\Delta\nu/\nu=\Delta\lambda/\lambda$ 来表征。普通光源的线宽 $\Delta\nu$ 很大，单色性差。单色性最好的氪同位素灯在低温下，$\Delta\lambda\approx4.7\times10^{-4}\text{nm}$，$\lambda=605.7\text{nm}$，$\Delta\nu/\nu\sim10^{-6}$ 量级。通常的单模稳频 He-Ne 激光器，常温下 $\Delta\lambda\approx4.7\times10^{-8}\text{nm}$，$\lambda=632.8\text{nm}$，$\Delta\nu/\nu\sim10^{-10}$ 量级。两者相差 4 个量级。目前最好的单模稳频 He-Ne 激光器，$\Delta\lambda=10^{-9}\sim10^{-10}\text{nm}$，$\lambda=632.8\text{nm}$，$\Delta\nu/\nu$ 可达 $10^{-11}\sim10^{-12}$ 水平，可用来作为频率标准。由于光波长比微波小了约 3 个量级，电子学载波的单色性也远不及激光的单色性好。

激光的高单色性，使得电子学中的调幅、调频和调相技术思想立刻扩展到光学波段，使传统的光学与信息传输结合起来，形成了光电子学或光子学的新天地。

从机理上讲，激光的高单色性，是基于光学谐振腔的选频特性和受激辐射作用的结合。光学谐振腔的选频特性由损耗和腔长共同决定。理想条件下腔长决定单模，腔损耗为零时，$\Delta\nu=0$，实际上光腔的损耗不可能为零，衍射极限决定了光腔的最小损耗和最小 $\Delta\nu$ 值，加上受激作用和自发辐射的存在，实际激光器线宽有一个很小的极限值存在。

从传统光学的角度来看，提高普通光源的单色性也曾是光学工作中的追求目标之一。但由于自发辐射的发散性，用滤光片提高单色性的同时，却牺牲了光强度。单色性提高的越高，可利用的光强度就越小。而激光器完全不同，将单色性与光强度融为一体，就得到了高强度的单色光，简称为高单色性。这里的“高”既指 $\Delta\nu/\nu$ 小，又指高光强度，强调二者结合在一起，这就是激光器在频率上高度集中特性的表现。

2. 高方向性

光波的方向性是指光波的空间指向性。同样，自发辐射的发散性使普通光源所发出的光噪声波几乎没有空间指向性，即在 4π 空间均匀分布。利用传统光学方法，将光源置于焦点处的凹面反光系统，能够较好改善普通光源的空间指向性，这就是熟知的探照灯或手电筒。同时还显示出了“光束”的直观效果。仔细分析就会发现，指向性的提高受到反射镜口径尺寸和光源线度尺寸的限制，口径尺寸越大，光源线度越小，指向性越好，光束发散角越小。所以，常用光束发散角的大小来表征指向性的好坏。故实用探照灯的指向性限制在几度以内。

现在，再来看激光器的指向性。受激辐射的“集中性”使激光器输出的光频载波几乎是天然的“零发散角”光束。难怪 2005 年会被定为纪念爱因斯坦 1905 年发表的 5 篇论文 50 周年的“世界物理年”，主题是“让物理照耀世界，让光束传遍全球”。实际上，由于光学衍射极限效应，零发散角光束当然不可能。一台单模

He-Ne激光器输出毫瓦级功率的激光束，光束发散角在毫弧度(mrad)量级，接近衍射极限值。40W 的白炽灯用来照明，而毫瓦级的激光束却被禁止直视。采用前述的探照灯技术，毫弧度的激光束会变成微弧度的激光束，而功率仍保持在毫瓦量级。光强度与指向性融为一体，称为高方向性。这一特性使电子学中的微波雷达等技术思想也立刻扩展到了光频领域，兴起关于光雷达的研究和应用，因为高方向性会使微波雷达的横向空间分辨率提高几个量级。

3. 高瞬时性

高单色性和高方向性描述了激光能量在频率上和空间上的高度集中性。高瞬时性则是描述激光能量在时间上的高度集中性，也就是说，在多短的时间内能发射多大的能量。这就是电子学中的脉冲技术。在能量一定的情况下，脉冲宽度越窄，脉冲峰值功率就越高。电子学中的微波脉冲就是用封闭腔产生的受激辐射脉冲，与激光器产生的受激辐射光脉冲性质一样。从傅里叶定理来看，二者的不同在于载频值不同，能提供的带宽不同，而脉冲越窄，要求的带宽越宽，所以微波脉冲宽度被限制在纳秒(ns)量级。普通调 Q 脉冲激光器很容易产生纳秒量级的光脉冲，锁模激光器可产生出皮秒(ps)和飞秒(fs)量级的光脉冲，这些内容会在第 5 章讲到。光频段充足的带宽资源，使激光脉冲的高瞬时性还在不断发展。

激光脉冲的高瞬时性给世界科学研究带来了不可估量的影响，在 1ps 内光波向前行进的距离约为 0.3mm，在皮秒脉冲面前，光波行进的如此之慢，说明皮秒、飞秒脉冲是研究光生物效应等超快过程的有力工具和检测手段。于是，瞬态光学应运而生了。

4. 高相干性

光波场的相干性是传统光学的核心内容之一。虽然自发辐射光波场的相干性与微波受激辐射电磁波场无法相比，但光波场的频率 ω 和波矢量值 $k=2\pi/\lambda$ 都变得很大，很小的时间延迟和传输距离就会积累很大的时空相位变化。因此，光波场时空相位 $\varphi=\omega t-kz$ 称为光学测量中的重要参量。而测量相位的方法是用光波场的稳定干涉实验来实现的。因此，研究如何改变光波场的稳定干涉条件，从而光的相干性就变得非常重要。同样由于自发辐射发散性的原因，传统光学提高光波场相干性的方法也只能以牺牲光强为代价。这就是为什么光的许多干涉实验只能在暗室进行的原因。

激光载波受激辐射的集中特性，将光强和相干性融为一体，呈现出高相干性。实际上激光载波的高相干性，是指能将高单色性和高方向性集中在一起的高度集中性的体现，也就是说，只有激光载波能将单色性、方向性和强度性融为一体，称为高相干性。具体地讲，高单色性就是高时间相干性，高方向性就是高空间相干性，高相干性就是高相干体积。正是激光的高相干性，使电子学中的外差接收体制在光频段也找到了激光外差接收的对应物。

顺便指出，光波场相干性本意是指光波场之间相关联的程度。干涉是这种关联特性中最简单但最重要的关联现象。传统光学中的时间相干性、空间相干性只是光波场关联特性中的两个极端情况：前者是指在同一个空间点上不同时刻（相差 Δt 内）光波场的关联（干涉）特性；后者是指同一时刻描述不同空间点（某一面积内）光波场间的关联（干涉）特性。虽然情况极端，但意义重大。因为这两种极端情况都容易在实验上实现：时间相干性用迈克耳孙（Michelson）干涉仪来研究；空间相干性用杨氏（Young）干涉仪来研究。鉴于这个历史原因，高时间相干性、高空间相干性的表述方法沿用至今。

实际上，在更一般情况下，光波场的相干性无法（因为不可能）分离成时间相干性和空间相干性，只能用光波场的相关性来表述。研究表明，单模微波场和单模激光场都是受激辐射场，其相关度逼近于 1，是完全的相干光波场。从这个意义上讲，激光的发明使相干光学从传统光学中分离出来，形成了独立分支之一。激光全息、激光傅里叶变换、光信息处理、光外差探测等电子信息学的概念在光波段实现了。

需要强调的是，认为“激光的高单色性和高方向性是激光的本质属性，高相干性是从另一个侧面综合两个本质属性的一种表述方法”的观点是不对的。激光的高相关性同样是激光的本质属性。这种高相关性在微波波段表现出较好的单色性和指向性，并应用于雷达。到光波段，激光的单色性和指向性就更好了。但在微波波段是不采用相干时间和相干面积这种表述方法的。

5. 高亮度

光源的亮度 B 定义为单位面积向法线方向单位立体角内辐射的光功率 P，即

$$B=\frac{P}{\Omega\cdot S} \tag{1.5-1}$$

式中，Ω 和 S 分别表示实际占有的立体角和出光处的光源面积。激光的高方向性，在单模情况下 $\Omega=\Omega_{衍}=(\lambda/S)^2$，在 P 一定的条件下，单模激光器的亮度 B' 变为

$$B'=\frac{P\cdot S}{\lambda^2} \tag{1.5-2}$$

主要由发射功率 P 决定。从式(1.4-36)可知，激光器的输出功率正比于 $G^0-\alpha$ 的值。$G^0\propto\Delta n^0$，Δn^0 由泵浦系统的泵浦速率 R_p 决定，所以激光器功率 P 正比例于 $R_p(\Delta n^0)$。R_p 由外部能提供多大的能量决定，Δn^0 是反转粒子数密度。实际的反转粒子数 $N^0\propto\Delta n^0 V$，这里 V 是激光介质的体积。因此，加大激光介质的体积可以提供更大的激光功率。由于 $M=1$ 的限制，激光介质的体积不可能任意增大。但是

为了有更大的激光输出功率，开腔可以放弃 $M=1$ 的条件，使激光器工作在多模状态，输出功率自然可以再提高。实际上，大功率激光器已广泛用于激光工业加工（如打孔、切割、焊接等）当中，而普通光源显然是无法与之相比的。

至此，运用爱因斯坦关系和开式光学谐振腔构想，完整地论述了激光器作为光频载波发生器的结构、原理和运转机理。但是，这些知识只能算是为进一步学习、了解激光原理与技术详细内容所必需的激光基础知识。因为讨论中做了很大的简化假设：一是二能级简化；二是开式平面腔简化。用爱因斯坦关系就能证明，一个二能级系统是不可能实现粒子数反转分布的，实际的激光介质都是多能级系统；光学谐振腔的模式、损耗特性已形成了一套完整的系统理论；许多实用的激光器都有一套人为可控的设计方法。这些内容将在后续章节中陆续学到。

1.5.2　课程体系

为使读者在学习中既见树木又见森林，本书将课程体系概括为三条主线、十二个问题，如图 1.5-1 所示。

习题与思考题 1

1. 证明式(1.2-4)。
2. 试求：波长 $\lambda=10\mu m$，单色亮度 $B_\nu=1\times10^{-3}W/(Sr\cdot Hz\cdot m^2)$ 光束的光子简并度 $\bar{n}$。
3. 太阳对地面张角 $0°3'22''$，$\bar{\lambda}=0.55\mu m$，试求太阳光波在地面处之相干面积 A_c 多大？
4. 证明：自发辐射光的线型函数 $g(\nu,\nu_0)$ 是洛伦兹线型，并且 FWHM 线宽由 $\tau_{21}=1/A_{21}$ 决定。
5. 利用二能级原子系统粒子数 n_1、n_2 的玻尔兹曼分布律(取 $f_1=f_2$)，用数值计算方法论证下列常用观念：
   (1) 在微波频段 ($\nu=3\times10^9$ Hz)，室温下($T=300$K)的热激发足以使 $n_1\approx n_2$；
   (2) 在光频段($\lambda=1\mu m$)，室温下($T=300$K)的热激发对 n_2 影响不大；
   (3) 在光频段($\lambda=1\mu m$)，要想使 $n_1/n_2=10$，热激发温度 T 要多高？说明为什么光频下靠热激发产生粒子数反转是不可能的。
6. 试求室温下($T=300$K) $\bar{n}=1$ 对应的光波长。
7. 论证一个二能级系统不可能产生粒子数反转。
8. 论证 F-P 腔的选频特性。
9. 利用爱因斯坦关系证明 A_{21} 与 W_{21} 的关系。

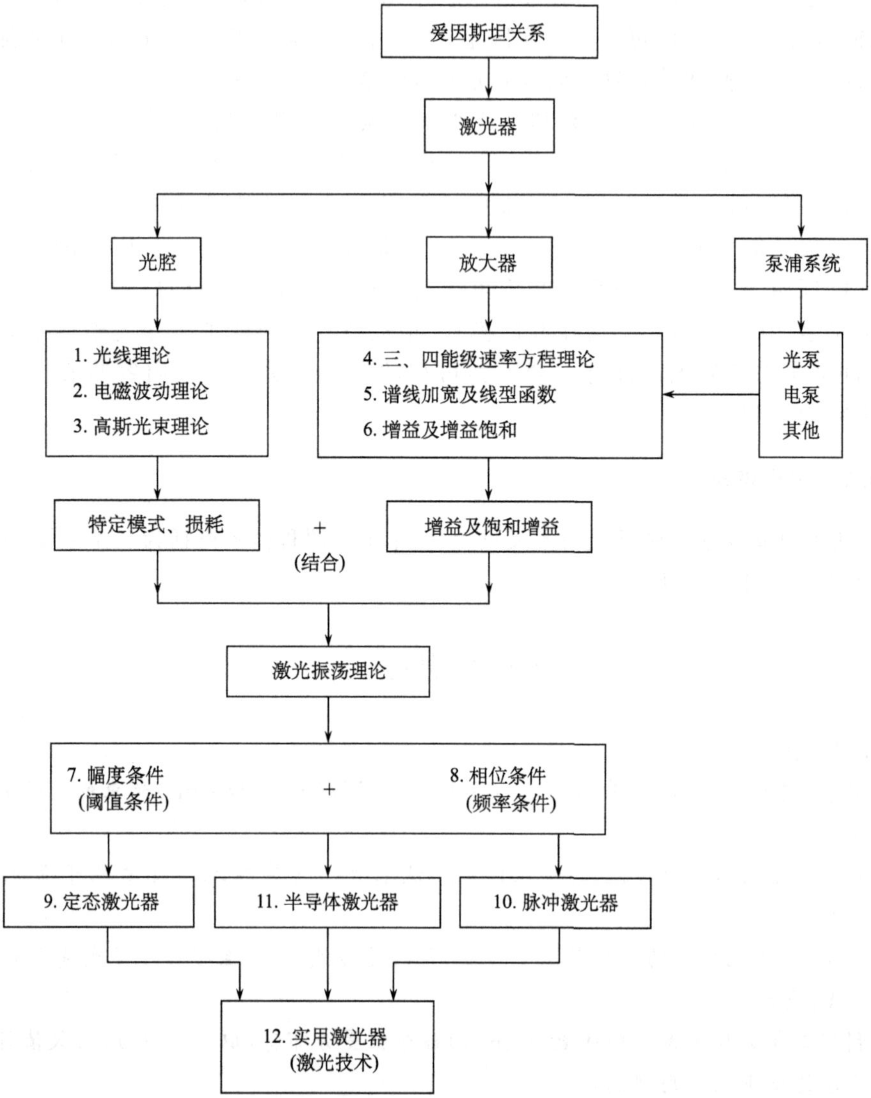

图 1.5-1 课程体系图

10. 总结爱因斯坦关系的意义。
11. 何谓自激振荡?
12. 总结激光器作为光频载波发生器的光频载波技术的技术特点。
13. 总结激光区别于普通光的本质特点。

第2章

激光谐振腔和高斯光束

第1章的讨论指出，在有边界约束条件下封闭腔中，腔内存在一系列独立的具有特定波矢 $\boldsymbol{k}$ 的平面单色驻波，称为驻波模。1958年，美国学者肖洛、汤斯和苏联学者巴索夫、普洛霍洛夫在各自的国度里独立提出了用开式光腔（即光学谐振腔）来实现 $M=1$ 的建议。而所谓开式光腔，就是把闭腔的侧壁除去，保留两个面对的反射镜 M_1、M_2 构成谐振腔。问题是去掉侧壁，改变了边界约束条件，腔内还能否存在稳定的驻波模，即光腔模式问题。

光腔模式问题在激光原理中不但具有重要的理论意义，还具有重要的实践意义。它是理解激光相干性、方向性和单色性的基础，也是进行激光器设计和装调的基础。光腔的作用不仅是限制腔内模式数目，也有其他重要作用，概括起来，其作用有以下6点。

1）限制（抑制）腔内模式数目

开腔是封闭腔去掉侧壁，于是原来闭腔三个方向的驻波模变为开腔腔轴一个方向的驻波模，再考虑到开腔反射镜 M_1、M_2 的面积 $S_1=S_2=S$ 的大小有限及两种独立偏振态，于是开腔模式数目变为

$$\begin{aligned} M &= 2\cdot\frac{\Delta\nu}{c/(2L)}\cdot\frac{\Omega}{\lambda^2/S}=2\left(\frac{\Delta\nu}{\Delta\nu_q}\right)_{\text{纵}}\left(\frac{\Omega}{\Omega_{\text{衍}}}\right)_{\text{横}} \\ &= 2M_{\text{纵}}\,M_{\text{横}} \end{aligned} \tag{2.0-1}$$

式中，2表示两种独立的偏振态，纵、横分别表示用频率间隔 $\Delta\nu_q$ 和 S 面衍射极限角 $\Omega_{\text{衍}}$ 区分的模式数目，分别称为开腔的纵模和横模数目。

2）提供正反馈

M_1、M_2 两反射镜对上述腔内少数模式提供正反馈。当腔内稳定存在的少数几个模式在腔内传播入射到反射镜 M_1、M_2 时，会经反射镜反射重新进入腔内。特别是腔内存在增益介质时，对腔内少数模式提供的正反馈，使其在腔内增益介质中来回传播放大，产生自激振荡，形成激光模式。

3）频率滤波

根据驻波条件 $L=q\lambda/2$，得到开腔的频率条件，即纵模为 $\nu=qc/(2L)$，相邻纵模间隔 $\Delta\nu_q=c/(2L)$。可见，开腔模式频率不能任意取值，其纵模频率和频率间隔由腔长 L 决定。并且人为控制腔长 L，使 $(\Delta\nu)_{\text{osl}}<\Delta\nu_q$，就能使 $M_{\text{纵}}=1$。腔长为 L

的纵模频率和频率间隔如图 2.0-1 所示。

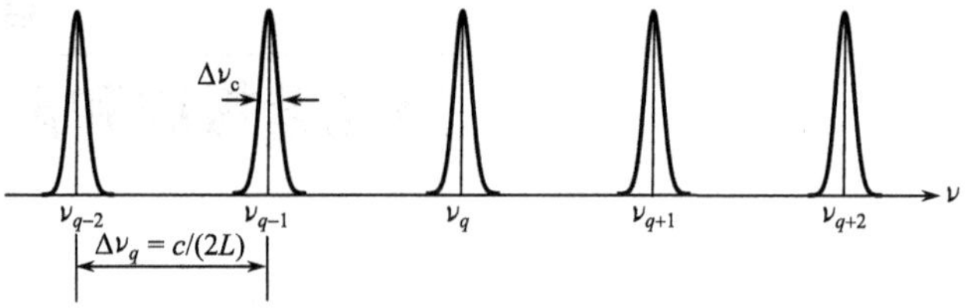

图 2.0-1 谐振腔纵模频率示意图

4）提供损耗

光腔对少数模式提供正反馈的同时，也一定提供了损耗。这是因为激光器要用来输出激光，所以腔内振荡的上述模式必须部分耦合出光腔，这就要求两反射镜 M_1、M_2 的反射率 $r_1=1$，$r_2<1$（或 $r_1<1$，$r_2=1$）。$r_2<1$ 对腔内振荡模式来说表示有部分能量输出腔外，表现为“有用”损耗。此外，光腔还有对激光输出无用、但无法避免的其他损耗，如反射镜的吸收、散射、衍射损耗和由于去掉闭腔侧面的几何偏折损耗等。以后会知道，这些“有用”和无用的损耗之和决定了激光器的阈值特性。

一般来说，模式不同，损耗也不同。人为控制模式的损耗特性能对激光器工作模式进行选择，称为选模技术。

5）决定光束特性

根据前面的讨论，腔内模式由光腔反射镜面曲率半径、腔长等参数决定，即腔型决定腔内光场模式，而腔内振荡模式决定腔内（外）光束特性（一般用 M^2 因子描述，这将在以后专门讨论）。

6）决定激光器的稳态运转特性

激光器运转特性由光腔的损耗特性决定。如果光腔的损耗特性不随时间变化，称为稳态或定态运转激光器；如果光腔的损耗特性随时间变化，就称为动态运转激光器。

本章将由光腔的损耗出发，利用光线（几何光学）理论，根据几何偏折损耗的大小分为稳定腔和非稳定腔，给出稳定腔和非稳定腔光束特性。然后利用电磁波动理论讨论稳定腔中的模式特性，给出稳定腔模式的解析，即厄米-高斯光束和拉盖尔-高斯光束。最后利用高斯光束理论讨论高斯光束的自由空间传输和经光学系统的变换规律。

2.1　光腔的损耗及损耗描述

2.1.1　光腔损耗

1. 光腔损耗的物理原因

引起光腔损耗的物理原因有以下四点。

(1) 非轴向光束的几何偏折损耗。由于光腔是闭腔去掉侧面，当非轴向光束在腔内传播时，经反射镜几次反射后会从腔的侧面逸出腔外。

(2) 激光输出镜 M_2(M_1) 的反射率 r_2(r_1)<1，将腔内光场能量耦合出腔外形成的透射损耗(称为有用的损耗)。

(3) 反射镜 M_1、M_2、腔内介质不均匀带来的吸收、散射损耗。

(4) 反射镜 M_1、M_2 的尺寸有限产生的衍射损耗。

上述四种损耗可以依据模式分为两类：选择性损耗和非选择性损耗。对不同的模式，几何偏折损耗和衍射损耗一般不同，为选择性损耗；而透射、吸收和散射损耗对不同的模式大致相同，为非选择性损耗。

2. 光腔损耗的描述方法

光腔损耗可以从不同的侧面加以描述，下面给出四种描述方法。

1) 平均单程损耗因子 δ

光腔损耗一般采用平均单程损耗因子 δ 和百分比损耗 δ' 描述。

假设腔内初始光强为 I_0，由于光腔各种损耗的存在，光波在腔内传输一个来回后的光强变为 I_1，I_1 和 I_0 的关系总可以写成

$$I_1 = I_0 e^{-2\delta} \tag{2.1-1}$$

由此得到

$$\delta = \frac{1}{2}\ln\frac{I_0}{I_1}$$

由于光腔的损耗是由多种因素引起的，每一种原因引起的损耗以相应的损耗因子 δ_i 描述，则有

$$I_1 = I_0 e^{-2\delta_1} e^{-2\delta_2} e^{-2\delta_3} \cdots = I_0 e^{-2\delta} \tag{2.1-2}$$

式中

$$\delta = \delta_1 + \delta_2 + \delta_3 + \cdots = \sum_i \delta_i \tag{2.1-3}$$

显然 δ 表示光腔由于各种原因引起的总损耗因子，为各个损耗因子的总和。δ 为指数损耗因子，它表明由于损耗的存在，光束在腔内传播时光强按指数规律衰减。

光腔损耗也可以用百分比损耗因子 δ' 描述。百分比损耗因子 δ' 定义为光束在腔内传播一个单程光强平均衰减的百分数

$$2\delta' = \frac{I_0 - I_1}{I_0} \tag{2.1-4}$$

显然，当损耗很小时，这样定义的单程损耗因子 δ' 与指数损耗因子 δ 是一致的。将式(2.1-1)代入式(2.1-4)有

$$2\delta' = \frac{I_0 - I_1}{I_0} = \frac{I_0 - I_0 \mathrm{e}^{-2\delta}}{I_0}$$

若 $\delta \ll 1$，则 $\mathrm{e}^{-2\delta} \approx 1 - 2\delta$，故

$$2\delta' \approx 1 - (1 - 2\delta) = 2\delta \tag{2.1-5}$$

2）光腔的时间常数和腔内光子平均寿命 τ_R

根据式(2.1-1)，初始光强为 I_0 的光束在腔内往返 m 次后，光强变为

$$I_m = I_0 (\mathrm{e}^{-2\delta})^m = I_0 \mathrm{e}^{-2m\delta} \tag{2.1-6}$$

如果把初始光强 I_0 看成是 $t=0$ 时刻的光强，则到 t 时刻为止光束在腔内往返的次数 m 为

$$m = \frac{t}{2L/c} \tag{2.1-7}$$

式中，L 为腔长，c 为光速。将式(2.1-7)代入式(2.1-6)可得到 t 时刻的光强

$$I(t) = I_0 \exp\left[-\left(\frac{c\delta}{L}\right)t\right] = I_0 \exp\left(-\frac{t}{\tau_R}\right) \tag{2.1-8}$$

式中，$\tau_R = L/(c\delta)$ 称为光腔的时间常数，是描述光腔性质的重要参数。当 $t=\tau_R$ 时

$$I(t) = \frac{I_0}{\mathrm{e}} \tag{2.1-9}$$

式(2.1-9)表明了光腔时间常数 τ_R 的物理意义——经过时间常数 τ_R 后，腔内光强衰减为初始值的 $1/\mathrm{e}$。由于 $\tau_R \propto 1/\delta$，损耗因子 δ 越大，时间常数 τ_R 越小，腔内光强衰减得越快。

现在来看光腔时间常数 τ_R 又可以解释为腔内光子的平均寿命。设 t 时刻腔内光子数密度为 N，根据光子数密度 N 与光强 $I(t)$ 的关系

$$I(t) = \rho \cdot c = Nh\nu c \tag{2.1-10}$$

将式(2.1-10)代入式(2.1-8)得

$$N = N_0 \mathrm{e}^{-t/\tau_R} \tag{2.1-11}$$

式中，$N_0 = I_0/(h\nu c)$ 为 $t=0$ 时刻的光子数密度。上式表明，由于损耗的存在，腔内光子数密度将随时间按指数规律减少，到 $t=\tau_R$ 时刻减少为 N_0 的 $1/\mathrm{e}$。在 $t \sim t+\mathrm{d}t$ 时间内光子数密度的减少量为

$$-\mathrm{d}N = \frac{N_0}{\tau_R} e^{-t/\tau_R} \mathrm{d}t \qquad (2.1\text{-}12)$$

这$-\mathrm{d}N$个光子在$0\sim t$时间内它们存在于腔内，而在经过无限小的时间间隔$\mathrm{d}t$后，它们就逸出腔外了，这表明这$-\mathrm{d}N$个光子在腔内的寿命均为t。据此，可以来计算所有光子数密度N_0的平均寿命

$$\bar{t} = \int_0^\infty (-\mathrm{d}N) \cdot t = \int_0^\infty t \cdot \frac{N_0}{\tau_R} \cdot e^{-t/\tau_R} \mathrm{d}t = \tau_R \qquad (2.1\text{-}13)$$

可见，光腔时间常数就是光子平均寿命。光子平均寿命也就是光子数密度由N_0减少N_0/e的平均时间。

3）光腔品质因子 Q

第 1 章的讨论指出，在电子学中，将电子器件与谐振器结合起来，构成振荡器，就能从噪声波中选出一个单一的ω_0来，从而实现大量电子的同步运动，辐射出一个单一模式的电磁载波。激光器就是光频振荡器，与电子学中的振荡器只是频率的不同，我们自然而然地想到，沿用电子学中标志振荡器特性的物理量来标志光腔的特性。

在电子学中，无论是LC振荡回路，还是微波谐振腔，都采用品质因子Q描述其特性，因此，这里也用品质因子Q描述光腔的特性，光腔的品质因子Q定义为

$$Q = 2\pi\nu \frac{E}{P} \qquad (2.1\text{-}14)$$

式中，E为腔内t时刻存储的总能量；P为光腔t时刻单位时间损耗的能量（即单位时间损耗的光功率）；ν为腔内光电场的振荡频率。若取光腔的体积等于腔长乘以反射镜的面积，即$V=LS$，则由$I=\rho c$推得，$E=\rho V=IV/c$，因此，腔内t时刻的储能为

$$E(t) = \frac{I(t)V}{c} = \frac{I_0 V}{c} e^{-t/\tau_R} = E_0 e^{-t/\tau_R} \qquad (2.1\text{-}15)$$

式中，$E_0=I_0V/c$为腔内$t=0$时刻的储能。t时刻单位时间损耗的能量为

$$P(t) = -\frac{\mathrm{d}E(t)}{\mathrm{d}t} = \frac{E_0}{\tau_R} e^{-t/\tau_R} \qquad (2.1\text{-}16)$$

所以，光腔品质因子Q为

$$Q = 2\pi\nu \frac{E(t)}{P(t)} = 2\pi\nu\tau_R = \omega\tau_R = 2\pi\nu \frac{L}{c\delta} \qquad (2.1\text{-}17)$$

可见，品质因子Q由光腔损耗决定，损耗越大，品质因子越差。

4）光腔的本征线宽 $\Delta\nu_c$

由于损耗的存在，腔内光强随时间按指数规律衰减：$I(t)=I_0 e^{-t/\tau_R}$，根据$I=E\cdot E^*$，腔内光电场随时间的变化规律为

$$E(t) = E_0 \exp\left(-\frac{t}{2\tau_R}\right)\exp(-2\pi\nu_0 t) \tag{2.1-18}$$

显然，腔内光波电场不再是单色的。应用傅里叶分析方法，得到频率为 ν 的光电场复振幅

$$E(\nu) = \frac{E_0}{\dfrac{1}{2\tau_R} + i2\pi(\nu_0 - \nu)} \tag{2.1-19}$$

相应的光强为

$$I(\nu) = E(\nu)\cdot E^*(\nu) = \frac{E_0^2}{[1/(2\tau_R)]^2 + 4\pi^2(\nu_0 - \nu)^2} \tag{2.1-20}$$

引入线型函数 $g(\nu,\nu_0)$ 描述腔内光强按频率的分布，可表示为

$$g(\nu,\nu_0) = \frac{I(\nu)}{\int_0^\infty I(\nu)\mathrm{d}\nu} = \frac{1/\tau_R}{[1/(2\tau_R)]^2 + 4\pi^2(\nu_0 - \nu)^2} \tag{2.1-21}$$

当 $\nu=\nu_0$ 时，$g(\nu,\nu_0)$ 取最大值，$g_{max}(\nu,\nu_0)=g(\nu_0)=4\tau_R$，令 $g(\nu,\nu_0)=g_{max}(\nu,\nu_0)/2$，则

$$\nu = \nu_0 \pm \frac{1}{4\pi\tau_R}$$

得到半最大值处全宽度(FWHM)表示的线宽(见图 2.1-1)，简称半值线宽，表示为

$$\Delta\nu_c = \frac{1}{2\pi\tau_R} = \frac{c\delta}{2\pi L} \tag{2.1-22}$$

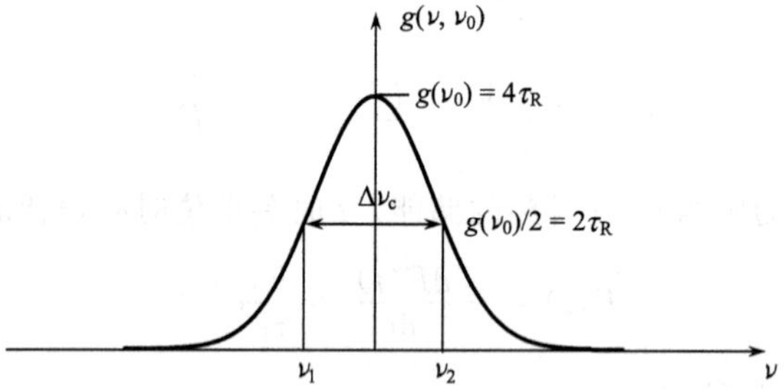

图 2.1-1　光腔本征线宽示意图

由此还可以得到，光腔品质因子和本征线宽之间的关系

$$Q = 2\pi\nu\tau_R = \frac{\nu}{\Delta\nu_c} = 2\pi\nu\frac{L}{c\delta} \tag{2.1-23}$$

可见，损耗因子 δ 不仅决定光腔的品质因子 Q，也决定光腔的本征线宽 $\Delta\nu_c$。

2.1.2　光腔损耗计算举例

由光腔损耗的物理原因可见,引起损耗的原因有多种,不同物理原因引起的损耗对光腔总损耗的贡献各不相同,而且有些损耗是有用的。下面讨论不同损耗因子的计算方法。计算的思路是,计算某一种损耗时,假设其他损耗都不存在。

1. 透射损耗

前面的讨论指出,为了输出激光,腔内振荡的模式必须部分耦合出光腔,要求耦合输出镜 M_2 的反射率 $r_2<1$。为了减小损耗,提高光腔的品质因子,另一反射镜 M_1 的反射率最好为 $r_1=1$。但是,由于制作工艺等条件限制,实际使用的反射镜 M_1 的反射率也小于 1。由于 $r_1<1, r_2<1$ 而引起的损耗统称为输出损耗,或透射损耗。

假设光束从反射镜 M_1 处出发的初始光强为 I_0,若不考虑其他损耗,在光腔往返一次经两反射镜反射后,其光强 I_1 为

$$I_1 = I_0 r_1 r_2 \tag{2.1-24}$$

按照平均单程损耗因子 δ 的定义,并设反射损耗因子为 δ_r,应有

$$I_1 = I_0 r_1 r_2 = I_0 e^{-2\delta_r} \tag{2.1-25}$$

因此

$$\delta_r = \frac{1}{2}\ln\frac{I_0}{I_1} = -\frac{1}{2}\ln r_1 r_2 = \frac{1}{2}\ln\frac{1}{r_1 r_2} = \frac{1}{2}\ln\frac{1}{(1-T_1)(1-T_2)} \tag{2.1-26}$$

式中,T_1、T_2 为两反射镜的透过率。很多实际应用情况下,构成光腔的两反射镜的反射率都很高,有 $r_1\approx 1, r_2\approx 1$,此时

$$\delta_r \approx \frac{1}{2}[(1-r_1)+(1-r_2)] = \frac{1}{2}(T_1+T_2) \tag{2.1-27}$$

2. 衍射损耗

由于光腔反射镜的尺寸有限,根据巴俾涅原理,光束入射到反射镜并经反射镜反射时,会发生衍射现象。衍射效应的存在,会使光束展宽,传播到另一反射镜时,只有部分光束被反射回腔内,这样,腔内能量将减小。

腔内振荡模式不同,衍射损耗不同,这里以均匀平面波在平面反射镜上的夫朗和费衍射来估计衍射损耗。如图 2.1-2 所示,假设 $r_1=1, r_2=1$,光强为 I_0、束宽为 $2a$ 的均匀平面波入射到半径为 a 的平面反射镜 M_1,经反射,由于衍射效应,光束发散,且与腔轴线方向夹角为 θ,光束在腔内传播一个单程,入射到 M_2 的光强为

$$I'_0=\frac{\pi a^2}{\pi(a+L\theta)^2}I_0=\frac{a^2}{(a+L\theta)^2}I_0 \tag{2.1-28}$$

再经 M_2 反射、腔内传播，入射到 M_1 的光强为

$$I_1=\frac{\pi a^2}{\pi(a+L\theta)^2}I'_0=\frac{a^4}{(a+L\theta)^4}I_0 \tag{2.1-29}$$

因此，衍射损耗 δ_D 为

$$\delta_D=\frac{1}{2}\ln\frac{I_0}{I_1}=\ln\frac{(a+L\theta)^2}{a^2}\approx\ln\left(1+\frac{2L\theta}{a}\right) \tag{2.1-30}$$

根据衍射理论，θ 以 $\lambda/(2a)$ 估计，式(2.1-30)可改写为

$$\begin{aligned}\delta_D&=\ln\left(1+\frac{2L\theta}{a}\right)=\ln\left(1+\frac{L\lambda}{a^2}\right)\\&\approx\frac{L\lambda}{a^2}=\frac{1}{N_F}\end{aligned} \tag{2.1-31}$$

式中，λ 为腔内振荡光波长；$N_F=a^2/(L\lambda)$ 称为光腔菲涅耳数。可见，光腔菲涅耳数描述光腔衍射损耗，光腔菲涅耳数越大，衍射损耗越小。

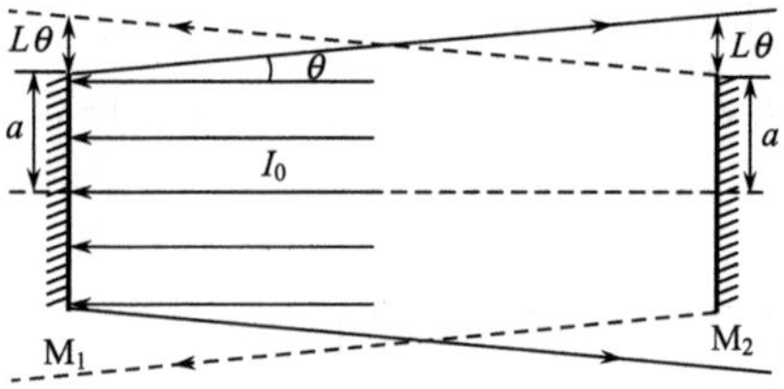

图 2.1-2 衍射损耗示意图

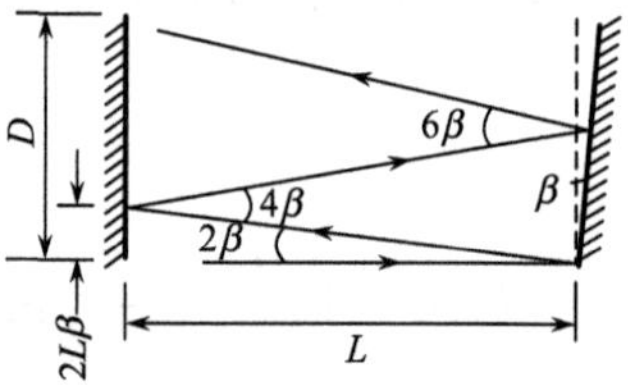

图 2.1-3 腔镜倾斜时的几何偏折损耗

3. 几何偏折损耗——两反射镜不平行

当 F-P 腔的两平面反射镜不是严格平行，而是有一个小夹角 β 时，光束在腔内经有限次往返后将逸出腔外，如图 2.1-3 所示。假设初始光束垂直于镜面 M_1 出发，然后在腔内两镜面间来回反射，入射光和反射光间的夹角 θ_i 依次为 $2\beta,4\beta,6\beta,8\beta,\cdots$，光束在腔内每往返一次，沿腔面移动距离 $L\theta_i$。设光束在腔内往返 m 次后逸出腔外，则

$$\begin{aligned}D&\approx L\cdot2\beta+L\cdot3\cdot2\beta+\cdots+L\cdot(2m-1)\cdot2\beta\\&=2L\beta[1+3+5+\cdots+(2m-1)]\end{aligned} \tag{2.1-32}$$

式中，D 为反射镜横向尺寸(直径)。利用等差级数求和公式 $S_m=(a_1+a_m)m/2$，求得 $[1+3+5+\cdots+(2m-1)]=m^2$，因此，由于反射镜不平行光束逸出腔外前往返次数 m 为

$$m=\sqrt{\frac{D}{2L\beta}} \tag{2.1-33}$$

类比于 $I_m=I_0\mathrm{e}^{-2\delta m}$，并注意到光束在腔内一个往返的时间 $t_0=2L/c$，往返 m 次的时间为 t，则

$$I(t)=I_0\mathrm{e}^{-2\delta m}=I_0\mathrm{e}^{-\delta_\beta tc/L}=I_0\mathrm{e}^{-t/\tau_\beta} \tag{2.1-34}$$

式中，$\tau_\beta=L/(c\delta_\beta)$为由于几何偏折损耗光子在腔内的平均寿命，可求得腔内光子平均寿命 τ_β 及相应损耗因子 δ_β 为

$$\tau_\beta=mt_0=\sqrt{\frac{D}{2L\beta}}\cdot\frac{2L}{c}=\sqrt{\frac{2DL}{c^2\beta}} \tag{2.1-35}$$

$$\delta_\beta=\frac{L}{c\tau_\beta}=\sqrt{\frac{L\beta}{2D}} \tag{2.1-36}$$

式(2.1-36)表明，几何偏折损耗与 β、D、L 均有关，δ_β 随腔长 L 和 β 的增大而增加，随腔镜直径 D 的减小而增大。

若以腔长 $L=1\mathrm{m}$，腔镜直径 $D=1\mathrm{cm}$ 计算，为了保持 $\delta_\beta<0.1$，必须有

$$\beta=\frac{2D\delta_\beta^2}{L}\leqslant 2\times10^{-4}\,\mathrm{rad}\approx 41''$$

如果要求损耗低于 0.01，则应有

$$\beta\leqslant 2\times10^{-6}\,\mathrm{rad}=0.4''$$

这里所给出的是不同几何偏折损耗条件下所容许的 F-P 腔两反射镜的不平行度，它表明 F-P 腔的调整精度要求非常高，实际应用中，有必要开发新类型的开腔形式，其中同轴球面镜腔最有代表性。

2.2　共轴球面腔的光线传输矩阵理论

共轴球面腔的结构如图 2.2-1 所示，由曲率半径为 R_1 和 R_2 的两个球面反射镜 M_1 和 M_2 组成，两镜面曲率中心的连线构成光腔的光轴，两镜面间距离 L 即为腔长。前述 F-P 腔仅是共轴球面腔当 $R_1\to\infty$ 和 $R_2\to\infty$ 时的特殊腔型。本节采用光线传输矩阵理论讨论共轴球面腔的特性。

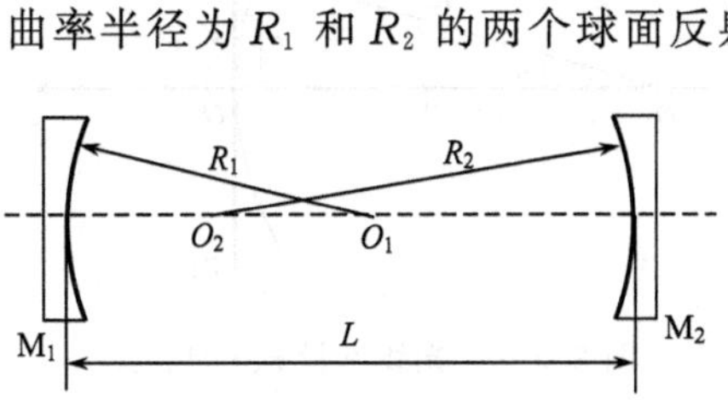

图 2.2-1　共轴球面腔示意图

2.2.1 光线传输矩阵

几何光学理论认为光波长 $\lambda\to 0$,若不计光的衍射,则可用光线方便地研究光的传播。在光学系统中,应用近轴光线的两个参量描述传播到某参考面 RP 处光波电场特性:一是光线在该参考面的出射点到系统光轴的距离 r,二是该参考面出射光线与系统光轴的夹角 θ, θ 符号规定为:出射光线在轴线上方,θ 为"+";出射光线在轴线下方,θ 为"－",如图 2.2-2 所示。近轴光线就是指满足 $\tan\theta\approx\sin\theta\approx\theta$ 的光线。

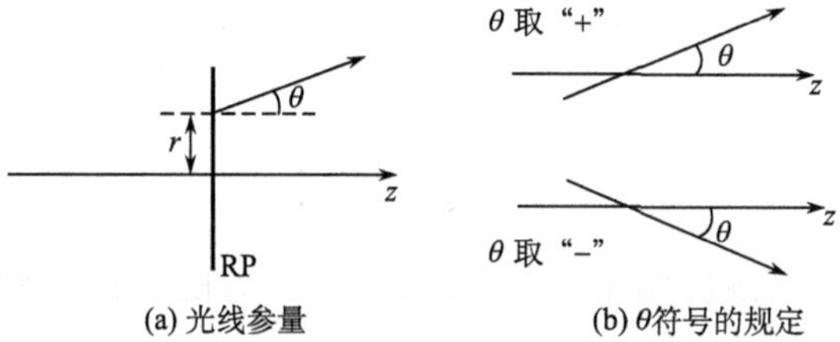

图 2.2-2

利用光线参量 r、θ 可以方便描述球面波的传播,如图 2.2-3 所示,由 O 点发出的球面波传播到参考面 RP,对于近轴光线,光线参量 r、θ 和参考面处光波电场等相位面曲率半径 R 之间满足

$$\frac{r}{R}=\tan\theta\approx\theta$$

得到

$$\frac{r}{\theta}=R \tag{2.2-1}$$

可见,参考面处光线参量的比值就是球面波在该面处的等相位面曲率半径。

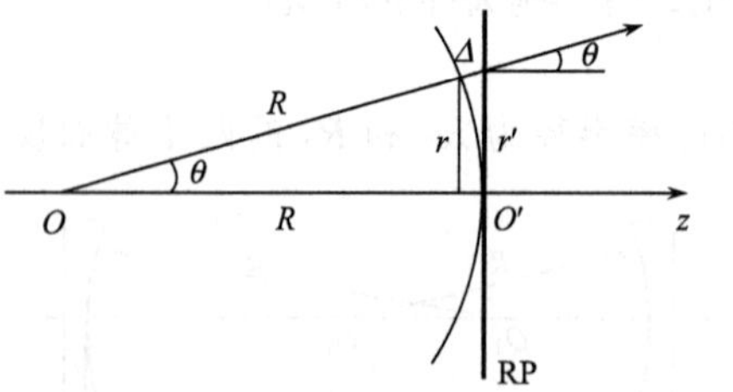

图 2.2-3 光线参量 r、θ 的意义

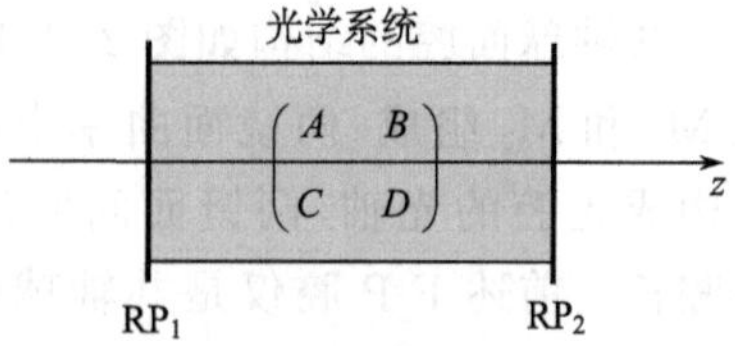

图 2.2-4 光纤传输矩阵示意图

有了光线参量 r 和 θ,就可以引入光线传输矩阵来方便地描述光线在光学系统中的传输变换。如图 2.2-4 所示,若光学系统入射面 RP_1 的光线参量为 r_1、θ_1,传

输到系统出射面 RP_2 的光线参量变为 r_2、θ_2，RP_1 处和 RP_2 处的光线参量分别用列矩阵分别表示为$\begin{pmatrix} r_1 \\ \theta_1 \end{pmatrix}$和$\begin{pmatrix} r_2 \\ \theta_2 \end{pmatrix}$，则用传输矩阵 $\begin{pmatrix} A & B \\ C & D \end{pmatrix}$ 描述光学系统对光线的传输变换作用，得到用传输矩阵表示的两参考面 RP_1 和 RP_2 光线参量之间的关系为

$$\begin{pmatrix} r_2 \\ \theta_2 \end{pmatrix} = \begin{pmatrix} A & B \\ C & D \end{pmatrix} \begin{pmatrix} r_1 \\ \theta_1 \end{pmatrix} = \begin{pmatrix} Ar_1 + B\theta_1 \\ Cr_1 + D\theta_1 \end{pmatrix} \tag{2.2-2}$$

如果入射光学系统的是球面波，那么得到两参考面球面波等相位面曲率半径之间的关系为

$$R_2 = \frac{r_2}{\theta_2} = \frac{Ar_1 + B\theta_1}{Cr_1 + D\theta_1} = \frac{A\dfrac{r_1}{\theta_1} + B}{C\dfrac{r_1}{\theta_1} + D} = \frac{AR_1 + B}{CR_1 + D} \tag{2.2-3}$$

称为曲率半径 R_1 到 R_2 变换的 $ABCD$ 定律。不同的光学系统，传输矩阵 $\begin{pmatrix} A & B \\ C & D \end{pmatrix}$元素 A、B、C、D 的取值不同。

1. L 长的自由空间

光线在自由空间是直线传输的，如图 2.2-5 所示。利用图示几何关系可得参考面 RP_1 和 RP_2 光线参量之间关系为

$$\left.\begin{aligned} r_2 &= r_1 + L\theta_1 \\ \theta_2 &= 0 + \theta_1 \end{aligned}\right\} \tag{2.2-4}$$

与$\begin{pmatrix} r_2 \\ \theta_2 \end{pmatrix} = \begin{pmatrix} A & B \\ C & D \end{pmatrix} \begin{pmatrix} r_1 \\ \theta_1 \end{pmatrix} = \begin{pmatrix} Ar_1 + B\theta_1 \\ Cr_1 + D\theta_1 \end{pmatrix}$比较得

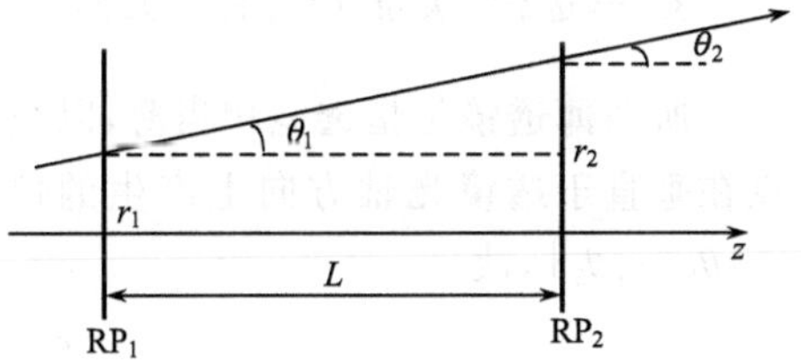

图 2.2-5 光线在自由空间的传输

$$\begin{pmatrix} A & B \\ C & D \end{pmatrix} = \begin{pmatrix} 1 & L \\ 0 & 1 \end{pmatrix} \tag{2.2-5}$$

这就是光线在长为 L 的自由空间传输矩阵的具体表达式。

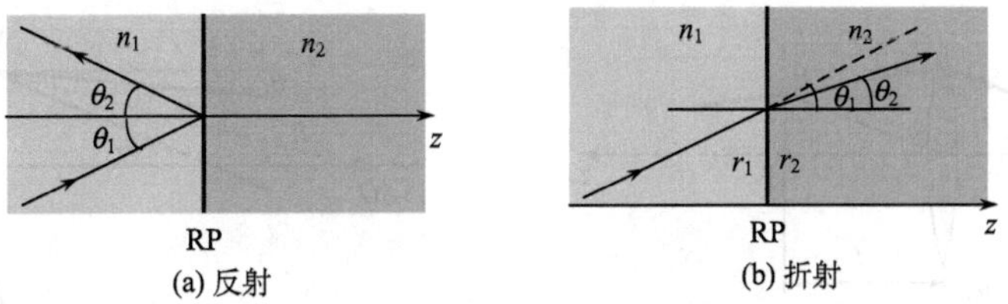

图 2.2-6 光线在界面的反射和折射

2. 界面反射、透射传输矩阵

光线在两介质交界面反射时，遵从反射定律，即反射点和入射点重合，反射角等于入射角(见图 2.2-6(a))，故

$$\left.\begin{aligned} r_2 &= r_1 + 0 \\ \theta_2 &= 0 + \theta_1 \end{aligned}\right\} \tag{2.2-6}$$

同理可得

$$\begin{pmatrix} A & B \\ C & D \end{pmatrix} = \begin{pmatrix} 1 & 0 \\ 0 & 1 \end{pmatrix} \tag{2.2-7}$$

光线在两介质交界面透射时，遵从折射定律，即折射点和入射点重合，折射角和入射角(见图 2.2-6(b))满足 $n_1 \sin\theta_1 = n_2 \sin\theta_2$，对近轴光线，则 $n_1\theta_1 = n_2\theta_2$，故

$$\left.\begin{aligned} r_2 &= r_1 + 0 \\ \theta_2 &= 0 + \frac{n_1}{n_2}\theta_1 \end{aligned}\right\} \tag{2.2-8}$$

得到光线在界面的透射传输矩阵

$$\begin{pmatrix} A & B \\ C & D \end{pmatrix} = \begin{pmatrix} 1 & 0 \\ 0 & \dfrac{n_1}{n_2} \end{pmatrix} \tag{2.2-9}$$

3. 薄透镜(焦距 f)的传输矩阵

所谓薄透镜是指透镜相当薄，以至于光线经过透镜后的出射点和对应的入射点在垂直于透镜光轴方向上产生的位移可以忽略，如图 2.2-7 所示。由图可见 $\alpha = \theta_1 + |\theta_2|$，故

$$r_2 = r_1 + 0$$

$$-\theta_2 = \alpha - \theta_1 \rightarrow \theta_2 = -\alpha + \theta_1 = -\frac{r_1}{f} + \theta_1$$

于是，得到薄透镜的传输矩阵为

$$\begin{pmatrix} A & B \\ C & D \end{pmatrix} = \begin{pmatrix} 1 & 0 \\ -\dfrac{1}{f} & 1 \end{pmatrix} \tag{2.2-10}$$

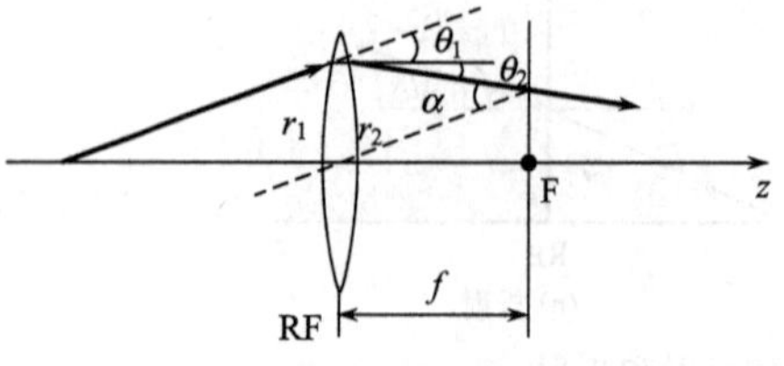

图 2.2-7 光线经薄透镜的传输变换

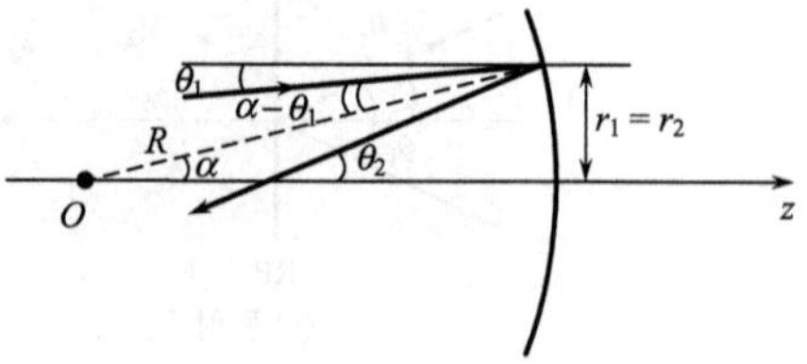

图 2.2-8 球面镜的光线反射传输变换

4. 球面镜的反射变换矩阵

由图 2.2-8 所示的几何关系有

$$r_2 = r_1 + 0$$

$$-\theta_2 = \alpha + (\alpha - \theta_1) \rightarrow \theta_2 = -2\alpha + \theta_1 = -\frac{2}{R}r_1 + \theta_1$$

得到球面镜的光线反射传输矩阵

$$\begin{pmatrix} A & B \\ C & D \end{pmatrix} = \begin{pmatrix} 1 & 0 \\ -\dfrac{2}{R} & 1 \end{pmatrix} = \begin{pmatrix} 1 & 0 \\ -\dfrac{1}{f} & 1 \end{pmatrix} \tag{2.2-11}$$

式中，$f=R/2$ 为球面反射镜的焦距。可见光束经过球面反射镜的反射变换等价于经过相同焦距的薄透镜的透射变换。

2.2.2 光腔稳定条件

1. 光腔的往返传输矩阵

为了研究光腔的稳定条件和腔内本征光束，首先利用前述光线矩阵寻找光线在腔内一个完整往返的传输矩阵。如图 2.2-9所示，选择参考面 RP，光线在腔内往返一次可分解为自参考面出发向右长为 L 的自由空间传输和曲率半径为 R_2 的球面镜的反射、向左长为 L 的自由空间传输和曲率半径为 R_1 的球面镜的反射。

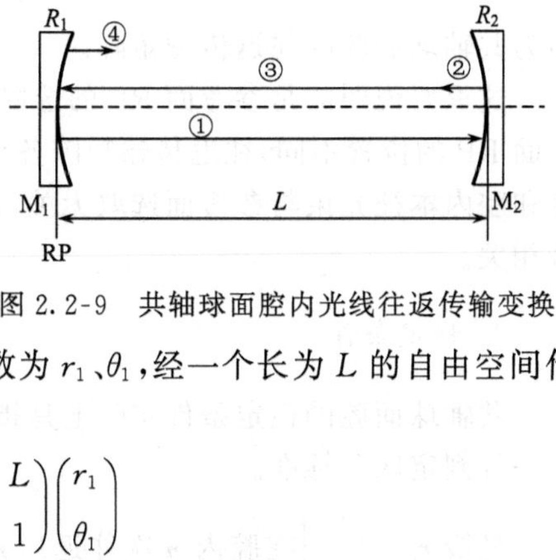

图 2.2-9　共轴球面腔内光线往返传输变换

设光线在参考面 RP 出发时的光线参数为 r_1、θ_1，经一个长为 L 的自由空间传输后有

$$\begin{pmatrix} r_2 \\ \theta_2 \end{pmatrix} = \begin{pmatrix} 1 & L \\ 0 & 1 \end{pmatrix} \begin{pmatrix} r_1 \\ \theta_1 \end{pmatrix}$$

经 M_2 反射后

$$\begin{pmatrix} r_3 \\ \theta_3 \end{pmatrix} = \begin{pmatrix} 1 & 0 \\ -\dfrac{2}{R_2} & 1 \end{pmatrix} \begin{pmatrix} r_2 \\ \theta_2 \end{pmatrix}$$

再经一个长为 L 的自由空间传输

$$\begin{pmatrix} r_4 \\ \theta_4 \end{pmatrix} = \begin{pmatrix} 1 & L \\ 0 & 1 \end{pmatrix} \begin{pmatrix} r_3 \\ \theta_3 \end{pmatrix}$$

经 M_1 反射后

$$\begin{pmatrix} r_5 \\ \theta_5 \end{pmatrix} = \begin{pmatrix} 1 & 0 \\ -\frac{2}{R_1} & 1 \end{pmatrix} \begin{pmatrix} r_4 \\ \theta_4 \end{pmatrix}$$

最后得到光线在腔内往返前后光线参数之间的关系

$$\begin{pmatrix} r_5 \\ \theta_5 \end{pmatrix} = \begin{pmatrix} 1 & 0 \\ -\frac{2}{R_1} & 1 \end{pmatrix} \begin{pmatrix} 1 & L \\ 0 & 1 \end{pmatrix} \begin{pmatrix} 1 & 0 \\ -\frac{2}{R_2} & 1 \end{pmatrix} \begin{pmatrix} 1 & L \\ 0 & 1 \end{pmatrix} \begin{pmatrix} r_1 \\ \theta_1 \end{pmatrix} = \begin{pmatrix} A & B \\ C & D \end{pmatrix} \begin{pmatrix} r_1 \\ \theta_1 \end{pmatrix} \tag{2.2-12}$$

式中

$$\begin{aligned} \begin{pmatrix} A & B \\ C & D \end{pmatrix} &= \begin{pmatrix} 1 & 0 \\ -\frac{2}{R_1} & 1 \end{pmatrix} \begin{pmatrix} 1 & L \\ 0 & 1 \end{pmatrix} \begin{pmatrix} 1 & 0 \\ -\frac{2}{R_2} & 1 \end{pmatrix} \begin{pmatrix} 1 & L \\ 0 & 1 \end{pmatrix} \\ &= \begin{pmatrix} 1-\frac{2L}{R_2} & 2L-\frac{2L^2}{R_2} \\ -\frac{2}{R_1}-\frac{2}{R_2}+\frac{4L}{R_1R_2} & 1-\frac{4L}{R_1}-\frac{2L}{R_2}+\frac{4L^2}{R_1R_2} \end{pmatrix} \end{aligned} \tag{2.2-13}$$

即为共轴球面腔的往返传输矩阵。

这里要说明的是参考面 RP 的选取是任意的，只要在腔内即可。一般来说，参考面 RP 的位置不同，往返传输矩阵各元素 A、B、C、D 的取值不同，但是腔的稳定性和腔内本征光束与参考面选取无关，而计算腔内光束参数却与参考面的选取直接相关。

2. 稳定条件

共轴球面腔的稳定条件实际上是指对光腔几何偏折损耗大小和腔内光束特性的一种判定区分标准。

光线 $\boldsymbol{r}_0 = \begin{pmatrix} r_0 \\ \theta_0 \end{pmatrix}$ 在腔内 n 次往返后 $\boldsymbol{r}_n = \begin{pmatrix} r_n \\ \theta_n \end{pmatrix}$ 仍能保持在腔内，即近轴光线经 n 次往返后仍满足近轴条件，这样的腔几何偏折损耗小，认为是稳定腔，否则是非稳定腔(高损耗腔)。根据

$$\begin{pmatrix} r_n \\ \theta_n \end{pmatrix} = \underbrace{\begin{pmatrix} A & B \\ C & D \end{pmatrix} \begin{pmatrix} A & B \\ C & D \end{pmatrix} \cdots \begin{pmatrix} A & B \\ C & D \end{pmatrix}}_{n个} \begin{pmatrix} r_0 \\ \theta_0 \end{pmatrix} = \begin{pmatrix} A & B \\ C & D \end{pmatrix}^n \begin{pmatrix} r_0 \\ \theta_0 \end{pmatrix} = \begin{pmatrix} A_n & B_n \\ C_n & D_n \end{pmatrix} \begin{pmatrix} r_0 \\ \theta_0 \end{pmatrix} \tag{2.2-14}$$

$\boldsymbol{r}_n=\begin{pmatrix} r_n \\ \theta_n \end{pmatrix}$保持近轴条件要求矩阵元素 A_n、B_n、C_n、D_n 有限。矩阵理论证明，如果往返传输矩阵$\begin{pmatrix} A & B \\ C & D \end{pmatrix}$的行列式$\begin{vmatrix} A & B \\ C & D \end{vmatrix}=AD-BC=1$，则

$$\begin{pmatrix} A_n & B_n \\ C_n & D_n \end{pmatrix}=\begin{pmatrix} \mathrm{S}_{n-1}A-\mathrm{S}_{n-2} & \mathrm{S}_{n-1}B \\ \mathrm{S}_{n-1}C & \mathrm{S}_{n-1}D-\mathrm{S}_{n-2} \end{pmatrix} \tag{2.2-15}$$

式中，$S_n(X)$为切比雪夫多项式。

(1) 若 $X=A+D=2\cos\varphi$，$|\cos\varphi|=\left|\dfrac{A+D}{2}\right|<1$，则 $\mathrm{S}_n(X)=\dfrac{\sin[(n+1)\varphi]}{\sin\varphi}$有限，相应矩阵元素 A_n、B_n、C_n、D_n 也保持有限，几何偏折损耗小，腔是稳定的。

(2) 若 $X=A+D=2\cosh\varphi$，$|\cosh\varphi|=\left|\dfrac{A+D}{2}\right|>1$，则 $\mathrm{S}_n(X)=\dfrac{\sinh[(n+1)\varphi]}{\sinh\varphi}$发散，相应矩阵元素 A_n、B_n、C_n、D_n 也不再有限，几何偏折损耗大，腔是非稳定的。

(3) 若 $|\cos\varphi|=\left|\dfrac{A+D}{2}\right|=1$，$\varphi=k\pi$，$\mathrm{S}_n(X)$不确定，几何偏折损耗中等，认为腔是介稳或临界的。

由上述讨论可见，共轴球面腔的稳定条件为$\left|\dfrac{A+D}{2}\right|<1$，即$-1<\dfrac{A+D}{2}<1$。因此，由几何偏折损耗大小区分的腔的稳定条件可由往返传输矩阵唯一确定。代入往返传输矩阵中元素 A 和 D 的值，稳定条件变为

$$-1<1-\frac{2L}{R_1}-\frac{2L}{R_2}+\frac{2L^2}{R_1R_2}<1$$

整理后得

$$0<\left(1-\frac{L}{R_1}\right)\left(1-\frac{L}{R_2}\right)<1 \tag{2.2-16}$$

若引入

$$\left.\begin{aligned} g_1 &= 1-\frac{L}{R_1} \\ g_2 &= 1-\frac{L}{R_2} \end{aligned}\right\}$$

描述共轴球面腔的几何参数(称为腔的 g 参数)，则稳定腔可用 g 参数表示为

$$0<g_1g_2<1 \tag{2.2-17}$$

对于非稳定腔，$\left|\frac{A+D}{2}\right|>1$，则有

$$\left.\begin{aligned} g_1g_2 &< 0 \\ g_1g_2 &> 1 \end{aligned}\right\} \tag{2.2-18}$$

对于介稳腔，$\left|\frac{A+D}{2}\right|=1$，则有

$$\left.\begin{aligned} g_1g_2 &= 0 \\ g_1g_2 &= 1 \end{aligned}\right\} \tag{2.2-19}$$

由上述讨论可见，腔的稳定条件由往返传输矩阵的元素 A 和 D 决定。

这里要说明的是，①参考面 RP 的选取不同，一般往返传输矩阵不同，但 $A+D$ 却保持不变，因此，研究腔的稳定性与参考面选取无关；② 稳定腔、非稳定腔和介稳腔都是有用的腔型，各有特点；③ 给定一组 g 参数，是确定了一类腔，而不是一个腔。

3. 光腔稳定图

采用 g 参数描述共轴球面腔的几何参数，则腔的稳定性可以用以 g_1、g_2 为坐标，$g_1g_2=1$ 的图形来表征，称为稳定图，如图 2.2-10 所示。图中每个点代表腔的一种特定几何结构，而坐标轴 $g_1=0$，$g_2=0$ 和双曲线 $g_1g_2=1$ 把平面分为三部分：坐标轴和双曲线所围成区域(阴影部分)的点满足 $0<g_1g_2<1$，为稳定腔结构，称为稳定区；坐标轴和双曲线上的点满足 $g_1g_2=0$ 或 $g_1g_2=1$ 为介稳腔结构，称为临界区；其余区域点满足 $g_1g_2>1$ 或 $g_1g_2<0$，为非稳定腔结构，称为非稳定区。

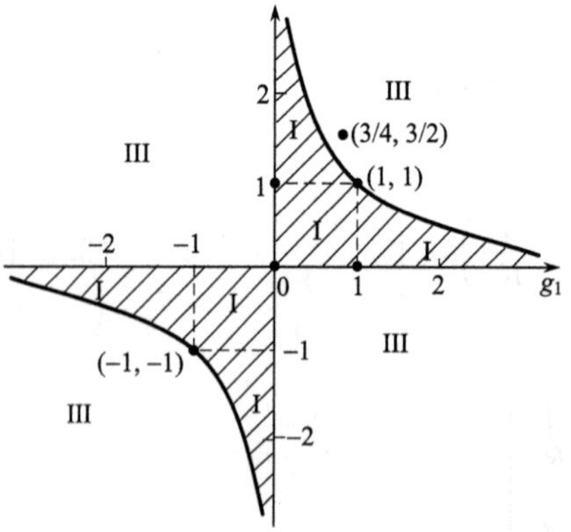

图 2.2-10 稳定图

有了稳定图，就可以方便地研究腔的稳定性，设计所需要的腔型。下面首先考察图上几个特殊点所确定的几种典型腔型。

对于稳定图上(1,1)点，有 $g_1=1$，$g_2=1$。由 $g_1=1-L/R_1$，$g_2=1-L/R_2$，得 $R_1=R_2=\infty$，这样的腔称为平行平面腔，也就是最早开腔概念中的 F-P 腔，属临界腔，如图 2.2-11(a)所示。

对于稳定图上(0,0)点，有 $g_1=0$，$g_2=0$。由 $g_1=1-L/R_1$，$g_2=1-L/R_2$，得 $R_1=R_2=L$，根据球面反射镜焦距公式 $f=R/2$，构成谐振腔的两反射镜焦点重合，这类腔称对称共焦腔，是典型的稳定

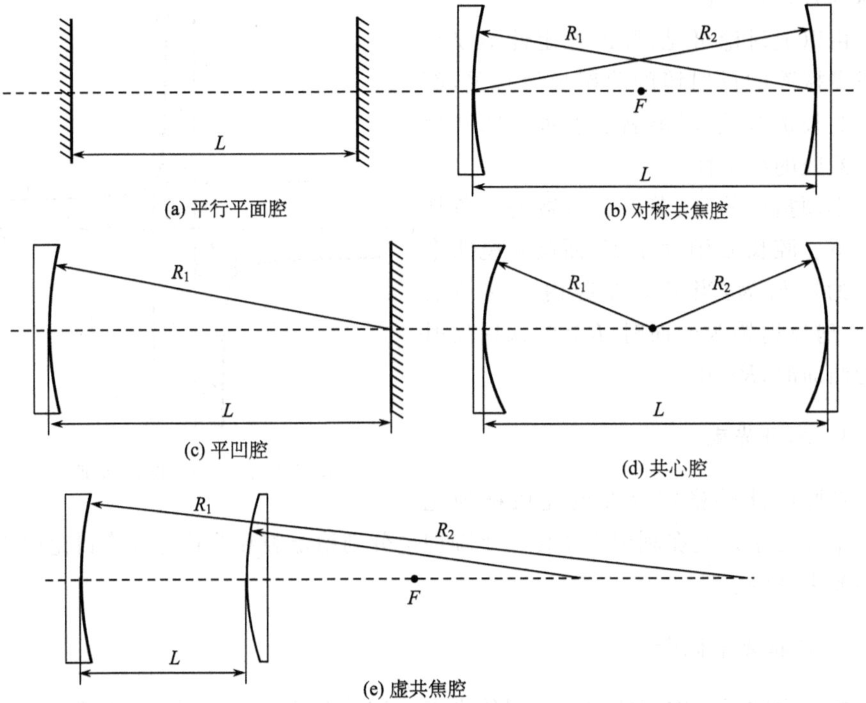

图 2.2-11　几种典型谐振腔

腔,其结构如图 2.2-11(b)所示。

对于稳定图上(1,0)(或(0,1))点,有 $g_1=1,g_2=0(g_1=0,g_2=1)$。由 $g_1=1-L/R_1,g_2=1-L/R_2$,得 $R_1=\infty,R_2=L(R_1=L,R_2=\infty)$,构成谐振腔的两反射镜一是平面反射镜,一是凹面反射镜,这类腔称为平凹腔,属临界腔,其结构如图 2.2-11(c)所示。

对于稳定图上(−1,−1)点,有 $g_1=-1,g_2=-1$。由 $g_1=1-L/R_1,g_2=1-L/R_2$,得 $R_1=R_2=L/2$,构成谐振腔的两反射镜曲率中心重合,这类腔称为共心腔,其结构如图 2.2-11(d)所示。

对于稳定图上(3/4,3/2)点,有 $g_1=3/4,g_2=3/2$,由 $g_1=1-L/R_1,g_2=1-L/R_2$,得 $R_1=4L$, $R_2=-2L$,构成谐振腔的两反射镜焦点重合,但焦点在腔外,这类腔称虚共焦腔,属非稳定腔,其结构如图 2.2-11(e)所示。

实际上,利用稳定图还可以把平面进一步细分,不同区域点所确定的腔型有其各自特征,对腔型的研究和设计非常有用。如图 2.2-12 所示,过(1,1)作两坐标轴的平行线,并分别连接(−1, −1)、(−1, 0)和(−1, −1)、(0, −1),这样就把稳定区细分为 6 个区域,把非稳定区细分为 8 个区域。至于各个区域腔型结构的特点请读者自行讨论。

由以上讨论可见，腔的稳定性不仅与构成谐振腔的反射镜的曲率半径有关，而且与腔长也有关，不能就反射镜的凹凸型来判断腔的稳定性。

必须指出的是，谐振腔参数的正负规定如下。腔长 L 恒大于零，而反射镜曲率半径的取值为：当光束在腔内来回传播时，入射反射镜为凹面时，$R>0$，入射反射镜为凸面时，$R<0$。

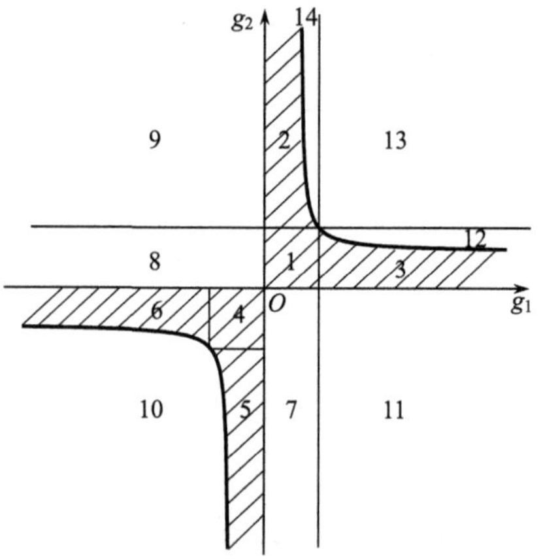

图 2.2-12 稳定图区域细分

2.2.3 本征光束

在腔内能够稳定存在的光束称为光腔的本征光束。现在利用光线传输矩阵理论分别稳定腔和非稳定腔来讨论腔内模式的光束特性。

1. 本征光束概念

在腔内往返一次后能够自再现的光束一定是腔内的一个模式，是可以独立存在的，称为光腔的本征光束。

前面为了研究光腔的稳定性，引入了光线参量 r 和 θ，用 $\boldsymbol{r}=\begin{pmatrix} r \\ \theta \end{pmatrix}$ 描述光线，光束可以看成为光线汇，仍用 $\boldsymbol{r}=\begin{pmatrix} r \\ \theta \end{pmatrix}$ 描述，而引入特征参量 $\tilde{q}=\dfrac{r}{\theta}$ 描述光束的特性。设腔中往返 n 次的光束为 $\boldsymbol{r}_n$，再往返一次后的光束为 $\boldsymbol{r}_{n+1}$，则光束在腔内往返一次能够自再现的条件为

$$\boldsymbol{r}_{n+1} = \lambda \boldsymbol{r}_n \tag{2.2-20}$$

式中，λ 为复常数。上式可用光束参量表示为

$$\begin{pmatrix} r_{n+1} \\ \theta_{n+1} \end{pmatrix} = \begin{pmatrix} \lambda & 0 \\ 0 & \lambda \end{pmatrix} \begin{pmatrix} r_n \\ \theta_n \end{pmatrix}$$

应用 $\begin{pmatrix} r_{n+1} \\ \theta_{n+1} \end{pmatrix} = \begin{pmatrix} A & B \\ C & D \end{pmatrix} \begin{pmatrix} r_n \\ \theta_n \end{pmatrix}$，得到 $\begin{pmatrix} A & B \\ C & D \end{pmatrix} \begin{pmatrix} r_n \\ \theta_n \end{pmatrix} = \begin{pmatrix} \lambda & 0 \\ 0 & \lambda \end{pmatrix} \begin{pmatrix} r_n \\ \theta_n \end{pmatrix}$，即

$$\begin{pmatrix} A-\lambda & B \\ C & D-\lambda \end{pmatrix} \begin{pmatrix} r_n \\ \theta_n \end{pmatrix} = 0 \tag{2.2-21}$$

或

$$\left.\begin{aligned}(A-\lambda)r_n+B\theta_n=0\\Cr_n+(D-\lambda)\theta_n=0\end{aligned}\right\}\tag{2.2-22}$$

式(2.2-21)和式(2.2-22)称为光束本征方程，λ 为本征值，相应解即为本征光束。由式(2.2-20)得到 $\tilde{q}_{n+1}=\tilde{q}_n$，本征方程(2.2-22)的解为

$$\tilde{q}_n=\tilde{q}=-\frac{B}{A-\lambda}=-\frac{D-\lambda}{C}\tag{2.2-23}$$

可见，本征光束在腔内一个往返后其 $\tilde{q}$ 参数保持不变。

由于光束本征方程为线性齐次方程组，所以有非零解的条件为 $\begin{vmatrix}A-\lambda & B\\C & D-\lambda\end{vmatrix}=0$，即

$$\lambda^2-(A+D)\lambda+(AD-BC)=0$$

考虑到光腔往返传输矩阵元满足 $AD-BC=1$，得到本征值满足的方程

$$\lambda^2-(A+D)\lambda+1=0\tag{2.2-24}$$

其解依据 $\left|\frac{A+D}{2}\right|$ 的值分别如下。

当 $\left|\frac{A+D}{2}\right|>1$ 时，本征值 $\lambda_{1,2}$ 为实数，表示为

$$\lambda_{1,2}=\frac{A+D}{2}\pm\sqrt{\left(\frac{A+D}{2}\right)^2-1}$$

当 $\left|\frac{A+D}{2}\right|=1$ 时，本征值 $\lambda_1=\lambda_2=\lambda$ 也为实数，表示为

$$\lambda=\frac{A+D}{2}$$

当 $\left|\frac{A+D}{2}\right|<1$ 时，本征值 $\lambda_{1,2}$ 为复数，表示为

$$\lambda_{1,2}=\frac{A+D}{2}\pm\mathrm{i}\sqrt{1-\left(\frac{A+D}{2}\right)^2}$$

2. 非稳定腔的光束特征

腔的稳定性条件是以几何偏折损耗来划分的，它并不表示激光器的运转稳定性。后面会看到，为了获得高光束质量的高功率输出，激光工作物质的横向尺寸往往很大，衍射损耗可以忽略，若使用稳定腔，基模体积小，不能充分利用介质的增益，横向尺寸的增大无助于提高输出功率，反而容易引起激光器多模运转，降低光束质量。而非稳定腔却能同时满足这两个要求——高输出功率和高光束质量。

以下的几何光学分析会表明，非稳定腔轴线上仅存在一对共轭像点，非稳定腔中的基模就是从这一对共轭像点发出的自再现球面波。在一些特殊非稳定腔型中，一个共轭像点在距离腔镜的无限远处，所以可以得到发散角为零的输出激光束。

1）非稳定腔光束特征

从腔的稳定性讨论已知，对于非稳定腔有

$$\left.\begin{matrix} g_1 g_2 < 0 \\ g_1 g_2 > 1 \end{matrix}\right\}, \quad \left|\frac{A+D}{2}\right| > 1$$

故光束本征值 $\lambda_{1,2}$ 为实数。相应的光束特征参量

$$\tilde{q}_{1,2} = \left(\frac{r}{\theta}\right)_{1,2} = -\frac{B}{A-\lambda_{1,2}} = -\frac{D-\lambda_{1,2}}{C}$$

也为实数，即

$$\tilde{q}_{12} = q_{12}$$

且相应两个本征值有两个光束特征参量。$q_{1,2}$ 参量描述的光束哪个是非稳定腔中的本征光束呢？考虑光束自再现条件

$$\boldsymbol{r}_{n+1} = \lambda \boldsymbol{r}_n$$

若 $|\lambda|>1$，光束发散，相应的几何偏折损耗大，满足光腔稳定性按几何偏折损耗划分的物理实际；若 $|\lambda|<1$，光束会聚，相应的几何偏折损耗小，不符合光腔稳定性按几何偏折损耗划分的物理实际；进一步考察本征值 λ_1 和 λ_2，它们是一元二次方程的两个解，满足 $\lambda_1 = 1/\lambda_2$。由于

$$\left|\frac{A+D}{2}\right| > \sqrt{\left(\frac{A+D}{2}\right)^2 - 1}$$

因此，λ_1 和 λ_2 同号，且若 $|\lambda_1|>1$，则有 $|\lambda_2|<1$。所以非稳定腔光束本征值应取 $\lambda=\lambda_1$（取“+”号）

$$\lambda = \lambda_1 = \frac{A+D}{2} + \sqrt{\left(\frac{A+D}{2}\right)^2 - 1} \qquad (2.2\text{-}25)$$

相应的本征光束 q 参量为

$$q = \frac{r}{\theta} = -\frac{B}{A-\lambda_1}$$

$$\frac{1}{q} = \frac{\lambda_1 - A}{B} = \frac{D-A}{2B} + \frac{1}{B}\sqrt{\left(\frac{A+D}{2}\right)^2 - 1} \qquad (2.2\text{-}26)$$

必须指出的是，式(2.2-26)中的 q 为本征光束在某一参考面处的光束参量，相应的往返传输矩阵也是该参考面处的往返传输矩阵。对同一本征光束，参考面的位置不同，q 参量也随之变化。

为了对非稳定腔内光束特征有较为深入的了解，考察图 2.2-13 所示双凸腔内

的本征光束。选择两个反射镜面为两个参考面 RP_1 和 RP_2，相应参考面处的光束 q 参量分别为 q_1 和 q_2，由

$$\begin{pmatrix} r_2 \\ \theta_2 \end{pmatrix} = \begin{pmatrix} 1 & 0 \\ -\frac{2}{R_2} & 1 \end{pmatrix} \begin{pmatrix} 1 & L \\ 0 & 1 \end{pmatrix} \begin{pmatrix} r_1 \\ \theta_1 \end{pmatrix} = \begin{pmatrix} r_1 + L\theta_1 \\ \frac{2}{R_2} r_1 + \left(1 + \frac{2L}{R_2}\right)\theta_1 \end{pmatrix}$$

得

$$q_2 = \frac{r_2}{\theta_2} = \frac{q_1 + L}{\frac{2}{R_2}(q_1 + L) + 1}$$

变形并整理后得

$$\frac{1}{q_1 + L} - \frac{1}{q_2} = -\frac{2}{R_2} = -\frac{1}{f_2} \tag{2.2-27a}$$

可见，O_2 点是 O_1 点由反射镜 M_2 成像的共轭像点，相应的物距为 $q_1 + L$，像距为 q_2，即由 O_1 点发出的参考面 RP_1 处的发散球面波在腔内传播一个单程变换为由 O_2 点发出的参考面 RP_2 处的发散球面波。这样的光束称为点光束。

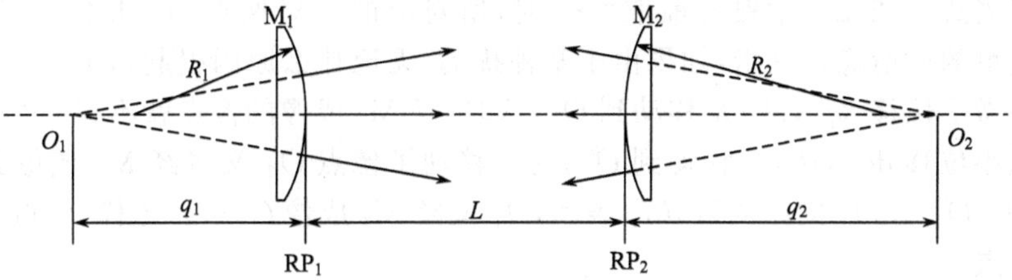

图 2.2-13　非稳定腔中的光束特性

2）非稳定腔共轭像点的存在性和唯一性

同样的分析，从 O_2 点发出的球面波经腔镜 M_1 反射后成像于 O_1 点。因而 O_1 和 O_2 又应满足在球面镜 M_1 上成像的共轭关系，表示为

$$\frac{1}{q_2 + L} - \frac{1}{q_1} = -\frac{2}{R_1} = -\frac{1}{f_1} \tag{2.2-27b}$$

式(2.2-27a)和式(2.2-27b)中，q_1 为像点 O_1 到镜面 M_1 的距离；q_2 为像点 O_2 到镜面 M_2 的距离。其正负号的规定依据实际情况为，若 $q_1(q_2)>0$，表示 $O_1(O_2)$ 在反射镜 $M_1(M_2)$ 的"后方"，若 $q_1(q_2)<0$，表示 $O_1(O_2)$ 在反射镜 $M_1(M_2)$ 的"前方"。共轭像点 O_1 和 O_2 必须同时满足式(2.2-27a)和式(2.2-27b)，联立以上两方程，可化为只含变量 $q_1(q_2)$ 的一元二次方程，即

$$aq_1^2 + bq_1 + c = 0 \tag{2.2-28}$$

式中，$a=1$，$b=\frac{2L(L-R_2)}{2L-R_1-R_2}$，$c=\frac{LR_1(L-R_2)}{2L-R_1-R_2}$。

方程(2.2-28)存在实根的条件为 $b^2-4ac\geqslant 0$。对于图 2.2-13 所示的双凸腔，这一条件满足，其具体解为

$$\left.\begin{aligned} q_1 &= \frac{\pm\sqrt{L(L-R_1)(L-R_2)(L-R_1-R_2)}-L(L-R_2)}{2L-R_1-R_2} \\ q_2 &= \frac{\pm\sqrt{L(L-R_1)(L-R_2)(L-R_1-R_2)}-L(L-R_1)}{2L-R_1-R_2} \end{aligned}\right\} \tag{2.2-29}$$

式(2.2-29)中根号前取“+”时，得到一组解：$q_1>0$，$q_2>0$，表示 O_1 和 O_2 各自处于反射镜 M_1 和 M_2“后方”；式(2.2-29)根号前取“−”时，得到一组解：$q'_1<0$，$q'_2<0$，表示 O'_1 和 O'_2 各自处于反射镜 M_1 和 M_2“前方”，但它们都不在腔内，因为此时 $|q'_1|>L$，$|q'_2|>L$。进一步可以证明

$$\left.\begin{aligned} -q'_1 &= q_2+L \\ -q'_2 &= q_1+L \end{aligned}\right\} \tag{2.2-30}$$

可见，点 O'_1 实际上和 O_3 重合，而点 O'_2 实际上和 O_1 重合。这表明，无论式(2.2-29)中根号前取“+”还是取“−”，实际上只确定了一对共轭像点。

仅当式(2.2-29)中根号前取“+”时，所对应的一对像点 O_1 和 O_2 才是稳定的。这里的所谓稳定是指：如果由于某种扰动(无论什么原因引起)，O_1 的位置发生一个微小位移 dq'_1，从 O_1 移动到 O'_1，这时，经 M_2 成像的像点就不在原位置 O_2，有一微小位移 dq'_2，从 O_2 移动到 O'_2，这一移动了像点 O'_2 又将经 M_1 成像到新的位置 O''_1，O''_1 与 O'_1 的距离以 dq''_1 表示，O''_1 又经 M_2 成像 $O''_2\cdots$。这样，就得到了一系列像点

$$O'_1, O''_1, O'''_1, \cdots$$
$$O'_2, O''_2, O'''_2, \cdots$$

这些像点和未受扰动的像点 O_1、O_2 间的距离构成下述数列：

$$dq'_1, dq''_1, dq'''_1, \cdots$$
$$dq'_2, dq''_2, dq'''_2, \cdots$$

如果点列 $O'_1, O''_1, O'''_1, \cdots$ 依次趋近于点 O_1，而 $O'_2, O''_2, O'''_2, \cdots$ 依次趋近于点 O_2，或者说数列 $dq'_1, dq''_1, dq'''_1, \cdots$ 和 $dq'_2, dq''_2, dq'''_2, \cdots$ 收敛于 0，则共轭像点 O_1 和 O_2 对系统的任何扰动将是稳定的。对于双凸腔，式(2.2-29)中根号前取“+”时，正是这种情况。而根号前取“−”时，前述数列发散，共轭像点是不稳定的。

这就证明了双凸腔的腔轴上存在唯一的一对共轭像点，它的位置可由式(2.2-29)中根号前取“+”确定：

$$\left.\begin{aligned} q_1 &= \frac{\sqrt{L(L-R_1)(L-R_2)(L-R_1-R_2)}-L(L-R_2)}{2L-R_1-R_2} \\ q_2 &= \frac{\sqrt{L(L-R_1)(L-R_2)(L-R_1-R_2)}-L(L-R_1)}{2L-R_1-R_2} \end{aligned}\right\} \tag{2.2-31}$$

分析式(2.2-31)可见,共轭像点位置由光腔的结构参数唯一决定。实际上,共轭像点的唯一性还可以由腔往返传输矩阵来证明:参考面选在反射镜 M_2 处,得到腔的往返传输矩阵元 A、B、C 和 D,代入式(2.2-26),得到唯一的解 q_1;再将参考面选在反射镜 M_2 处,得到腔的往返传输矩阵元 A'、B'、C' 和 D',代入式(2.2-26),得到唯一的解 q_2。

3) 光学开腔中存在共轭像点的条件

现在的问题是,轴上存在一对共轭像点仅仅是双凸腔的特殊属性呢,还是一切非稳定腔的共同属性。也就是说,是否非稳定腔就一定存在一对共轭像点,而其他腔型(如稳定腔)就一定不存在共轭像点。为此,考察图 2.2-14 所示的任意一共轴球面开腔,假设其中存在一对轴上共轭像点 O_1 和 O_2。

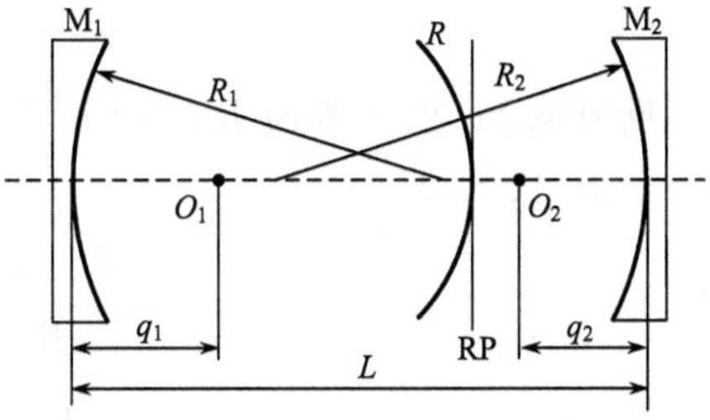

图 2.2-14　共轭像点存在的条件

设发自像点 O_1 的球面波在腔内某一参考面 RP 处的等相位面曲率半径为 R,再在腔内一个往返后等相位面曲率半径为 R'。根据式(2.2-3)所描述的球面波传播规律有

$$R' = \frac{AR + B}{CR + D} \tag{2.2-32}$$

式中,A、B、C、D 为参考面 RP 处的腔内往返传输矩阵元素。自再现条件要求 $R' = R$,即

$$R = \frac{AR + B}{CR + D}$$

考虑到 $AD - BC = 1$,由此解得

$$R = \frac{(A - D) \pm \sqrt{(A + D)^2 - 4}}{2C}$$

腔内自再现球面波的条件是 R 为实数,即要求 $(A+D)^2 \geqslant 4$。这正是非稳定条件的一般表示,即

$$\left(\frac{A + D}{2}\right)^2 \geqslant 1$$

这表明,只有非稳定腔内存在轴上共轭像点,而且非稳定腔中只存在一对共轭像点。

4) 实例——虚共焦腔中的光束

为了进一步说明非稳定腔光束的质量,考察稳定图上点(3/4,3/2)所确定的(见图 2.2-15)虚共焦腔。对于该腔型,有 $g_1 g_2 > 1$,$R_1 = 4L$,$R_2 = -2L$,为凹凸腔,两反射镜的焦点重合，但在腔外。

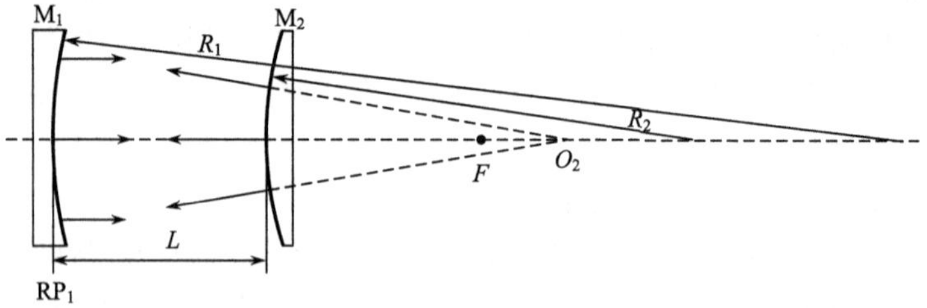

图 2.2-15　虚共焦腔内的光束

反射镜 M_1 处参考面 RP_1 的光腔往返传输矩阵为式(2.2-13)，以 $R_1=4L$，$R_2=-2L$ 代入，求得

$$D-A=-3/2$$

$$B=3R_1/4$$

$$A+D=5/2$$

再应用式(2.2-26)即可求得参考面 RP_1 处的 q 参数

$$\frac{1}{q_1}=\frac{D-A}{2B}+\frac{1}{B}\sqrt{\left(\frac{A+D}{2}\right)^2-1}=-\frac{1}{R_1}+\frac{4}{3R_1}\sqrt{\left(\frac{5}{4}\right)^2-1}=0$$

即
$$q_1=\infty$$

表明共轭像点 O_1 在无穷远处，由反射镜 M_1 处向右传播的光束为平行光，光束发散角为零，如图 2.2-15 所示。

3. 稳定腔的光束特性

对于稳定腔有

$$\left.\begin{matrix} g_1g_2>0 \\ g_1g_2<1 \end{matrix}\right\},\quad \left|\frac{A+D}{2}\right|<1$$

故光束本征值 $\lambda_{1,2}$ 为复数，且

$$\lambda=\frac{A+D}{2}-\mathrm{i}\sqrt{1-\left(\frac{A+D}{2}\right)^2}$$

即本征方程解取“－”有物理意义。相应的光束特征参量

$$\frac{1}{\tilde{q}}=\frac{\lambda_1-A}{B}=\frac{D-A}{2B}-\frac{\mathrm{i}}{B}\sqrt{1-\left(\frac{A+D}{2}\right)^2} \tag{2.2-33}$$

也为复数，这样 $\tilde{q}$ 参量描述的光束是高斯光束。

为什么说这样复 $\tilde{q}$ 参量描述的光束是高斯光束，为此考察球面波

$$u=\frac{u_0}{R}\mathrm{e}^{-\mathrm{i}kR}$$

在参考面 RP 上的表示，如图 2.2-16 所示。考虑到腔内光波的近轴特性，仅考察小区域球面波在 RP 的表示。由图 2.2-16可见

$$u(x,y)\big|_{z=R}=\frac{u_0}{R+\Delta}\mathrm{e}^{-\mathrm{i}k(R+\Delta)}$$

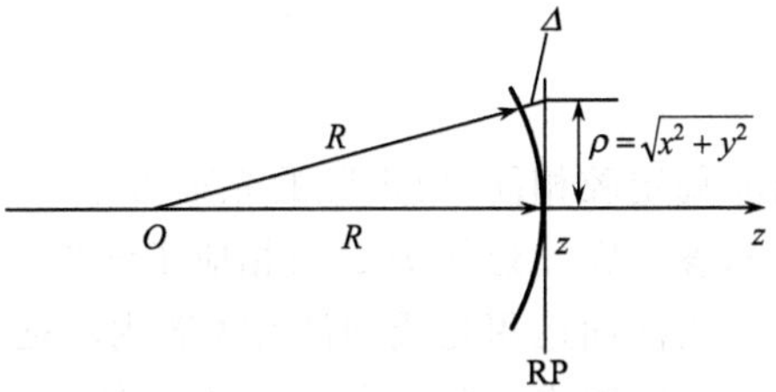

图 2.2-16　球面波在参考面上 RP 上的表示

由三角关系$(R+\Delta)^2=R^2+\rho^2$，忽略Δ^2项，得到$\Delta\approx\rho^2/(2R)$，所以

$$u(x,y)\big|_{z=R}=\frac{u_0}{R+\dfrac{\rho^2}{2R}}\exp\left[-\mathrm{i}k\left(z+\frac{\rho^2}{2R}\right)\right]$$

上式右侧第一个因子表明参考面上振幅不均匀，且与 z 有关，总可以表示为 $u_0\mathrm{e}^{-\rho^2/w^2(z)}$，第二个因子表明参考面上相位亦不均匀，也与 z 有关，表示为 $\exp\left\{-\mathrm{i}k\left[z+\dfrac{\rho^2}{2R(z)}\right]\right\}$。所以

$$\begin{aligned}u(x,y)&=u_0\exp\left[-\frac{\rho^2}{w^2(z)}\right]\exp\left\{-\mathrm{i}k\left[z+\frac{\rho^2}{2R(z)}\right]\right\}\\&=u_0\exp(-\mathrm{i}kz)\exp\left\{-\mathrm{i}\,\frac{\pi}{\lambda}\rho^2\left[\frac{1}{R(z)}-\mathrm{i}\,\frac{\lambda}{\pi w^2(z)}\right]\right\}\\&=u_0\exp(-\mathrm{i}kz)\exp\left[-\mathrm{i}\,\frac{\pi}{\lambda}\rho^2\cdot\frac{1}{\tilde{q}(z)}\right]\end{aligned}\qquad(2.2\text{-}34)$$

式(2.2-34)描述的球面波称为高斯球面波，其中

$$\frac{1}{\tilde{q}(z)}=\frac{1}{R(z)}-\mathrm{i}\,\frac{\lambda}{\pi w^2(z)}\qquad(2.2\text{-}35)$$

为高斯球面波的复曲率，$\tilde{q}(z)$为高斯球面波的复曲率半径。而 $R(z)$为波前曲率半径，因子$\lambda/[\pi w^2(z)]$描述参考面上振幅的不均匀性，$w(z)$称为光束在该参考面上的半径。

比较式(2.2-33)和式(2.2-35)，有

$$\frac{1}{R(z)}=\frac{D-A}{2B},\qquad\frac{\lambda}{\pi w^2(z)}=\frac{1}{B}\sqrt{1-\left(\frac{A+D}{2}\right)^2}$$

得到稳定腔内任一参考面上波前曲率半径和光束半径与往返传输矩阵间的关系为

$$\left.\begin{aligned} R(z) &= \frac{2B}{D-A} \\ w^2(z) &= \frac{\lambda}{\pi}\cdot\frac{B}{\sqrt{1-\left(\frac{A+D}{2}\right)^2}} \end{aligned}\right\} \tag{2.2-36}$$

与非稳定腔相同，稳定腔的光束参量 $\tilde{q}(z)$ 随 z 而变（相应的 $R(z)$ 和 $w(z)$ 随 z 而变），参考面 z 处的 $\tilde{q}(z)$ 与相应于该参考面的往返传输矩阵相对应。

由前面运用光线理论有关腔内本征光束的讨论可见：

当开腔满足非稳定条件时，才唯一存在一对轴上共轭像点，由共轭像点发出的球面波满足腔内往返一次成像的自再现条件。也就是说，从每一个共轭像点发出的球面波在腔内往返一次后，其等相位面形状就会实现自再现，这就是非稳定腔内的本征光束。按照激光振荡模的一般概念，这样一对发自共轭像点的几何自再现波形就是非稳定腔的一个模式，而且是基模（最低阶模）。

显然，非稳定腔的自再现球面波具有固定的中心，而且当衍射效应可以忽略时，在腔内增益均匀分布的条件下，这一对球面波是均匀球面波。波动理论分析也证明了这一点，虽然由于衍射作用，非稳定腔的最低阶模的强度并不是均匀分布，但它的等相位面却十分接近同心球面。

不同类型的非稳定腔的共轭像点各不相同，有的在腔内，有的在腔外，有的在无穷远处。由这些共轭像点发出的几何自再现波形可以是球面波，也可以是平面波。球面波可以是发散的、汇聚的，也可以是发散与会聚交替的。对各类非稳定腔中共轭像点分布情况以及自再现波形的掌握，对非稳定腔的设计和实际应用都是非常重要的。

对于稳定腔，腔内本征光束为高斯光束，同样高斯光束为稳定腔的一个模式，而且是基模。由于稳定腔的几何偏折损耗小，高阶模容易起振，而腔内本征光束的特征将主要由衍射损耗决定，因此，稳定腔中的光束特征将在 2.3 节运用波动光学理论深入讨论。

2.3 对称共焦腔的自再现模行波场

2.3.1 开腔模概念

2.2 节的讨论，已从几何光学的角度建立了开腔模的概念。光是光频电磁波，从物理光学的角度，在研究开腔模式时首先所遇到的问题是：在一个没有侧面边界的区域内，是否存在电磁场的驻波模，即不随时间变化的稳态场分布？如果这样的稳态场分布存在，如何求出这些场分布？这就要证明开腔模的存在性并解决其计算方法问题。

1. 开腔模的一般物理概念

我们最关心的是腔镜面上的场分布,因为输出的激光直接与镜面上的场分布相关。镜面上稳态场分布的形成可以看成是光波在两个镜面间往返传播的结果。因此,两个反射镜镜面上的场必然是相互联系的:一个镜面上的场可以看成是由另一个镜面上的场传播所产生,反之亦然。这样,根据衍射积分理论,求解镜面上稳态场分布的问题就归结为一个积分方程及其求解,并且积分方程可以给出空间任一平面上的场分布与有限距离处的另一平面上的场分布的关系,这也就解决了腔内场模的传播问题。

当光在腔内两镜面间往返传播时,将受到激活介质的光放大作用和各种损耗因子共同影响。即使激活介质的光放大作用是光束横截面内各点的场按同样的比例增大,腔镜反射不完全以及介质中的吸收所造成的损耗使横截面内各点的场按同样的比例衰减,使光场的空间分布不发生什么变化,但是反射镜的有限大小引起的衍射损耗却与此不同,衍射主要是发生在镜面边缘,这将对场的横向分布产生重要影响,而且,只要镜的横向尺寸是有限的(实际光腔结构的确如此),这一影响将永远存在。

为了突出开腔的主要特征,以简化分析,应用理想的开腔模型:两块反射镜置于均匀的、无限的、各向同性的介质中构成开腔。这样就没有侧壁的不连续性,而决定衍射效应的孔径就是反射镜的尺寸和形状。

考虑在上述开腔中往返传播的一列光波。设初始时刻在腔镜 1 的场分布为 $u_1(x,y)$,则光波在腔内经第一次渡越到达腔镜 2 时,将在镜 2 上形成一个新的场分布 $u_2(x,y)$,场 $u_2(x,y)$ 经第二次渡越后又将在镜 1 上形成一个新的场分布 $u_3(x,y)$。由于每经一次渡越,光波都将因衍射而损失一部分能量,而且衍射引起的能量损耗空间分布不均匀,这将引起光波能量横向分布的变化。

因此,光波在腔内一次往返后所得到的场 $u_3(x,y)$ 不仅幅度小于 $u_1(x,y)$,而且空间分布与 $u_1(x,y)$ 不同。以后 $u_3(x,y)$ 在腔内经历一次往返转化为 $u_5(x,y)$,$u_5(x,y)$ 再转化为 $u_7(x,y)$……这一过程将反复进行下去。由于衍射主要是发生在腔镜的边缘附近,在往返传播过程中,腔镜边缘附近的场将衰减得更快,经多次衍射后所形成的场分布,其边缘振幅往往都很小(与靠近镜面中心部分的场比较),反过来,具有这种特征的场分布受衍射的影响也将比较小。因此,不管初始分布 $u_1(x,y)$ 的具体特性如何,经过足够多次往返以后所形成的场分布将明显地带上衍射的痕迹。

可以预期,在经过足够多次往返以后,能形成这样一种稳态场:分布不再受衍射的影响,在腔内往返一次后能够“再现”出发时的场分布。这种稳态场经一次往返后,唯一可能的变化是,镜面上各点的场振幅按同样的比例衰减,各点的相位发生同样大小的滞后。当两个镜面完全相同时(对称开腔),这种稳态场分布应在腔内经单程渡越后即实现"再现"。把开腔镜面上经一次往返能再现的稳态场分布称为开腔的自再现模或横模,而自再现模一次往返所经受的能量损耗称为模的往返损耗。在理想开腔中,模的往返损耗就是衍射损耗。自再现模经一次往返所产生的相移称为往返相移,该相移等于 2π 的整数倍,这就是模的谐振条件。

研究表明,开腔的自再现模的确存在。一方面,从理论上论证自再现模的存在条件,并用数值和解析方法求出各种开腔横模;另一方面,又从实验观测到激光的各种稳定的横向强度分布,而且理论分析与实验观测的结果符合得很好。

2. 孔阑传输线

为了形象地理解开腔中自再现模的形成过程,用光波在孔阑传输线中的传输模拟它在平行平面开腔中的来回反射。孔阑传输线由一系列同轴的孔径构成,这些孔开在平行放置的无限大完全吸收屏上,开孔的大小等于腔镜的大小,相邻两孔间的距离等于腔长,如图 2.3-1 所示。用这样的孔阑传输线模拟光场在开腔中的来回反射是合理的,因为孔阑的透射场(考虑衍射效应)与同样大小的反射镜的反射场是相同的,在孔阑传输线中,光从一个孔径传输到另一个孔径,等效于光在开腔中从一个反射镜面渡越到另一个反射镜面。在通过每一个孔阑时,光将发生衍射,入射到下一个孔径范围以外的光将被屏所吸收。这样,就把光波在开腔中的来

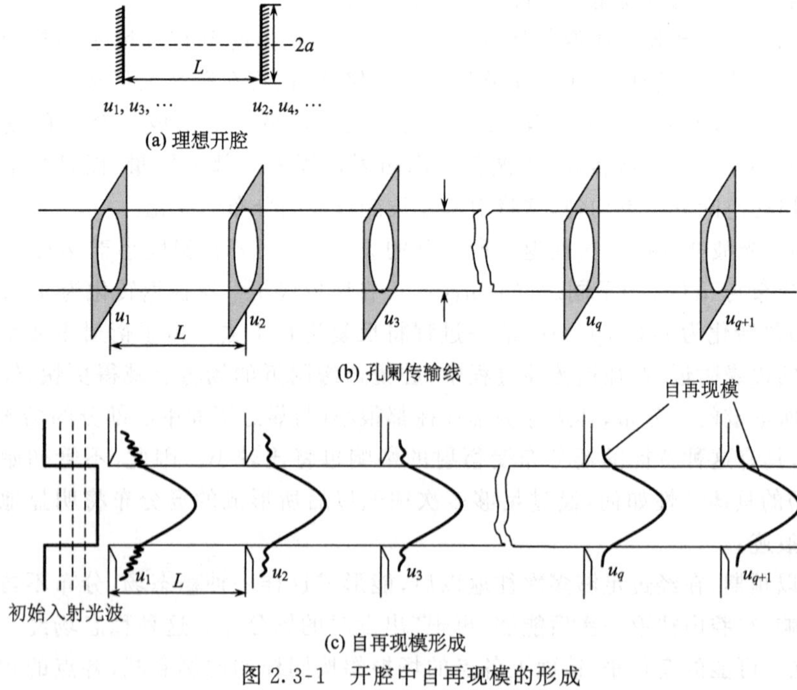

图 2.3-1 开腔中自再现模的形成

回反射简化为孔阑传输线中的单向传输。

设想一均匀平面波垂直入射到传输线的第一个孔阑上。第一个孔前表面的振幅和相位分布是均匀的。由于衍射，在穿过该孔后波前将发生改变，并且波束将产生若干旁瓣，也就是说，已不再是均匀平面波了。当它到达第二个孔时，其边缘部分的幅度将比中心部分小，而且，第二个孔面已不再是等相位面了。通过第二个孔时波束又将发生衍射，然后再通过第三个孔……每经过一个孔，光波的振幅和相位分布就经历一次改变，其情形如图 2.3-1(c)所示。从图 2.3-1 中可以直观地看出，在通过若干个孔以后，光场的振幅和相位分布被改变成这样的形状，以至于它们受到衍射的影响越来越小。当通过的孔阑足够多时，镜向上光场的相对振幅和相位分布将不再发生变化。在孔阑传输线中形成的这种稳态场分布就是前面介绍的自再现模。可见，并非任意形态的电磁场都能在开腔中长期存在，只有那些不受衍射影响的场分布才能最终稳定下来。

这里以均匀平面光波入射在第一个孔阑为例研究自再现模的形成，似乎自再现模的形成与初始入射光波的形式有关，但考虑到模的形成是多次衍射的结果，因此，初始入射波的形状在一定意义上是无关紧要的。原则上，其他初始入射光波也能形成自再现模。当然，由不同的初始入射光波所得到的最终稳态光场分布可能各不相同，这也就预示了开腔模式的多样性。实际激光器的物理过程是，开腔中的任何振荡都是从腔内介质的某种偶然自发辐射开始的，而自发辐射服从统计规律，因而可以提供各种不同的初始分布。而衍射则起着某种“筛子”的作用，它将其中能够存在的自再现模筛选出来。

利用上面的分析过程，还能帮助理解激光的空间相干性和时间相干性。先来看空间相干性，即使入射在第一个孔面上的光是空间非相干的，即在第一个孔面上各点波的相位互不相关，根据惠更斯-菲涅耳(Huygens-Fresnel)原理，第二个孔面上任一点的波应该看成是第一个孔面上所有各点发出的子波的叠加，而不是由前一孔面上某一点的波所产生的。这样，第二个孔面上各点波的相位就发生一定程度的关联。在经过足够多次衍射以后，光束横截面上各点的相位关联越来越紧密，因而空间相干性随之越来越强。可见，在开腔中，从非相干的自发辐射发展成空间相干性极好的激光，正是由于衍射的作用。

再来看时间相干性。在激活腔中，只要某一自再现模能满足阈值条件，则该模在腔内就可以形成自激振荡。这样，自再现模的形成过程将伴随着光的受激放大。其结果是，空间相干性不断增强的同时，光谱不断变窄、时间相干性增强，光强也不断增大，最终形成高强度的激光输出。

2.3.2 Fox 和 Li 的开腔模迭代求解方法

前面定性地分析了开腔模的存在，现在的问题是，如果已知某一腔镜面上的场

分布 $u_1(x',y')$，在考虑衍射损耗的条件下，如何定量地求出腔内经一个单程传播后在另一个镜面上生成的场 $u_2(x,y)$。定量求解有数值方法和解析方法。历史上Fox 和 Li 首先数值求解了对称开腔的模式，证明了开腔模的存在，其物理基础就是菲涅耳-基尔霍夫（Fresnel-Kirchhoff）衍射积分公式。

1. 菲涅耳-基尔霍夫衍射积分

物理光学中著名的惠更斯-菲涅耳原理是理论上分析衍射问题的基础，人们自然而然地想到用其来解决开腔模式问题。由光的电磁场理论可严格推导出惠更斯-菲涅耳原理，其数学表述就是所谓菲涅耳-基尔霍夫衍射积分。该衍射积分公式表明，如果知道了光场在所达到的任意空间曲面上的振幅和相位分布，就可以求出该光场在空间其他任意位置处的振幅和相位分布，简要介绍如下。

如图 2.3-2(a)所示，设已知空间任一曲面 S 上光波场的振幅和相位分布函数为 $u(x',y')$，则在所要考察的空间任意点 P 处产生的光场 $u(x,y)$ 满足菲涅耳-基尔霍夫衍射积分式

$$u(x,y)=\frac{\mathrm{i}}{\lambda}\iint_S u(x',y')\,\frac{\mathrm{e}^{-\mathrm{i}kr}}{r}\,\frac{1+\cos\theta}{2}\mathrm{d}s \tag{2.3-1}$$

式中，r 为源点 (x',y') 与观察点 $P(x,y)$ 间连线的长度；θ 为 S 面上 (x',y') 处法线 $\boldsymbol{n}$ 与上述连线间的夹角；λ 为光波长；$k=2\pi/\lambda$ 为波矢的大小；$\mathrm{d}s$ 为点 (x',y') 处的面积元。积分应遍及整个 S 面。菲涅耳-基尔霍夫衍射积分式的物理意义可以这样理解：观察到 P 处的场 $u(x,y)$ 可以看成是 S 面上各个子波源所发出的球面子波的相干叠加，积分式中因子 $\mathrm{e}^{-\mathrm{i}kr}/r$ 描述球面子波，$u(x',y')\mathrm{d}s$ 则表征 S 面上不同点子波的强弱，而 $(1+\cos\theta)/2$ 称为倾斜因子，描述 S 面上不同位置子波源对 P 点场贡献的大小。

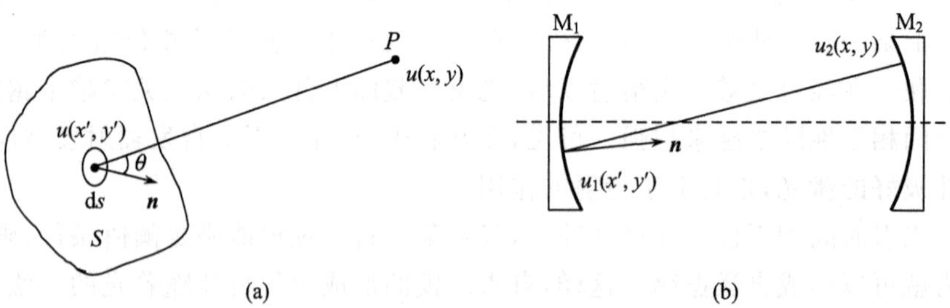

图 2.3-2　菲涅耳-基尔霍夫衍射积分公式中各量的意义

显然，利用菲涅耳-基尔霍夫衍射积分式在理论上可以解决开腔模的问题。如图 2.3-2(b)所示，如果把 $u(x',y')$ 看成是某一腔镜面上的场分布 $u_1(x',y')$，而把

$u(x,y)$看成是另一腔镜面上任一点的场分布 $u_2(x,y)$，若 $u_1(x',y')$已知，则可以利用上述积分式求得 $u_2(x,y)$。

2. 开腔模迭代求解方法

Fox 和 Li 首先研究了平行平面腔中开腔模，利用迭代求解方法得到了平行平面腔中的稳定场分布。

1) Fox 和 Li 的开腔模迭代求解方法

虽然数学上已严格证明了开腔模的存在性，但不幸的是，除个别腔型以外，包括这里的对称平行平面腔在内的绝大多数腔型至今尚得不到精确的解析解。首先，Fox 和 Li 不仅利用迭代法第一次证明了开腔模的存在，而且求解了各种几何形状的平行平面腔、圆形镜共焦腔等一系列腔的自再现模，其次，利用迭代法能加深对开腔模形成过程的理解，因为它的数学运算过程与光波在腔内往返传播而最终形成自再现模这一物理过程一一对应；第三，迭代法具有普遍适应性，它原则上可以用来计算任何几何形状开腔中的自再现模，而且可以计算诸如平行平面腔中腔镜的倾斜、镜面的不平整等对模的扰动。

现在将菲涅耳-基尔霍夫衍射积分公式应用于开式平行平面腔或孔阑传输线，把式(2.3-1)中 $u(x',y')$看成是第一个腔镜(第一个孔阑面上)的光场分布 u_1，把 $u(x,y)$看成是 u_1 在腔内经一个单程渡越后在第二个腔镜(第二个孔阑面上)生成的光场分布 u_2，积分在第一个腔镜(第一个孔阑)面上进行。那么，经过 j 次单程渡越后所生成的光场 u_{j+1} 与产生它的光场 u_j 间也满足类似的迭代关系，表示为

$$u_{j+1}(x,y)=\frac{\mathrm{i}}{\lambda}\iint u_j(x',y')\,\frac{\mathrm{e}^{-\mathrm{i}kr}}{r}\,\frac{1+\cos\theta}{2}\mathrm{d}s \tag{2.3-2}$$

下面以宽度为 $2a$、腔长为 L 的对称条状腔为例，来分析平行平面腔中自再现模如何形成的。按照式(2.3-2)，条状腔的模式迭代方程应为

$$\left.\begin{aligned}u_2(x)&=\int_{-a}^{a}K(x,x')u_1(x')\mathrm{d}x'\\u_3(x)&=\int_{-a}^{a}K(x,x')u_2(x')\mathrm{d}x'\\&\vdots\end{aligned}\right\} \tag{2.3-3}$$

以一列均匀平面光波作为第一镜面上的初始激发波，由于我们关心的是振幅和相位的相对分布，因此，为简单起见，可以取

$$u_1=1 \tag{2.3-4}$$

即认为镜面上各点光波的振幅均为 1，且整个镜面为等相位面($\arg u_1=0$)。将式(2.3-4)代入式(2.3-3)进行数值计算求出 u_2，然后用 $u_2(0)$将 u_2 归一化，即取 $u_2(0)=1$，并代入式(2.3-3)以计算 u_3，……。图 2.3-3 是这类计算结果的一个例

子，所采用条状腔的具体尺寸为

$$a = 25\lambda,\quad L = 100\lambda,\quad N_F = \frac{a^2}{\lambda L} = 6.25$$

这里 N_F 为光腔菲涅耳数。图中给出了光波的初始分布 u_1、腔内传播一个单程后的 u_2 以及 300 个单程后的 u_{300} 振幅和相位分布。

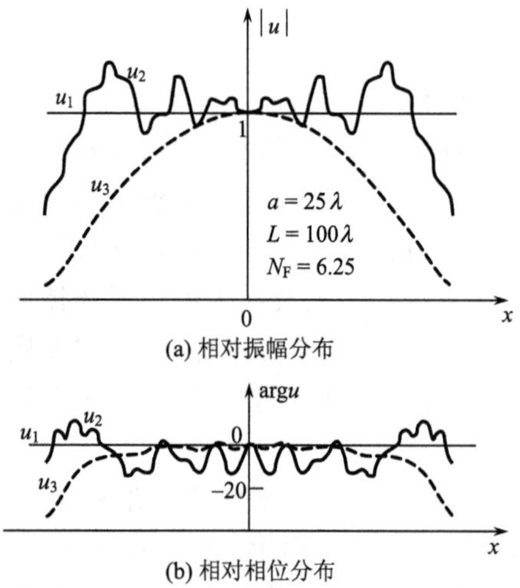

图 2.3-3 条状腔中模的形成

由图 2.3-3 可以看出，均匀平面波经过一个单程传播后发生了很大变化，光场 u_2 的振幅与相位都随腔面坐标剧烈起伏，对随后的几个单程传播情况都是一样，每一个单程传播都将对光场分布产生明显影响。但随着传播次数的增加，每经过一个单程传播后，光场分布的变化越来越小，振幅与相位分布随腔面坐标的起伏越来越小，光场的相对分布趋于某一稳定状态。在经过 300 个单程传播后，归一化的振幅分布曲线和相位分布曲线实际上不再发生变化，这样就得到了一个自再现模，图中所示的这种稳态光场分布的特点是：在腔镜面中心处振幅最大，由腔镜中心到边缘振幅逐渐下降，整个镜面上的光场振幅分布具有偶对称性。把这种特征的横模称为腔的最低阶偶对称模或基模。通常以符号 TEM_{00} 表示。

数值计算的结果也表明，对于 $u_1=1$ 的初始激发波，在经历足够多次传播后，不但振幅分布发生了明显变化，而且相位分布也发生了变化。由图 2.3-3 可见，对于平行平面腔，镜面不再是等相位面了。因此，对于 TEM_{00} 模，不仅不是均匀波，而且已经不再是平面波了。

2）自再现模积分方程

根据 Fox 和 Li 对开腔模迭代求解的结果表明，对于对称开腔，由于腔的几何结构是完全对称的，两腔镜处除了一个振幅衰减和相移因子外，光场分布也应完全相同，即腔模在腔内经一个单程渡越后就能自再现，当 j 足够大时，应有

$$\left.\begin{aligned} \sigma u_{j+1} &= u_j \\ \sigma u_{j+2} &= u_{j+1} \\ \vdots\quad & \quad\ \vdots \end{aligned}\right\} \tag{2.3-5}$$

$$\left.\begin{aligned}\sigma u_{j+1}(x,y) &= \frac{\mathrm{i}}{\lambda}\iint u_j(x',y')\frac{\mathrm{e}^{-\mathrm{i}kr}}{r}\frac{1+\cos\theta}{2}\mathrm{d}s\\ \sigma u_{j+2}(x,y) &= \frac{\mathrm{i}}{\lambda}\iint u_{j+1}(x',y')\frac{\mathrm{e}^{-\mathrm{i}kr}}{r}\frac{1+\cos\theta}{2}\mathrm{d}s\\ &\vdots \qquad\quad \vdots\end{aligned}\right\}\tag{2.3-6}$$

以不带下标的 $u(x,y)$表示不受衍射影响的稳态光场分布函数，则有

$$\sigma u(x,y) = \iint K(x,y,x',y')u(x',y')\mathrm{d}x'\mathrm{d}y'\tag{2.3-7}$$

式(2.3-7)就是开腔模满足的自再现积分方程。式中

$$K(x,y,x',y') = \frac{\mathrm{i}}{\lambda}\frac{\mathrm{e}^{-\mathrm{i}kr(x,y,x',y')}}{r(x,y,x',y')}\frac{1+\cos\theta}{2}\tag{2.3-8}$$

称为积分方程的核。

满足方程(2.3-7)的任意一个分布函数（即积分方程的任意一个解）描述开腔的一个自再现模或横模。一般来说，$u(x,y)$应为复函数，它的模$|u(x,y)|$描述镜面上光场的振幅分布，而其辐角 $\arg u(x,y)$描述镜面上光场的相位分布。

2.3.3　自再现模本征积分方程

对于实际应用的对称开腔，考虑到其腔长 L 远大于反射镜的线度 a（即 $L\gg a$），并且反射镜的曲率半径 R 也远大于反射镜线度 a（即 $R\gg a$），这样，积分核 $K(x,y,x',y')=\dfrac{\mathrm{i}}{\lambda}\dfrac{\mathrm{e}^{-\mathrm{i}kr(x,y,x',y')}}{r(x,y,x',y')}\dfrac{1+\cos\theta}{2}$中因子 $\cos\theta\approx1$，$\dfrac{1+\cos\theta}{2r(x,y,x',y')}\approx\dfrac{1}{L}$。积分方程的积分核可简化为

$$K(x,y,x',y') = \frac{\mathrm{i}}{\lambda L}\mathrm{e}^{-\mathrm{i}kr(x,y,x',y')}\tag{2.3-9}$$

由于腔的对称性，积分核也是对称的。根据积分方程理论：①若积分核是对称核，则相应的本征函数一定是正交归一化的本征函数系；②若积分核是对称复核，则本征函数、本征值一定是复值。故积分方程又可写成

$$\sigma_m u_m(x,y) = \iint K(x,y,x',y')u_m(x',y')\mathrm{d}x'\mathrm{d}y' \quad (m=0,1,2,\cdots)\tag{2.3-10}$$

因为 $u_m(x,y)$和 σ_m 都是复数，故又有

$$\left.\begin{aligned}u_m(x,y) &= |u_m(x,y)|\mathrm{e}^{\mathrm{i}\varphi_m(x,y)}\\ \sigma_m &= |\sigma_m|\mathrm{e}^{\mathrm{i}\varphi_m^{\sigma}}\end{aligned}\right\}\tag{2.3-11}$$

将式(2.3-11)代入对称开腔模自再现条件式(2.3-5)有

$$u_{mj+1} = \sigma_m u_{mj} = |\sigma_m|\mathrm{e}^{\mathrm{i}\varphi_m^{\sigma}}u_{mj}\tag{2.3-12}$$

式(2.3-12)表明，本征模在腔内一个单程渡越将产生两方面影响：一是振幅变化，即损耗由复常数 σ_m 的模 $|\sigma_m|$ 决定；二是相位，由复常数 σ_m 的辐角 φ_m^σ 决定。可见，腔内不同的横模，其损耗不同，相位分布也不同。

自再现模在腔内经单程渡越所经受的相对功率损失称为模的单程损耗。在对称开腔的情况下，单程损耗 δ 用百分比损耗可表示为

$$\delta = \frac{|u_{mj}|^2 - |u_{mj+1}|^2}{|u_{mj}|^2} = 1 - |\sigma_m|^2 \tag{2.3-13}$$

应该指出的是，δ 表示自再现模在开腔中完成一个单程渡越的总损耗，包括几何偏折损耗、反射损耗和衍射损耗。

自再现模在腔内单程渡越的总相移为

$$\begin{aligned}\delta\Phi_m &= \arg u_{mj+1} - \arg u_{mj} = \arg\sigma_m = \varphi_m^\sigma \\ &= k_m L + \Delta\varphi_m\end{aligned} \tag{2.3-14}$$

式中，$k_m L$ 为单程渡越的几何相移，$\Delta\varphi_m$ 为单程渡越的附加相移。第 1 章关于激光振荡条件的讨论指出，在腔内存在激活物质的条件下，自再现模要在腔内往返传播过程中形成稳定振荡，还必须满足驻波(频率)条件：在腔内一个往返的总相移等于 2π 的整数倍。对对称开腔，驻波条件为一个单程渡越的相移为 π 的整数倍，即

$$\delta\Phi_m = -k_m L + \Delta\Phi_m = -q\pi \tag{2.3-15}$$

应用 $k_m = 2\pi\nu_m/c$，得到开腔自再现模的谐振频率条件为

$$\nu_m = \frac{c}{2L}\left(q + \frac{\Delta\Phi_m}{\pi}\right) \tag{2.3-16}$$

式(2.3-16)用整数 q 表征沿腔轴线方向的光场分布，称为腔的纵模。结合横模的表示式，腔内的自再现模表示为 TEM_{mnq}。

以上讨论的是对称开腔的情形。在非对称开腔中，应按腔内往返一次写出光场模式自再现条件和相应的积分方程，相应的复常数 σ_m 的模描述自再现模在腔内往返一次的功率损耗，而相应的辐角度量自再现模的往返相移并决定模的频率条件。

2.3.4 对称共焦腔镜面上自再现模光场分布

在 Fox 和 Li 迭代求解开腔模的讨论中，已经得到了开腔自再现模满足的本征积分方程(2.3-7)和积分核式(2.3-8)。并曾指出，只有个别腔型可由积分方程得到自再现模的解析解，这种腔就是对称共焦腔，即 $R_1 = R_2 = L$，腔的中心为两反射镜的公共焦点。实际上，对称共焦腔是唯一可解析求解的典型稳定腔。下面首先讨论镜面上本征模满足的积分方程，然后求解镜面上自再现模场分布，并进一步得到对称共焦腔中自再现模行波场。

1. 本征方程解

博伊德(G. D. Boyd)和戈登(J. P. Gordon)首先证明对称共焦腔模式积分方程具有严格的解析函数解,并且在腔的菲涅耳数 N_F 足够大时,可将积分方程的积分限延拓至无穷大,得到对称共焦腔自再现模的近似解析解。下面求解两个镜面(球面)上的光场分布满足的积分方程解。如图 2.3-4 所示,积分核 $K(x,y,x',y')$ 中 r 可表示为

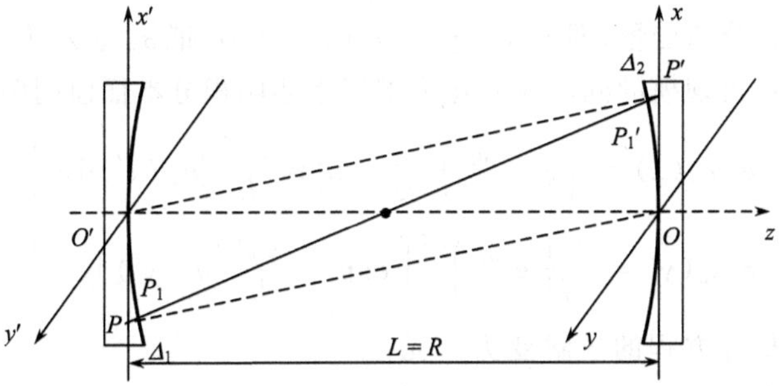

图 2.3-4　对称共焦腔积分方程求解坐标图

$$r = P_1P'_1 = PP' - \Delta_1 - \Delta_2$$

及
$$\Delta_1 = \frac{x'^2 + y'^2}{2L}, \quad \Delta_2 = \frac{x^2 + y^2}{2L}$$

由$\triangle OO'P$ 和$\triangle OO'P'$ 有

$$\begin{aligned} r &= [(x-x')^2 + (y-y')^2 + L^2]^{1/2} - \Delta_1 - \Delta_2 \\ &\approx L\left[1 + \frac{(x-x')^2 + (y-y')^2}{2L^2}\right] - \Delta_1 - \Delta_2 \\ &= L - \frac{xx' + yy'}{L} \end{aligned} \tag{2.3-17}$$

代入积分方程(2.3-8),并应用式(2.3-7),得到对称共焦腔自再现模满足的本征方程

$$\sigma_m u_m(x,y) = \frac{\mathrm{i}}{\lambda L}\mathrm{e}^{-\mathrm{i}kL}\iint \mathrm{e}^{\mathrm{i}k\frac{xx'+yy'}{L}} u_m(x',y')\mathrm{d}x'\mathrm{d}y' \quad (m = 0,1,2,\cdots) \tag{2.3-18}$$

上述本征方程还可以改写为

$$\sigma_m u_m(x,y) = \frac{\mathrm{i}}{\lambda L}\mathrm{e}^{-\mathrm{i}kL}\iint u_m(x',y')\mathrm{e}^{\mathrm{i}2\pi(f_x x + f_y y)}\mathrm{d}x'\mathrm{d}y' \quad (m = 0,1,2,\cdots) \tag{2.3-19}$$

式中，$f_x=\dfrac{x}{\lambda L}$，$f_y=\dfrac{y}{\lambda L}$。可见，对称共焦腔本征模在两镜面上的光场分布互为傅里叶变换，构成傅里叶变换对，即

$$\sigma_m u_m(x,y) = C\mathrm{FT}\{u_m(x',y')\} \tag{2.3-20}$$

式中，C 为常数。

由式(2.3-20)可见，如果把一个镜面上的光场理解为物场，另一个镜面上的光场理解为其频谱分布，则对称共焦腔中自再现模表现为物场和其频谱分布的自洽。

将 $u_m(x,y)$ 分离变量，即 $u_m(x,y)=u_m(x)u_n(y)$，把 σ_m 表示为 $\sigma_m=\sigma_m\sigma_n$，寻求方程(2.3-18)自再现模的问题就简化为求解下述两积分本征值问题：

$$\left.\begin{aligned}\sigma_m u_m(x) &= \left(\frac{\mathrm{i}}{\lambda L}\mathrm{e}^{-\mathrm{i}kL}\right)^{1/2}\int \exp\left(\mathrm{i}k\frac{xx'}{L}\right)u_m(x')\mathrm{d}x' \\ \sigma_n u_n(y) &= \left(\frac{\mathrm{i}}{\lambda L}\mathrm{e}^{-\mathrm{i}kL}\right)^{1/2}\int \exp\left(\mathrm{i}k\frac{yy'}{L}\right)u_n(y')\mathrm{d}y'\end{aligned}\right\} \tag{2.3-21}$$

这样就把二元积分方程的求解变为一元积分方程的求解，而且式(2.3-21)中两个方程的形式完全相同，因此，只要求解其中一个就够了。

1) 方形镜对称共焦腔镜面上的光场分布——厄米-高斯函数

(1) 光场分布的精确解

对由线度 $2a\times 2a$ 的方形镜构成的对称共焦腔(图 2.3-5)，当满足条件

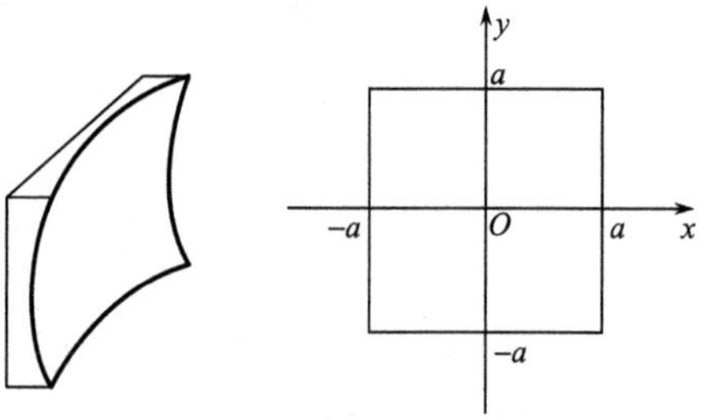

图 2.3-5 对称共焦腔方形镜示意图

$$L \gg a \gg \lambda,\quad N_{\mathrm{F}} = \frac{a^2}{L\lambda} \ll \left(\frac{L}{a}\right)^2$$

时，其自再现模所满足的积分方程(2.3-21)变为

$$\left.\begin{aligned}\sigma_m u_m(x) &= \left(\frac{\mathrm{i}}{\lambda L}\mathrm{e}^{-\mathrm{i}kL}\right)^{1/2}\int_{-a}^{a} \exp\left(\mathrm{i}k\frac{xx'}{L}\right)u_m(x')\mathrm{d}x' \\ \sigma_n u_n(y) &= \left(\frac{\mathrm{i}}{\lambda L}\mathrm{e}^{-\mathrm{i}kL}\right)^{1/2}\int_{-a}^{a} \exp\left(\mathrm{i}k\frac{yy'}{L}\right)u_n(y')\mathrm{d}y'\end{aligned}\right\} \tag{2.3-22}$$

进行变量代换：$X = x\sqrt{2\pi N_{\mathrm{F}}}/a$，$Y = y\sqrt{2\pi N_{\mathrm{F}}}/a$，并令 $\sigma_m\sigma_m = \mathrm{i}\varepsilon_m\varepsilon_m \mathrm{e}^{-\mathrm{i}kL}$，则式(2.3-22)转化为

$$\left.\begin{aligned} U_m(X) &= \frac{1}{\sqrt{2\pi}\varepsilon_m}\int_{-\sqrt{2\pi N_F}}^{\sqrt{2\pi N_F}} U_m(X')e^{iXX'}dX' \\ U_n(Y) &= \frac{1}{\sqrt{2\pi}\varepsilon_n}\int_{-\sqrt{2\pi N_F}}^{\sqrt{2\pi N_F}} U_n(Y')e^{iYY'}dY' \end{aligned}\right\} \tag{2.3-23}$$

积分方程(2.3-23)的精确解已为博伊德和戈登求得，在菲涅耳数 N_F 有限时，本征函数为

$$\begin{aligned} U_{mn}(X,Y) &= U_m(X)U_n(Y) \\ &= S_{om}(2\pi N_F, X/\sqrt{2\pi N_F})S_{on}(2\pi N_F, Y/\sqrt{2\pi N_F}) \quad (m,n=0,1,2,\cdots) \end{aligned} \tag{2.3-24}$$

式中
$$S_{om}(2\pi N_F, X/\sqrt{2\pi N_F}) = S_{om}(2\pi N_F, x/a)$$
$$S_{on}(2\pi N_F, Y/\sqrt{2\pi N_F}) = S_{on}(2\pi N_F, y/a)$$

为角向长椭球函数。与 $U_{mn}(X,Y)$ 相应的本征值为

$$\sigma_m\sigma_n = 4N_F e^{-i[kL-(m+n+1)\pi/2]}R_{om}^{(1)}(2\pi N_F,1)R_{on}^{(1)}(2\pi N_F,1) \quad (m,n=0,1,2,\cdots) \tag{2.3-25}$$

式中，$R_{om}^{(1)}(2\pi N_F,1)$，$R_{on}^{(1)}(2\pi N_F,1)$ 为径向长椭球函数。

有关长椭球函数，人们对其进行了大量研究，弄清了它们的性质，该函数满足积分关系

$$2i^m R_{om}^{(1)}(c,1)S_{om}(c,X) = \int_{-1}^{1} e^{icXX'}S_{om}(c,X')dX' \tag{2.3-26}$$

式中，c 为任意常数；$R_{om}^{(1)}(c,1)$ 和 $S_{om}(c,X)$ 均为实函数。

(2) 厄米-高斯近似

可以证明，在 $x \ll a, y \ll a$ 的区域内(相当于 $a\to\infty, N_F\to\infty$)，即对称共焦腔反射镜面中心附近，角向长椭球函数可以表示为厄米多项式和高斯函数的乘积，本征模在镜面上的光场分布近似为

$$\left.\begin{aligned} U_m(X) &= S_{om}(2\pi N_F, X/\sqrt{2\pi N_F}) = C_m H_m(X)e^{-X^2/2} \\ U_n(Y) &= S_{on}(2\pi N_F, Y/\sqrt{2\pi N_F}) = C_n H_n(Y)e^{-Y^2/2} \end{aligned}\right\} \tag{2.3-27}$$

式中，C_m、C_n 为常系数；$H_m(X)$ 为 m 阶厄米多项式

$$H_m(X) = (-1)^m e^{X^2}\frac{d^m}{dX^m}e^{-X^2} = \sum_{k=0}^{[m/2]}\frac{(-1)^k m!}{k!(m-2k)!}(2X)^{m-2k} \quad (m=0,1,2,\cdots) \tag{2.3-28}$$

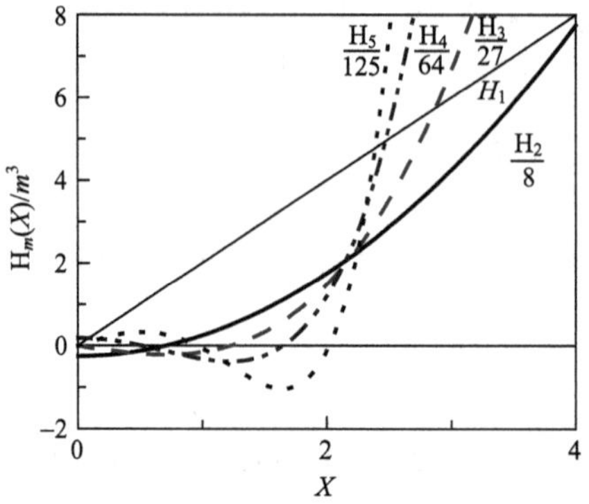

图 2.3-6 最初几阶厄米多项式

其中，$[m/2]$表示 $m/2$ 的整数部分。最初几阶厄米多项式为(见图 2.3-6)

$$\left.\begin{aligned} H_0(X) &= 1 \\ H_1(X) &= 2X \\ H_2(X) &= 4X^2 - 2 \\ H_3(X) &= 8X^3 - 12X \\ H_4(X) &= 16X^4 - 48X^2 + 12 \\ &\vdots \qquad \vdots \end{aligned}\right\} \tag{2.3-29}$$

将 X、Y 换回镜面上的直角坐标 x、y，得到方形镜对称共焦腔镜面上模场分布

$$\begin{aligned} u_{mn}(x,y) &= C_{mn} H_m\left(\sqrt{\frac{2\pi}{\lambda L}}x\right) H_n\left(\sqrt{\frac{2\pi}{\lambda L}}y\right) \exp\left(-\frac{x^2+y^2}{\lambda L/\pi}\right) \\ &= C_{mn} H_m\left(\frac{\sqrt{2}}{w_{0s}}x\right) H_n\left(\frac{\sqrt{2}}{w_{0s}}y\right) \exp\left(-\frac{x^2+y^2}{w_{0s}^2}\right) \end{aligned} \tag{2.3-30}$$

式中，$w_{0s}=\sqrt{\lambda L/\pi}$，后面会看到，它是镜面上基模光斑半径。相应的本征值

$$\sigma_{mn} = \exp\{-i[kL - (m+n+1)\pi/2]\} \tag{2.3-31}$$

为纯虚数。这正是反射镜面趋于无穷大 ($N_F \to \infty$)，衍射损耗 $\delta_D = 0$ 的情形。实际上，只要 $N_F \gg 1$，厄米-高斯函数仍能正确地描述对称共焦腔模的振幅分布。

2) 圆形镜对称共焦腔镜面上光场分布——拉盖尔-高斯光束函数

对于实际激光器，光腔反射镜面形状不是由腔镜本身决定，而是由增益介质横截面的形状决定，但实际增益介质的横截面大多为圆形，因而研究圆形镜对称共焦腔更有实际意义。

圆形镜对称共焦腔模式积分方程在极坐标系分离变量，其精确解为超椭球函数，这里只给出当镜面趋于无穷大($N_F \to \infty$)时模的近似解析表达式。可以证明，当腔的菲涅耳数 $N_F \to \infty$时，圆形镜对称共焦腔自再现模在镜面上的光场分布为拉盖尔-高斯光束函数

$$u_{mn}(x,y) = C_{mn}\left(\sqrt{2}\frac{\rho}{w_{0s}}\right)^m L_n^m\left(2\frac{\rho^2}{w_{0s}^2}\right) \exp\left(-\frac{\rho^2}{w_{0s}^2}\right) \begin{Bmatrix} \cos(m\varphi) \\ \sin(m\varphi) \end{Bmatrix} \tag{2.3-32}$$

式中，(ρ,φ)为镜面上的极坐标；C_{mn} 为归一化常数；$w_{0s}=\sqrt{\lambda L/\pi}$为镜面上基模光斑半径；$L_n^m$ 为缔合拉盖尔多项式：

$$\left.\begin{aligned}
&\mathrm{L}_0^m(\xi)=1\\
&\mathrm{L}_1^m(\xi)=1+m-\xi\\
&\mathrm{L}_2^m(\xi)=\frac{1}{2}[(1+m)(2+m)-2(2+m)\xi+\xi^2]\\
&\quad\vdots\qquad\qquad\vdots\\
&\mathrm{L}_n^m(\xi)=\mathrm{e}^{\xi}\frac{\xi^{-m}}{n!}\frac{d^n}{d\xi^n}(\mathrm{e}^{-\xi}\xi^{m+n})=\sum_{k=0}^{n}\frac{(m+n)!(-\xi)^k}{k!(m+k)!(n-k)!}
\end{aligned}\right\}\tag{2.3-33}$$

相应的本征值为

$$\sigma_{mn}=\exp\left\{-\mathrm{i}\left[kL-(m+2n+1)\frac{\pi}{2}\right]\right\}\tag{2.3-34}$$

仍为纯虚数。因此，式(2.3-32)仍可表示 $N_{\mathrm{F}}\gg 1$ 条件下对称共焦腔模的振幅分布。

2. 腔镜面上的振幅分布和相位分布

1）振幅分布

(1) 基模的振幅分布

前面的讨论已求得了对称共焦腔模镜面上场分布 u_{mn}，其振幅分布完全由 u_{mn} 的大小决定，m、n 取不同的值，表示不同的模式，不同的模式有不同的振幅分布，因此，常把 mn 称为横模指数。而将 $m=n=0$ 的腔模称为基模，即最低阶模。对于基模，其振幅分布为

$$\left.\begin{aligned}
&u_{00}(x,y)=C_{00}\exp\left(-\frac{x^2+y^2}{w_{0s}^2}\right)=C_{00}\exp\left(-\frac{\rho^2}{w_{0s}^2}\right)\quad\text{方形镜}\\
&u_{00}(\rho,\varphi)=C_{00}\exp\left(-\frac{\rho^2}{w_{0s}^2}\right)\quad\text{圆形镜}
\end{aligned}\right\}\tag{2.3-35}$$

可见，基模在镜面上的振幅分布是高斯型的，腔镜的中心处($x=y=0$)振幅最大，且向边缘平滑减小，在离中心距离为

$$\rho=w_{0s}=\sqrt{\frac{\lambda L}{\pi}}\tag{2.3-36}$$

处的光场的振幅下降为中心处的 1/e。通常由此值定义镜面上的光斑半径。可见，对称共焦腔镜面上基模的光斑尺寸由腔长 L 或反射镜焦距 $f=L/2$ 决定，而与腔镜的实际横向尺寸无关。应该说明的是，由此定义的光斑，实际模场并不仅限制在此范围内。只要场分布是高斯型的，理论上来说，它就应沿横向延伸到无穷远处，这样定义的光斑半径 w_{0s} 可理解为描述横向振幅(光强)分布的特征量，并非振幅(光强)横向分布的非零区域范围。

为了获得对称共焦腔基模光斑尺寸的数量概念，来看两个实际激光器的例子。

一台使用对称共焦腔的 CO_2 激光器，腔长 $L=1\text{m}$，振荡波长 $\lambda=10.6\mu\text{m}$，则 $w_{0s}\approx1.84\text{mm}$；若 He-Ne 激光器（工作波长为 632.8nm）采用腔长 $L=30\text{cm}$ 的对称共焦腔，则镜面上光斑半径 $w_{0s}\approx0.25\text{mm}$。可见，对称共焦腔的光斑半径通常非常小，远比实际使用的反射镜横向尺寸小得多。因此，对称共焦腔基模主要集中在镜面中心附近。

(2) 高阶模的振幅分布

当 m、n 取不同时为零的一系列整数时，式(2.3-30)和式(2.3-32)则表示高阶模的振幅分布。对最初几阶高阶横模，其振幅分布函数为

方形镜

$$\left.\begin{aligned}
u_{10}(x,y) &= C_{10}\frac{2\sqrt{2}}{w_{0s}}x\exp\left(-\frac{x^2+y^2}{w_{0s}^2}\right)\\
u_{01}(x,y) &= C_{01}\frac{2\sqrt{2}}{w_{0s}}y\exp\left(-\frac{x^2+y^2}{w_{0s}^2}\right)\\
u_{20}(x,y) &= C_{20}\left(\frac{8}{w_{0s}^2}x^2-2\right)\exp\left(-\frac{x^2+y^2}{w_{0s}^2}\right)\\
u_{11}(x,y) &= C_{11}\frac{8}{w_{0s}^2}xy\exp\left(-\frac{x^2+y^2}{w_{0s}^2}\right)\\
&\vdots\qquad\quad\vdots
\end{aligned}\right\}\tag{2.3-37a}$$

圆形镜

$$\left.\begin{aligned}
u_{10}(\rho,\varphi) &= C_{10}\frac{\sqrt{2}}{w_{0s}}\rho\exp\left(-\frac{\rho^2}{w_{0s}^2}\right)\begin{cases}\cos\varphi\\ \sin\varphi\end{cases}\\
u_{01}(\rho,\varphi) &= C_{01}\left(1-2\frac{\rho^2}{w_{0s}^2}\right)\exp\left(-\frac{\rho^2}{w_{0s}^2}\right)\\
&\vdots\qquad\quad\vdots
\end{aligned}\right\}\tag{2.3-37b}$$

可见，TEM_{mn} 高阶模在腔镜面上的振幅分布的特点取决于厄米多项式（方形镜）和缔合拉盖尔多项式（圆形镜）与高斯函数的乘积，厄米多项式和缔合拉盖尔多项式的零点决定了光场的节线，而它们的正负交替变化与高斯函数的单调下降决定了光场分布的外形轮廓。

对于方形镜，TEM_{mn}(m、$n=0,1,2,\cdots$)模沿 x 方向有 m 条节线，沿 y 方向有 n 条节线。例如，TEM_{00} 模在整个镜面上没有节线，TEM_{10} 模在 $x=0$ 处有一条节线，而沿 y 方向没有节线，而 TEM_{11} 模在 $x=0$ 和 $y=0$ 处各有一条节线。方形镜对称共焦腔最初几阶横模在镜面上的振幅分布和强度分布图样如图 2.3-7 所示。

对于圆形镜，TEM_{mn}(m、$n=0,1,2,\cdots$)模沿辐角 φ 方向有 m 条节线，沿径向 ρ 有 n 条节线。圆形镜对称共焦腔最初几阶横模在镜面上的振幅分布和强度分布图样如图 2.3-8 所示。

高阶模镜面上的光斑出现了节线，显然，不能再以振幅降落到中心处的 1/e 来

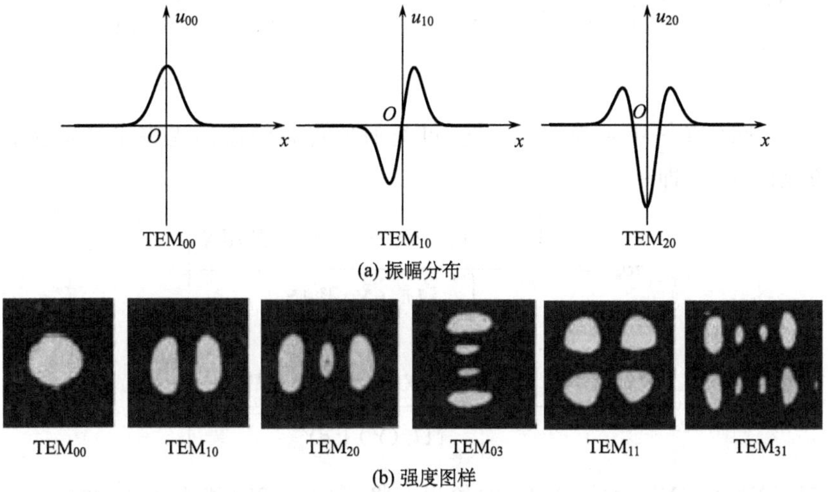

图 2.3-7　方形镜对称共焦腔模在镜面上的振幅分布和强度图样

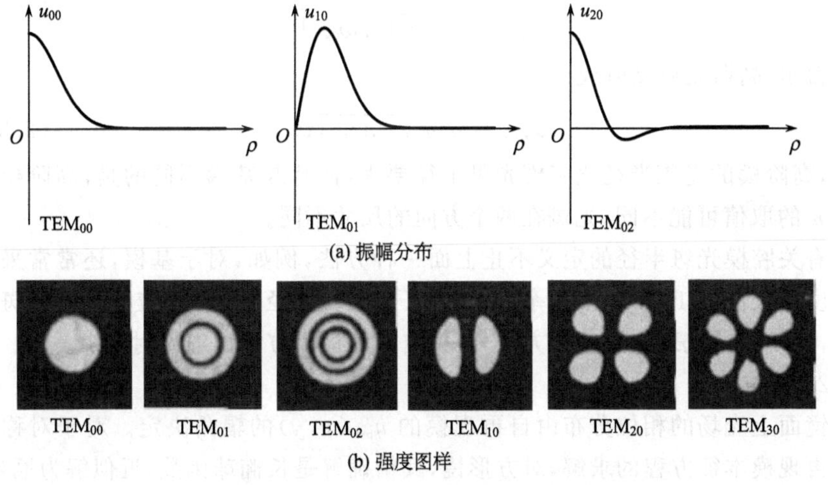

图 2.3-8　圆形镜对称共焦腔模在镜面上的振幅分布和强度图样

定义镜面光斑半径了。那么能否给出高阶模在镜面上上光场分布的特征量——光斑半径的定义？为此以方形镜为例，首先考察基模振幅降落到中心处的 1/e 定义的光斑半径 w_{0s}式(2.3-36)给出的基模光斑半径的平方恰为基模中坐标均方差的 4 倍，即

$$w_{0s}^2=\frac{4\int_{-\infty}^{\infty}e^{-X^2/2}(x-\bar{x})^2e^{-X^2/2}dX}{\int_{-\infty}^{\infty}(e^{-X^2/2})^2dX}=\frac{4\int_{-\infty}^{\infty}e^{-Y^2/2}(y-\bar{y})^2e^{-Y^2/2}dY}{\int_{-\infty}^{\infty}(e^{-Y^2/2})^2dY} \tag{2.3-38}$$

式中,坐标平均值 $\bar{x}$ 和 $\bar{y}$ 为零。因此,可类似地将高阶模的光斑半径定义为其坐标均方差的 4 倍,即

$$\left.\begin{aligned}w_{ms}^2&=\frac{4\int_{-\infty}^{\infty}U_m(X)(x-\bar{x})^2U_m(X)dX}{\int_{-\infty}^{\infty}[U_m(X)]^2dX}\\w_{ns}^2&=\frac{4\int_{-\infty}^{\infty}U_n(Y)(y-\bar{y})^2U_n(Y)dY}{\int_{-\infty}^{\infty}[U_n(Y)]^2dY}\end{aligned}\right\} \tag{2.3-39}$$

式中,$U_m(X)$、$U_n(Y)$ 由式(2.3-27)给出。将式(2.3-27)和式(2.3-29)代入,不难求的

$$\left.\begin{aligned}w_{ms}&=\sqrt{2m+1}w_{0s}\\w_{ns}&=\sqrt{2n+1}w_{0s}\end{aligned}\right\} \tag{2.3-40}$$

对拉盖尔-高斯光束高阶模

$$w_{mns}=\sqrt{m+2n+1}w_{0s} \tag{2.3-41}$$

可见,高阶模的光斑半径比基模光斑半径要大,而且与基模不同的是,高阶模由于 m 和 n 的取值可能不同,光斑在两个方向的尺寸不同。

有关腔模光斑半径的定义不止上面一种方法,例如,对于基模,还常常采用基模强度最大值的 1/2 处(半功率点处)定义为光斑半径 w'_{0s}。相应于不同光斑尺寸定义,有不同的光斑半径检测方法,有关定义和检测方法详细见附录 A。

2) 相位分布

镜面上光场的相位分布由自再现模的 $u_{mn}(x,y)$ 的辐角决定。对于对称共焦腔自再现模本征方程的求解,对方形镜,其精确解是长椭球函数,近似解为厄米-高斯函数;对圆形镜,其精确解是超椭球函数,近似解为拉盖尔-高斯函数,这些函数都是实函数。这表明,镜面上各点光场的相位相同,对称共焦腔反射镜本身就是光场的一个等相位面,无论是基模还是高阶模,无论是方形镜还是圆形镜,情况都一样。对称共焦腔的这一性质与平行平面腔不同,前面关于平行平面腔的迭代求解表明其镜面并非光场的等相位面。

3. 单程相移和谐振频率

根据对称共焦腔模相移式(2.3-14)，得到 TEM_{mn} 模在腔内一个单程渡越的总相移为

$$\begin{aligned}\delta\Phi_{mn} &= \arg\sigma_m\sigma_n = -kL + \left(m + \frac{n}{2n} + 1\right)\frac{\pi}{2} \\ &= -kL + \Delta\Phi_{mn}\end{aligned} \tag{2.3-42}$$

式(2.3-42)表明，除了熟知的几何相移之外，对称共焦腔还有一个附加的相位超前因子 $\Delta\Phi_{mn}$，不同的横模这一附加相位超前量不同，圆形镜腔和方形镜腔也不同

$$\Delta\Phi_{mn} = \left(m + \frac{n}{2n} + 1\right)\frac{\pi}{2} \tag{2.3-43}$$

将式(2.3-42)和式(2.3-43)代入谐振条件式(2.3-15)，得到各阶横模的谐振频率

$$\nu_{mnq} = \frac{c}{2L}\left[q + \frac{1}{2}\left(m + \frac{n}{2n} + 1\right)\right] \tag{2.3-44}$$

属于同一横模的相邻两个纵模频率之间的频率间隔为

$$\Delta\nu_q = \nu_{mn(q+1)} - \nu_{mnq} = \frac{c}{2L} \tag{2.3-45}$$

这表明，对于同一横模，即光场的一个确定的横向分布，可以有多个纵模谐振频率。同时，可以看到当 q 一定时，若 m、n 改变，则腔模的谐振频率也发生变化，即不同的横模一般具有不同的谐振频率，相应的频率间隔为

$$\text{方形镜}\quad \left.\begin{aligned}\Delta\nu_m &= \nu_{(m+1)nq} - \nu_{mnq} = \frac{c}{4L} = \frac{\Delta\nu_q}{2} \\ \Delta\nu_n &= \nu_{m(n+1)q} - \nu_{mnq} = \frac{c}{4L} = \frac{\Delta\nu_q}{2}\end{aligned}\right\} \tag{2.3-46a}$$

$$\text{圆形镜}\quad \left.\begin{aligned}\Delta\nu_m &= \nu_{(m+1)nq} - \nu_{mnq} = \frac{c}{4L} = \frac{\Delta\nu_q}{2} \\ \Delta\nu_n &= \nu_{m(n+1)q} - \nu_{mnq} = \frac{c}{2L} = \Delta\nu_q\end{aligned}\right\} \tag{2.3-46b}$$

虽然一般来说，不同的横模具有不同的谐振频率，但由式(2.3-44)可以看出，共焦腔模在频率上是高度简并的，凡是 $2q+m+\frac{n}{2n}$ 相同的所有模式都具有相同的谐振频率。例如，方形镜 TEM_{mnq}，$TEM_{(m-1)(n+1)q}$，$TEM_{(m-2)n(q+1)}$，$TEM_{m(n-2)(q+1)}$，$TEM_{(m+1)(n-3)(q+1)}$ 等不同模式具有相同频率；圆形镜 TEM_{mnq}，$TEM_{(m-2)n(q+1)}$，$TEM_{m(n-1)(q+1)}$，$TEM_{(m+2)n(q-1)}$，$TEM_{(m+2)(n+1)(q-2)}$ 等不同模式具有相同频率。总之，式(2.3-44)描述了对称共焦腔的频率特征。

4. 单程损耗

在厄米-高斯近似和拉盖尔-高斯近似条件下，将方形镜腔模本征值式(2.3-31)和圆形镜腔模本征值式(2.3-34)代入单程损耗定义式(2.3-13)，得到对称共焦腔自再现模 TEM_{mn} 的单程功率损耗

$$\delta_{mn}=1-|\sigma_m\sigma_n|^2=0 \tag{2.3-47}$$

即对称共焦腔所有自再现模的损耗均等于零。注意到这是在腔的菲涅耳数 $N_F\to\infty$、衍射为零的条件下得到的，再考虑到对称共焦腔和其他稳定球面腔旁轴光线的几何偏折损耗为零，出现这一结果就不奇怪了。

这说明，采用厄米-高斯近似和拉盖尔-高斯近似可以很好地解决自再现模的振幅分布、相位分布和谐振频率等问题，却不能解决自再现模的损耗问题。实际对称共焦腔的菲涅耳数 N_F 总是有限大小，衍射损耗总是存在，自再现模的单程功率损耗应是反射镜有限大小时本征积分方程本征值问题精确解的结果。

对于方形镜对称共焦腔，其本征值由式(2.3-24)给出，代入径向长椭球函数的具体数值，可得到单程损耗 δ_{mn} 作为菲涅耳数的函数曲线，最初几阶模的损耗如图 2.3-9(a) 所示。作为比较，图中还给出了平行平面腔的单程损耗计算结果以及均匀平面波在线度为 $2a$ 的方形镜面上的衍射损耗。对于圆形镜对称共焦腔，由于人们对其本征积分方程精确解的超椭球函数知之甚少，相应自再现模的衍射损耗一般由迭代法数值求解给出，最初几阶模的损耗如图 2.3-9(b) 所示。

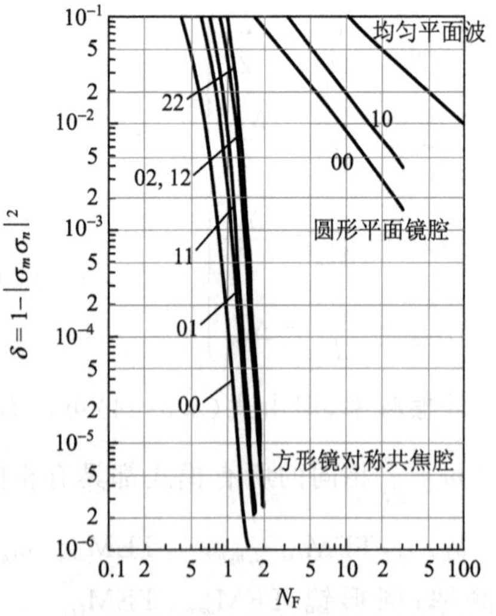

(a) 方形镜对称共焦腔及其圆形平面镜腔

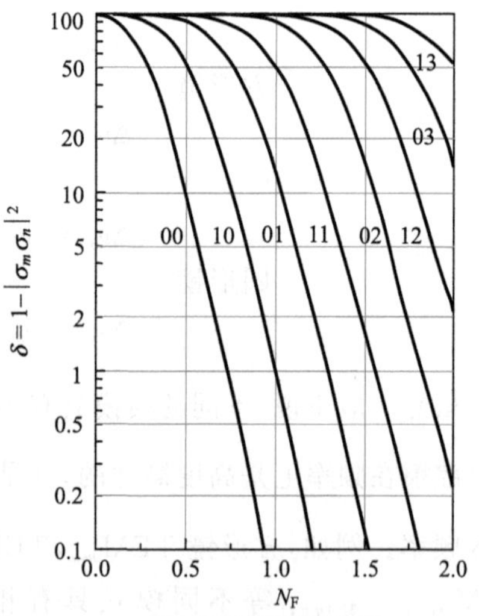

(b) 圆形镜对称共焦腔

图 2.3-9 理想反射镜面对称共焦腔单程功率损耗

由图 2.3-9 中曲线可以看出，均匀平面波的夫朗和费衍射损耗远比平面腔自再现模的损耗大得多，而平面腔模的损耗又比对称共焦腔模的损耗大得多。就对称共焦腔而言，损耗又与腔镜横向截面的形状有关，当菲涅耳数相同时，圆形镜对称共焦腔模的损耗要比方形镜腔类似横模的损耗来得大。

对称共焦腔模与平面腔模在损耗上的差别是不难理解的。因为在对称共焦腔中，除了衍射引起的光束发散作用之外，还有凹面腔镜对光束的会聚作用。这两种因素共同决定腔损耗的大小，如前所述，对称共焦腔和其他稳定球面腔旁轴光线的几何偏折损耗近似为零，因而腔的损耗纯粹为衍射损耗。而且，只要菲涅耳数 N_F 不是太小，腔模能量将集中在镜面中心附近，在镜的边缘处振幅很小。由于衍射主要发生在腔镜边缘，因而衍射损耗极小。平面镜腔的情况则与此不同，所有与轴线成非零夹角传播的光波都不可避免地出现几何偏折损耗，而且平面腔模原则上分布在整个镜面上。在菲涅耳数相同的情况下，同一模式在腔镜边缘处的振幅比对称共焦腔模大，因而相应的衍射损耗也大，这两种因素共同决定了平面腔的损耗比对称共焦腔大得多。

为了给出对称共焦腔衍射损耗和平面腔损耗的比较，并给出对称共焦腔衍射损耗数量级的概念，考察采用对称共焦腔的 He-Ne 激光器，其腔长 $L=30\text{cm}$，放电管（反射镜面）半径 $a=0.1\text{cm}$，振荡波长 $\lambda=632.8\text{nm}$。该腔的菲涅耳数 $N_F=5.267$，基模 TEM_{00} 的损耗按方形镜腔近似公式

$$\delta_{00} = 10.9 \times e^{-4.9N_F} \tag{2.3-48}$$

估计约为 $\delta_{00}=10^{-25}$，而具有同一菲涅耳数的圆形平面镜腔基模的损耗 $\delta_{00}=0.02$。对称共焦腔比平面镜腔的损耗低得多。

上述例子也说明，采用对称共焦腔的通常尺寸激光器，TEM_{00} 模的损耗往往小到可以忽略不计，只有当腔的菲涅耳数很小时（如 $N_F<1$），衍射损耗才起显著作用。

由图中曲线也可以看出，无论是方形镜还是圆形镜，对称共焦腔中各个模式的损耗单值地由菲涅耳数决定。所有模式的损耗随菲涅耳数的增加而迅速下降。在同一菲涅耳数情况下，不同横模衍射损耗各不相同，损耗随横模阶次的增加而迅速增大。这表明，在对称共焦腔中可以利用衍射损耗的差别来进行横模选择，同时也指出了选择横模的一般途径，即通过人为地增加某些横模的损耗来进行横模选择。

2.3.5　行波场——高斯光束

知道了镜面上自再现模光场分布以后，利用菲涅耳-基尔霍夫衍射积分公式即可求出对称共焦腔内（外）任一 z 面上的光场分布，即行波场。

1. 共焦腔中的高斯光束

对于方形镜对称共焦腔，博伊德和戈登证明，对称共焦腔中的自再现模为厄米-高斯光束，表示为

$$u_{mn}(x,y,z)=\frac{1}{2^{m+n}m!n!}\frac{2}{\sqrt{\lambda L}}\frac{w_0}{w(z)}\mathrm{H}_m\left(\frac{\sqrt{2}}{w(z)}x\right)\times\mathrm{H}_n\left(\frac{\sqrt{2}}{w(z)}y\right)\exp\left[-\frac{x^2+y^2}{w^2(z)}\right]\mathrm{e}^{-\mathrm{i}\Phi(x,y,z)}$$
$$=\frac{1}{2^{m+n}m!n!}\frac{2}{\sqrt{\lambda L}}\frac{w_0}{w(z)}\mathrm{H}_m\left(\frac{\sqrt{2}}{w(z)}x\right)\mathrm{H}_n\left(\frac{\sqrt{2}}{w(z)}y\right)\times\exp\left[-\mathrm{i}k\frac{x^2+y^2}{2R(z)}\right]\exp\left[-\frac{x^2+y^2}{w^2(z)}\right]\times\exp\left\{-\mathrm{i}\left[kz-(m+n+1)\arctan\left(\frac{z}{f}\right)\right]\right\}\tag{2.3-49}$$

对 TEM_{00} 基模高斯光束，可方便地采用几何光学分析引入的 $\tilde{q}$ 参数，表示为

$$u_{00}(x,y,z)=\frac{2}{\sqrt{\lambda L}}\frac{w_0}{w(z)}\exp\left[-\mathrm{i}k\frac{x^2+y^2}{2\tilde{q}(z)}\right]\exp\left\{-\mathrm{i}\left[kz-\arctan\left(\frac{z}{f}\right)\right]\right\}\tag{2.3-50}$$

式中，$\tilde{q}^{-1}(z)=\frac{1}{R(z)}-\mathrm{i}\frac{\lambda}{\pi w^2(z)}$ 为复曲率；$f_{\mathrm{e}}=f=\frac{L}{2}=\frac{R}{2}=\frac{\pi w_0^2}{\lambda}$ 称为光束的共焦参数，决定光斑半径 $w_0=\sqrt{\frac{\lambda f_{\mathrm{e}}}{\pi}}=\sqrt{\frac{\lambda R}{2\pi}}=\frac{w_{0\mathrm{s}}}{\sqrt{2}}$；$R(z)=z+\frac{f_{\mathrm{e}}^2}{z}$ 为 z 处等相位面曲率半径；$w(z)=w_0\left[1+\left(\frac{z}{f_{\mathrm{e}}}\right)^2\right]^{1/2}$ 为 z 处光斑半径。

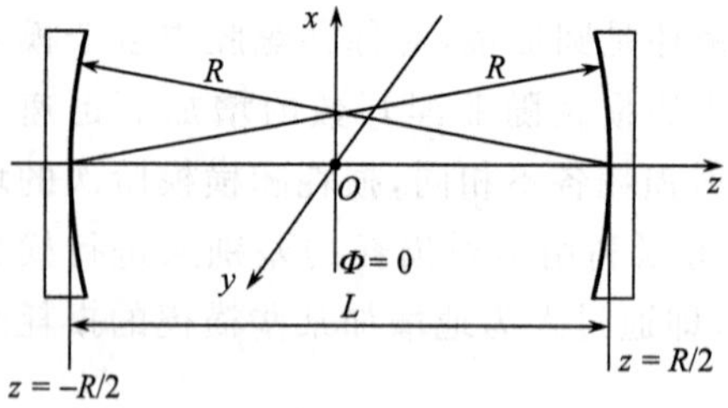

图 2.3-10 对称共焦腔内行波场坐标示意图

腔内任一位置光场由式(2.3-50)表示的条件是：① z 轴坐标原点在对称共焦腔中心；② 行波场相位参考点亦在腔的中心，即在 $z=0$ 处，$\Phi(x,y,z)=0$，如图 2.3-10 所示。该光场可以理解为由一个镜面上的光场所产生，并沿腔轴线传播的行波场。考虑实际激光器输出镜有一定的透射率，式(2.3-50)不仅适用于腔内的空间光场分布，对输出到腔外的光场同样也是正确的。

对于圆形镜对称共焦腔，腔内自再现模为拉盖尔-高斯光束，由一个镜面上光场所产生的行波场为

$$u_{mn}(\varphi,\rho,z)=u_0\frac{w_0}{w(z)}\left(\sqrt{2}\frac{\rho}{w(z)}\right)^m L_n^m\left(\sqrt{2}\frac{\rho^2}{w^2(z)}\right)e^{-\rho^2/w^2(z)}e^{-im\varphi}e^{-i\Phi(\varphi,\rho,z)}$$

$$=u_0\frac{w_0}{w(z)}\left(\sqrt{2}\frac{\rho}{w(z)}\right)^m L_n^m\left(\sqrt{2}\frac{\rho^2}{w^2(z)}\right)$$

$$\times e^{-\rho^2/w^2(z)}e^{-im\varphi}e^{-ik\rho^2/[2R(z)]}e^{-i[kz-(m+2n+1)\arctan(z/f)]} \tag{2.3-51}$$

对 TEM_{00} 基模高斯光束，同样可方便用 $\tilde{q}$ 参数表示为

$$u_{00}(\varphi,\rho,z)=u_0\frac{w_0}{w(z)}\exp\left[-\frac{ik\rho^2}{2\tilde{q}(z)}\right]\exp\left\{-i\left[kz-\arctan\left(\frac{z}{f_e}\right)\right]\right\} \tag{2.3-52}$$

式中，$\tilde{q}(z)$、f_e、w_0、$R(z)$以及 $w(z)$与方形镜的意义相同。

2. 基模高斯光束参量(行波场)

对于对称共焦腔中基模光束，方形镜腔和圆形镜腔可以统一表示为

$$E_{00}(x,y,z)=u_0\frac{w_0}{w(z)}\exp\left\{-ik\frac{r^2}{2\tilde{q}(z)}\right\}\exp\left\{-i\left[kz-\arctan\left(\frac{z}{f}\right)\right]\right\} \tag{2.3-53}$$

式中，$r^2=x^2+y^2$。描述光束的基本参量前面均已提到，现概括如下：

光束复曲率

$$\tilde{q}^{-1}(z)=\frac{1}{R(z)}-i\frac{\lambda}{\pi w^2(z)}$$

光束等相位面曲率半径

$$R(z)=z+\frac{f_e^2}{z}$$

光斑半径

$$w(z)=w_0\left[1+\left(\frac{z}{f_e}\right)^2\right]^{1/2}$$

光束共焦参数

$$f_e=\frac{\pi w_0^2}{\lambda}$$

光束束腰半径

$$w_0=\sqrt{\frac{\lambda f_e}{\pi}}=\sqrt{\frac{\lambda R}{2\pi}}$$

1) 振幅分布和光斑尺寸

按式(2.3-53)，对称共焦腔基模光束的振幅分布为

$$|E_{00}(x,y,z)| = u_0 \frac{w_0}{w(z)}\exp\left[-\frac{r^2}{2w^2(z)}\right] \tag{2.3-54}$$

可见，基模高斯光束的振幅在横截面内为高斯分布，定义在 1/e 处的光斑半径即为 $w(z)$；基模高斯光束光斑尺寸随 z 变化，腔内外不同位置处的光斑大小各不相同。在对称共焦腔镜面上，$z=\pm L/2$，光斑半径为

$$w(z) = w(\pm L/2) = \sqrt{2}w_0 = \sqrt{\frac{\lambda L}{\pi}} = w_{0s}$$

与讨论镜面上光场振幅和光斑尺寸时得到的结果一致。在对称共焦腔中心 $z=0$ 处，$w(z)$ 取最小值，即

$$w(z=0) = \sqrt{\frac{\lambda L}{2\pi}} = w_0$$

通常将这一最小光斑尺寸称为基模高斯光束的束腰半径。根据光束光斑半径表达式，对称共焦腔中基模光束光斑大小随 z 按双曲线规律变化（如图 2.3-11 所示）

$$\frac{w^2(z)}{w_0^2} - \frac{z^2}{f_e^2} = 1 \tag{2.3-55}$$

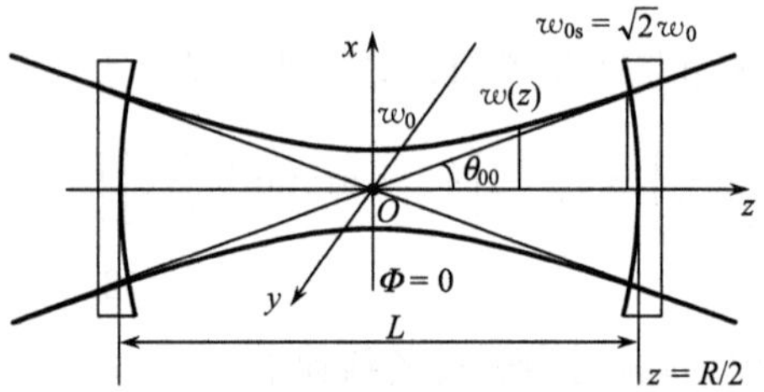

图 2.3-11　对称共焦腔内基模高斯光束

对各高阶高斯光束，可按同样方法分析得到厄米-高斯光束

$$\left.\begin{aligned} w_m &= \sqrt{2m+1}w_0 \\ w_n &= \sqrt{2n+1}w_0 \end{aligned}\right\} \tag{2.3-56}$$

对拉盖尔-高斯光束

$$w_{mn} = \sqrt{m+2n+1}w_0 \tag{2.3-57}$$

2）等相位面分布

对称共焦腔基模光束的相位因子为 $\exp\left\{-ik\left[z+\frac{r^2}{2R(z)}\right]\right\}\exp\left\{i\arctan\left(\frac{z}{f_e}\right)\right\}$，$\exp\left\{-ik\left[z+\frac{r^2}{2R(z)}\right]\right\}$ 表明基模光束等相位面为球面，而因子 $\exp\left\{i\arctan\left(\frac{z}{f_e}\right)\right\}$ 表示附加相位，即相位超前。相应 z 处的等相位面曲率半径为

$$R(z) = z + \frac{f_e^2}{z}$$

显然 $R(z)\neq z$，这说明高斯光束的等相位面虽然是一系列球面，但它是变心球面波，不同于球心固定的球面波。而且，可以证明，对称共焦腔中基模高斯光束的等

相位面都是凹面朝向腔的中心 $z=0$。

当 $z=0$ 时，$R(z=0)\to\infty$，等相位面为平面，球心在 $-\infty$ 处；

当 $z=L/2$ 时，$R(z=L/2)=L=R$，等相位面与反射镜面重合，球心在前一个镜面处，这与前面讨论得到结果相符合；

当 $z\to\infty$ 时，$R(z\to\infty)\to\infty$，等相位面又变为平面，球心在腔中心 $z=0$ 处。

等相位面曲率半径以及球心随 z 的变化关系如图 2.3-12 所示。可见，等相位面曲率半径在镜面处为最小值。

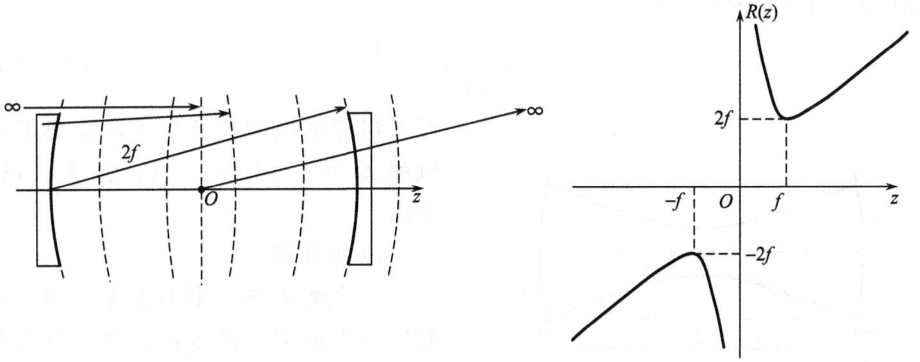

(a) 等相位面形状与曲率中心位置　　(b) 等相位面曲率半径随z的变化

图 2.3-12　共焦腔基模高斯光束等相位面分布

3）附加相移与谐振频率

对称共焦腔基模相位因子中有表示相位超前的附加相位因子 $\exp\left\{\mathrm{i}\arctan\left(\frac{z}{f_e}\right)\right\}$，在任意位置 z 处，附加相移为 $\Delta\Phi=\arctan(z/f_e)$。在 $z=0$ 处，附加相移 $\Delta\Phi=0$；在 $z=f_e=L/2$ 处，附加相移 $\Delta\Phi(z=f_e)=\pi/4$，即相位超前 $\pi/4$；在 $z=-f_e$ 处，附加相移 $\Delta\Phi(z=-f_e)=-\pi/4$，即相位超前 $-\pi/4$。

按行波场坐标原点选取规则，$z=\pm f_e$ 恰是对称共焦腔腔镜位置，因此，对称共焦腔中行波场从反射镜 1 到反射镜 2 的总附加相移为

$$\Delta\Phi=\frac{\pi}{4}-\left(-\frac{\pi}{4}\right)=\frac{\pi}{2}$$

对 TEM_{mn} 模，从反射镜 1 到反射镜 2 的总附加相移则为

$$\Delta\Phi_{mn}=\left(m+\genfrac{}{}{0pt}{}{n}{2n}+1\right)\left[\frac{\pi}{4}-\left(-\frac{\pi}{4}\right)\right]=\left(m+\genfrac{}{}{0pt}{}{n}{2n}+1\right)\frac{\pi}{2}$$

这就是式(2.3-43)给出的结果。

关于谐振频率，考虑 $\rho^2=r^2=0$ 时行波场在对称共焦腔中的单程相移

$$\delta\Phi_{mn} = -k(z_2 - z_1) + (m + \frac{n}{2n} + 1)[\arctan(z_2/f) - \arctan(z_1/f)]$$

$$= -\frac{2\pi\nu}{c}L + (m + \frac{n}{2n} + 1)\frac{\pi}{2} \tag{2.3-58}$$

应用谐振条件 $\delta\Phi_{mn} = -\pi q$，得到对称共焦腔中的谐振频率

$$\nu_{mnq} = \frac{c}{2L}\left[q + \frac{1}{2}(m + \frac{n}{2n} + 1)\right]$$

这正是式(2.3-44)给出的结果。对于基横模，有 $m=n=0$，方形镜腔和圆形镜腔有相同的谐振(纵模)频率

$$\nu_{00q} = \frac{c}{2L}\left(q + \frac{1}{2}\right) \tag{2.3-59}$$

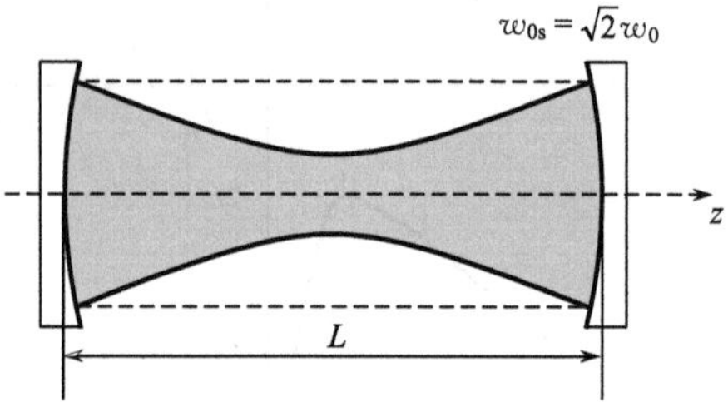

图 2.3-13 共焦腔内基模体积示意图

至于相邻纵模频率差和不同横模谐振频率差由式(2.3-45)和式(2.3-46)给出。

4) 模体积

定性地说，模体积就是某一模式在腔内所占据的空间范围。由于对称共焦腔内的自再现模都是高斯光束，其光斑半径随 z 变化，因此，通常采用估计的方法求得模体积。

对于基模，如图 2.3-13 所示，其模体积由镜面上光斑面积的一半与腔长的乘积估计，即

$$V_{00}^0 = \frac{1}{2}L\pi w_{0s}^2 = \frac{\lambda L^2}{2} \tag{2.3-60}$$

对于高阶模，其模体积也用类似的方法估计

$$V_{mn}^0 = \frac{1}{2}L\pi w_{ms}w_{ns} = \frac{1}{2}L\pi\sqrt{(2m+1)(2n+1)}w_{0s}^2$$

$$= \sqrt{(2m+1)(2n+1)}V_{00}^0 \tag{2.3-61}$$

可见，对称共焦腔模体积由腔长和镜面上光斑尺寸决定，由于镜面上光斑尺寸与反射镜的实际横向尺寸无关，所以模体积由腔长唯一决定。并且由式(2.3-55)可见，对称共焦腔高阶模体积大于基模体积。

模体积的概念在激光振荡和腔体设计中具有重要意义。一种模式能否振荡？这种模式在腔内振荡能得到多大激光输出功率？它与其他模式的竞争能力如何？所有这些不仅取决于前面所讨论的模式损耗，也与模体积密切相关。假如腔内充满激活介质，模体积大，对该模式振荡有贡献的激发态粒子数就多，因而该模式的

竞争能力就强，也能够获得大的输出功率；模体积小，则对模式振荡有贡献的激发态粒子数就少，模式的竞争能力相对就小，输出功率也相对较小。

作为模体积的一个例子，再次考察采用对称共焦腔的 CO_2 激光器(工作波长 10.6μm)。若放电管半径 $a=1\text{cm}$，腔长 $L=1\text{m}$，则激活介质的体积 $V=314\text{cm}^3$，而基模体积为

$$V_{00}^0=\frac{1}{2}L^2\lambda=5.3\text{cm}^3$$

$$\frac{V_{00}^0}{V}=1.7\%$$

若放电管半径不变，腔长缩短为 $L=50\text{cm}$，则激活介质的体积 $V=157\text{cm}^3$，而基模体积为

$$V_{00}^0=\frac{1}{2}L^2\lambda=1.325\text{cm}^3$$

$$\frac{V_{00}^0}{V}=0.84\%$$

可见，对称共焦腔基模体积(即是高阶模)比整个激活介质小得多，这对获得高功率的基模输出十分不利。在实际激光器设计中，要合理选择腔型，以提高模体积。

2.4　一般稳定腔的高斯光束

对于一般稳定腔，若要用菲涅耳-基尔霍夫衍射积分公式求解其自再现模，仍把 $u(x',y')$ 看成是第一个腔镜面上的光场分布 u_1，把 $u(x,y)$ 看成是 u_1 在腔内经一个单程渡越后在第二个腔镜面上生成的光场分布 u_2，那么，经过 j 次单程渡越后所生成的光场 u_{j+1} 与产生它的光场 u_j 间也满足类似的迭代关系

$$u_{j+1}(x,y)=\frac{\mathrm{i}}{\lambda}\iint u_j(x',y')\left(\frac{\mathrm{e}^{-\mathrm{i}kr}}{r}\right)\left(\frac{1+\cos\theta}{2}\right)\mathrm{d}s \tag{2.4-1}$$

由于一般稳定腔的几何结构不具有对称性，两腔镜处的光场分布并不相同，即腔模在腔内经一个单程渡越后不能自再现，只有同一镜面处的在腔内一个完整往返的光场才能自再现。当 j 足够大时，自再现(光场自洽)条件变为

$$\left.\begin{aligned}\sigma u_{j+2}&=u_j\\ \sigma u_{j+4}&=u_{j+2}\\ \vdots\quad&\quad\ \vdots\end{aligned}\right\} \tag{2.4-2}$$

由此得到的自再现模本征积分方程包含连续两次积分，显然这是难以求得解析解的。那么一般稳定腔的本征模式特征怎么得到呢？这就要借助对称共焦腔模式理论。

对称共焦腔模式理论不仅能定量地表明对称共焦腔振荡模式本身的特征，更重要的是，它能推广到整个稳定腔系统，解决一般稳定腔振荡模式的问题，这是谐振腔理论的一个重大进展。为了应用对称共焦腔模式理论解决一般稳定腔模问题，首先概要小结对称共焦腔模行波场的特征，然后给出等价共焦腔的概念，并求解一般稳定腔的自再现模。

2.4.1 对称共焦腔完整的行波高斯光束小结

对称共焦腔模行波场可用以下参数完整描述。

1. 高斯光束共焦参数 f_e

对称共焦腔反射镜焦距

$$f = f_e = \frac{R}{2} = \frac{L}{2} = \frac{\pi w_0^2}{\lambda} \tag{2.4-3}$$

唯一确定基模高斯光束的束腰半径

$$w_0 = \sqrt{\frac{\lambda f_e}{\pi}} = \sqrt{\frac{\lambda L}{2\pi}} = \sqrt{\frac{\lambda R}{2\pi}} \tag{2.4-4}$$

是决定基模高斯光束的一个重要参数，在以后关于一般稳定腔模的讨论会见到，它并不唯一由反射镜焦距决定，而是由腔的几何结构如腔长 L、反射镜曲率半径 R_1 和 R_2 共同决定。

2. 光斑尺寸 $w(z)$

基模高斯光束光斑半径随距离 z 变化，表示为

$$w(z) = w_0\left[1+\left(\frac{z}{f_e}\right)^2\right]^{1/2} \tag{2.4-5}$$

在腔中心 $z=0$ 处，光斑半径 $w(0)=w_0$ 取最小值；在两反射镜面 $z=\pm f=\pm R/2=f_e$ 处，$w_{0s}=\sqrt{2}w_0$。随 $|z|$ 的增加单调增大。

3. 等相位面曲率半径

对称共焦腔模行波场是变心的高斯球面波，其等相位面曲率半径随 z 变化，表示为

$$R(z) = z + \frac{f_e^2}{z} \tag{2.4-6}$$

球面波是指其等相位面为一系列球面；变心是指不同位置处等相位面曲率中心不重合；而“高斯”是指任一 z 处光场的振幅按高斯函数规律分布。

在腔中心 $z=0$ 处，等相位面曲率半径 $R(0)\to\infty$，为平面波；在两反射镜面

$z=\pm f=\pm R/2=f_e$ 处，等相位面曲率半径 $R(\pm f_e)=f_e+f_e=R$，两个腔镜面为腔模行波场的等相位面。这是研究等价共焦腔的理论依据。

2.4.2　一般稳定腔与对称共焦腔的等效性

下面证明：任何一个对称共焦腔与无穷多个稳定球面腔等价，而任何一个稳定球面腔唯一地等价于一个共焦腔。这里的“等价”，是指它们具有相同的行波场，即一个对称共焦腔与无穷多个一般稳定球面腔共享同一高斯球面波(具有相同的束腰半径 w_0 及其确定的位置)；给定一个稳定球面腔，总可以找到一个对称共焦腔，它们具有相同的行波场。这种等价性深刻地揭示了各种稳定腔(包括对称共焦腔)之间的内在联系，这种内在联系使得我们可以借助对称共焦腔模式理论研究的结果来解析地表达一般稳定球面腔模的各种特征，从而解决一般稳定腔的模振幅分布、光斑尺寸等问题。

1. *任意一个对称共焦腔与无穷多个稳定球面腔等价*

腔的等价性是以对称共焦腔模行波场的空间分布，特别是等相位面的空间分布规律为依据的。前面已经指出，对称共焦腔的两个腔镜面恰好是其腔模的两个等相位面，而对称共焦腔模有无穷多个等相位面。这表明如果在对称共焦腔光场中任意两个等相位面上放置两块具有相应曲率半径的球面反射镜，使镜面与所在位置等相位面完全重合，则对称共焦腔光场不会受到扰动。这样就构成了一个新的谐振腔，该腔的行波场与原对称共焦腔行波场相同。

现在证明这样构成的球面腔都是稳定腔。如图 2.4-1 所示，若以对称共焦腔行波场等相位面 M_1、M_2 为例，并注意到关于共轴球面腔反射镜曲率半径 R 的符号规定，则放置在 M_1、M_2 处的反射镜的曲率半径及其构成谐振腔的腔长应为

$$\left.\begin{aligned} R_1 &= R(z_1) = -\left(z_1+\frac{f_e^2}{z_1}\right) \\ R_2 &= R(z_2) = z_2+\frac{f_e^2}{z_2} \\ L &= z_2 - z_1 \end{aligned}\right\} \tag{2.4-7}$$

式中，f_e 为对称共焦腔光束共焦参数(恰好等于对称共焦腔焦距 f)。不难证明，式(2.4-7)所确定的谐振腔几何参数 R_1、R_2、L 满足关系式

$$0<\left(1-\frac{L}{R_1}\right)\left(1-\frac{L}{R_2}\right)<1 \tag{2.4-8}$$

这正是 2.2 节得到的腔的稳定性条件。

利用同样的方法可以证明，放置在图中 M_2、M_3 处，M_3、M_4 处，M_2、M_4 处，M_1、M_3 处和 M_1、M_4 处的反射镜都构成稳定腔。这就证明了一个对称共焦腔与无

穷多个一般稳定球面腔共享同一高斯球面波。

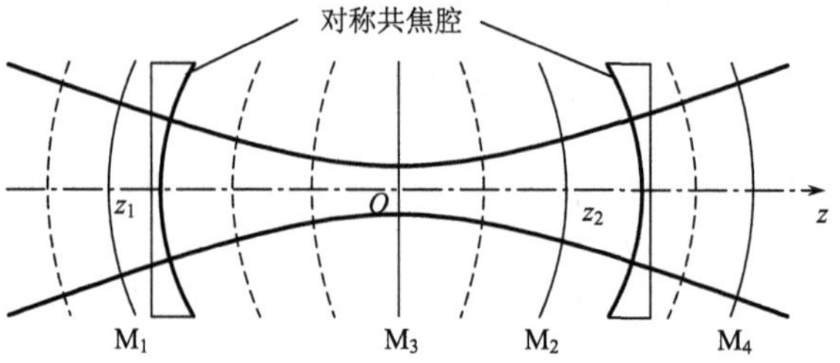

图 2.4-1 对称共焦腔与一般稳定球面腔的等价性

2. 任一稳定球面腔唯一地等价于一个对称共焦腔

给定一个一般稳定球面腔，必然可以找到一个对称共焦腔，该对称共焦腔行波场的两个等相位面与给定球面腔的两个反射镜镜面曲率半径相同。也就是说，总可以找到一个合适的位置放置这一球面腔，使该腔的两个反射镜面与对称共焦腔行波场的两个等相位面完全重合。

如图 2.4-2 所示，一个一般稳定球面腔的腔长为 L，反射镜 M_1 的曲率半径为 R_1，反射镜 M_2 的曲率半径为 R_2，其等价共焦腔的焦距(光束共焦参数)为 f_e，腔中心为 O。在以 O 为坐标原点的腔轴线坐标系中，一般稳定球面腔的两个反射镜中心坐标分别为 z_1 和 z_2。根据等价共焦腔条件，两个反射镜面分别与对称共焦腔 z_1 处和 z_2 处行波场等相位面重合，即

$$R_1 = R(z_1) = -\left(z_1 + \frac{f_e^2}{z_1}\right)$$

$$R_2 = R(z_2) = z_2 + \frac{f_e^2}{z_2}$$

$$L = z_2 - z_1$$

联立上述方程并求解，有

$$\left.\begin{aligned} z_1 &= \frac{L(L-R_2)}{R_1+R_2-2L} = \frac{L(1-g_1)g_2}{g_1+g_2-2g_1g_2} \\ z_2 &= \frac{-L(L-R_1)}{R_1+R_2-2L} = \frac{L(1-g_2)g_1}{g_1+g_2-2g_1g_2} \\ f_e^2 &= \frac{L(R_1-L)(R_2-L)(R_1+R_2-L)}{(R_1+R_2-2L)^2} = \frac{L^2(1-g_1g_2)g_1g_2}{(g_1+g_2-2g_1g_2)^2} \end{aligned}\right\} \tag{2.4-9}$$

z_1 和 z_2 确定了给定的一般稳定球面腔和等价共焦腔的相对位置，也就确定了

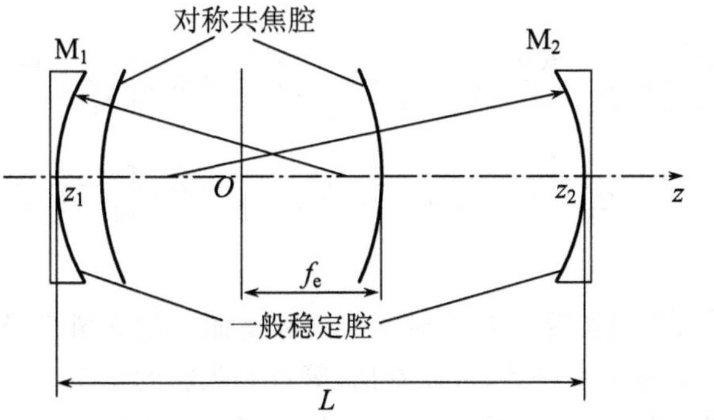

图 2.4-2　一般稳定球面腔和它的等价共焦腔

等价共焦腔的中心位置，知道了等价共焦腔的位置，对称共焦腔基模行波场的束腰位置也就随之确定了。而光束共焦参数 f_e^2 则确定了等价共焦腔的焦距，也就确定了对称共焦腔基模行波场的束腰半径

$$w_0 = \sqrt{\frac{\lambda f_e}{\pi}} \tag{2.4-10}$$

这样，与其共享相同高斯光束的等价共焦腔的参数就完全确定了，而对称共焦腔腔模已经求得，所以该稳定球面腔的腔模特征就完全得到了。

这里应该指出的是：第一，由于 $f_e^2>0$，只要给定的球面腔满足稳定性条件式(2.4-8)，$f_e^2>0$ 这一条件就必然满足。第二，这里的等价性是建立在式(2.4-6)之上的，而这是对称共焦腔中的光场能够用厄米-高斯光束或拉盖尔-高斯光束描述，即腔镜的横向尺寸足够大，腔内光场集中在轴线附近的近似结果。因此，上述等价共焦腔的结论也只有在一般稳定球面腔镜面尺寸足够大，腔内光场集中在轴线附近时才是正确的。第三，等价共焦腔结论的成立只由腔的稳定性决定，而与腔的具体几何结构无关。例如，除了前述双凹腔之外，对平凹腔、凹凸腔，只要满足稳定性条件，就可采用等价共焦腔的概念来研究其腔模的特征。

2.4.3　一般稳定腔高斯光束参量(行波场)

1. 镜面上光斑尺寸

根据对称共焦腔基模光斑尺寸表达式

$$w(z) = w_0\left[1+\left(\frac{z}{f_e}\right)^2\right]^{1/2} = \left\{\frac{\lambda f_e}{\pi}\left[1+\left(\frac{z}{f_e}\right)^2\right]\right\}^{1/2} \tag{2.4-11}$$

将式(2.4-9)中 f_e 代入，即可得到一般稳定腔(R_1,R_2,L)的基模行波场的光斑尺寸空间分布。再将式(2.4-9)中 z_1、z_2 代入，便分别得到镜面 M_1 和镜面 M_2 上的

光斑半径

$$\left.\begin{aligned} w_{s1} &= \sqrt{\frac{\lambda L}{\pi}}\left[\frac{R_1^2(R_2-L)}{L(R_1-L)(R_1+R_2-L)}\right]^{1/4} = w_{0s}\left[\frac{g_2}{g_1(1-g_1g_2)}\right]^{1/4} \\ w_{s2} &= \sqrt{\frac{\lambda L}{\pi}}\left[\frac{R_2^2(R_1-L)}{L(R_2-L)(R_1+R_2-L)}\right]^{1/4} = w_{0s}\left[\frac{g_1}{g_2(1-g_1g_2)}\right]^{1/4} \end{aligned}\right\} \tag{2.4-12}$$

式中，$w_{0s}=\sqrt{\lambda L/\pi}$为腔长等于 L 的对称共焦腔镜面上的光斑半径。用谐振腔的 g 参数表示镜面上的光斑半径后，可以看出，等价共焦腔的概念仅适用于稳定腔。由式(2.4-12)可见，当 $g_1g_2>1$ 或 $g_1g_2<0$ 时，w_{s1} 和 w_{s2} 为复数，这没有物理意义；而当 $g_1g_2=1$ 或 $g_1g_2=0$ 时，w_{s1} 和 w_{s2} 其中之一趋于发散，这也与实际情况不符。

2. 模体积

根据模体积物理意义，采用与对称共焦腔相同的处理方法，一般稳定球面腔的基模体积定义为

$$V_{00} = \frac{1}{2}L\pi\left(\frac{w_{s1}+w_{s2}}{2}\right)^2 \tag{2.4-13}$$

将式(2.4-12)代入式(2.4-13)得

$$\begin{aligned} V_{00} &= \frac{1}{2}L\pi w_{0s}\left(2+\sqrt{\frac{g_1}{g_2}}+\sqrt{\frac{g_2}{g_1}}\right)\frac{1}{4\sqrt{1-g_1g_2}} \\ &= V_{00}^0\left(2+\sqrt{\frac{g_1}{g_2}}+\sqrt{\frac{g_2}{g_1}}\right)\frac{1}{4\sqrt{1-g_1g_2}} \end{aligned} \tag{2.4-14}$$

式中，V_{00}^0 为腔长 L 的对称共焦腔的基模模体积。

一般稳定球面腔中，TEM_{mn} 模与 TEM_{00} 基模的模体积之间的关系与对称共焦腔相同，即满足

$$V_{mn} = \sqrt{(2m+1)(2n+1)}V_{00} \tag{2.4-15}$$

一般来说，在稳定图上稳定区的内部，稳定球面腔的模体积与腔长相同的对称共焦腔的模体积有相同的数量级，模场也是集中在腔轴线附件。只有当腔趋于稳定区的边界，即当 $g_1g_2\to 1$ 或 $g_1g_2\to 0$（但 $g_1\neq g_2$）时，模体积才急剧增大。式(2.4-14)表明，若要获得大的模体积，应尽量选择在稳定区边缘的腔型。

3. 等相位面

一般稳定腔(R_1,R_2,L)中行波场等相位面仍为球面，等相位面曲率半径随 z 的变化关系仍是式(2.4-6)，只不过 f_e 不再等于对称共焦腔焦距 f，而必须由式(2.4-9)确定，即

$$R(z) = z + \frac{f_e^2}{z} \tag{2.4-16}$$

将式(2.4-9)中 z_1 和 z_2 代入式(2.4-16)有，$R(z_1)=R_1$，$R(z_2)=R_2$。得到这一结论是肯定的，因为(2.4-9)中 z_1 和 z_2 就是令 $R(z_1)=R_1$，$R(z_2)=R_2$，$L=z_2-z_1$ 求得的。

4. 谐振频率

根据对称共焦腔单程相移和谐振频率的讨论结果式(2.3-58)，一般稳定腔 TEM_{mn} 模腔内一个单程渡越的相移为

$$\begin{aligned}\delta\Phi_{mn} &= -k(z_2 - z_1) + (m + n + 1)\left[\arctan\left(\frac{z_2}{f_e}\right) - \arctan\left(\frac{z_1}{f_e}\right)\right] \\ &= -\frac{2\pi\nu}{c}L + (m + n + 1)\left[\arctan\left(\frac{z_2}{f_e}\right) - \arctan\left(\frac{z_1}{f_e}\right)\right]\end{aligned} \tag{2.4-17}$$

令 $\xi_1=\arctan(z_1/f_e)$，$\xi_2=\arctan(z_2/f_e)$，利用三角函数关系和式(2.4-9)，有

$$\tan(\xi_2 - \xi_1) = \frac{\tan\xi_2 - \tan\xi_1}{1 + \tan\xi_1\tan\xi_2} = \frac{\dfrac{z_2}{f_e} - \dfrac{z_1}{f_e}}{1 + \dfrac{z_1 z_2}{f_e^2}} = \frac{f_e L}{f_e^2 + z_1 z_2} = \sqrt{\frac{1 - g_1 g_2}{g_1 g_2}}$$

再利用

$$\cos(\xi_2 - \xi_1) = \frac{1}{\sqrt{1 + \tan^2(\xi_2 - \xi_1)}} = \sqrt{g_1 g_2}$$

最后得到

$$\arctan(z_2/f_e) - \arctan(z_1/f_e) = \xi_2 - \xi_1 = \arccos\sqrt{g_1 g_2}$$

故一般稳定腔 TEM_{mn} 模腔内一个单程渡越的相移为

$$\delta\Phi_{mn} = -\frac{2\pi\nu}{c}L + (m + n + 1)\arccos\sqrt{g_1 g_2} \tag{2.4-18}$$

应用谐振条件 $\delta\Phi_{mn} = -\pi q$，得到一般稳定腔 TEM_{mnq} 模的谐振频率为

$$\nu_{mnq} = \frac{c}{2L}\left[q + \frac{1}{\pi}(m + n + 1)\arccos\sqrt{g_1 g_2}\right] \tag{2.4-19}$$

5. 平均单程损耗

由于一般稳定球面腔模场与其对称共焦腔模相同，都集中在腔轴线附近，因此，单程损耗主要是由衍射损耗引起的。根据波动光学原理，衍射损耗不仅与衍射孔径的大小和波长 λ 有关，而且与入射在衍射孔上的光波场性质有关，例如，入射在同一衍射孔上的均匀平面波和球面波的衍射情况就不同。考虑到一般稳定腔与其等价共焦腔的行波场完全相同，而且反射镜面都构成光场的等相位面，它们的衍

射损耗应该遵从相同的规律。因此，一般稳定球面腔模的单程损耗的讨论还需要从对称共焦腔入手。

根据对称共焦腔模式理论，每一个横模的单程衍射损耗单值地由腔的菲涅耳数 N_F

$$N_F = \frac{a^2}{\lambda L} = \frac{a^2}{2\lambda f}$$

决定。其中，a 为对称共焦腔反射镜线度（对方形镜腔，a 为反射镜边长的一半；对圆形镜腔，a 为反射镜半径）。应用对称共焦腔镜面上基模光斑半径表达式 $w_{0s}=\sqrt{\lambda L/\pi}$，对称共焦腔菲涅耳数可表示为反射镜面积与镜面上基模光斑面积之比

$$N_F = \frac{a^2}{\lambda L} = \frac{a^2}{\pi w_{0s}^2} \tag{2.4-20}$$

假设一般稳定腔的两个反射镜和其等价共焦腔的反射镜形状和线度相同，而镜面上光斑半径分别为 $w_{si}(i=1,2)$，那么当

$$\frac{a^2}{\pi w_{si}^2} = \frac{a^2}{\pi w_{0s}^2} = N_{Feff} \tag{2.4-21}$$

的时，两个腔的单程损耗应该相等。其中，$N_{Feff}=a^2/(\pi w_{si}^2)$ 称为一般稳定腔的有效菲涅耳数。以式(2.4-12)代入式(2.4-21)，可求得两个反射镜的有效菲涅耳数

$$\left.\begin{aligned} N_{Feff1} &= \frac{a^2}{\lambda L}\sqrt{\frac{g_1}{g_2}(1-g_2g_2)} = N_{F0}\sqrt{\frac{g_1}{g_2}(1-g_2g_2)} \\ N_{Feff1} &= \frac{a^2}{\lambda L}\sqrt{\frac{g_2}{g_1}(1-g_2g_2)} = N_{F0}\sqrt{\frac{g_2}{g_1}(1-g_2g_2)} \end{aligned}\right\} \tag{2.4-22}$$

式中，$N_{F0}=a^2/(\lambda L)$ 是反射镜线度为 a、腔长为 L 的谐振腔的菲涅耳数。

由式(2.4-22)可见，对一般稳定球面腔，每一个反射镜对应一个有效菲涅耳数，即使两个反射镜线度完全相同，相应的有效菲涅耳数也不同，这再一次印证了衍射与光波性质有关。有了有效菲涅耳数以后，就可以根据图 2.3-9 所示的对称共焦腔单程衍射损耗曲线查得一般稳定腔的单程损耗值。一般来说，由于两个反射镜有效菲涅耳数不同，两个反射镜上的损耗也不同，分别以 δ_{mn}^1 和 δ_{mn}^2 表示，则一般稳定腔的平均单程损耗为

$$\delta_{mn} = \frac{1}{2}(\delta_{mn}^1 + \delta_{mn}^2) \tag{2.4-23}$$

由式(2.4-22)可以看出，在光腔从稳定区内部过渡到稳定区边界的过程中，腔的有效菲涅耳数至少有一个迅速减小的过程，这预示着腔的损耗迅速增加。再次看到，模体积和损耗是谐振腔设计需要解决的一对矛盾体。

2.5　高斯光束的传输与变换

2.5.1　高斯光束的传输规律(TEM_{00})

研究高斯光束的传输规律就是考察高斯光束在传输过程中其光斑尺寸 $w(z)$、等相位面曲率半径 $R(z)$ 是如何变化的。由前面的讨论已知高斯光束的光斑半径是随 z 变化的，且在 $z=0$ 处取最小值，说明高斯光束是发散的，故还要考察其发散角的变化规律。研究高斯光束传输规律的依据是

$$\left.\begin{aligned} f_e &= \frac{\pi w_0^2}{\lambda} \\ R(z) &= z + \frac{f_e^2}{z} \\ w(z) &= w_0\left[1+\left(\frac{z}{f_e}\right)^2\right]^{1/2} \\ \tilde{q}^{-1}(z) &= \frac{1}{R(z)} - \mathrm{i}\,\frac{\lambda}{\pi w^2(z)} \end{aligned}\right\} \tag{2.5-1}$$

1. 远场发散角

前面的讨论表明，对称共焦腔基模高斯光束的光斑尺寸从腔中心向外依双曲线规律扩散，这说明高斯光束在传播过程中是发散的，其发散的程度用远场发散角描述，远场发散角(全角)定义为双曲线两渐近线之间的夹角(见图 2.3-11)，表示为

$$2\theta_{00} = \lim_{z\to\infty}\frac{2w(z)}{z} \tag{2.5-2}$$

式中，$2w(z)$ 为 z 处光斑直径。代入 $w(z)$ 及 w_0 表达式，则

$$2\theta_{00} = \lim_{z\to\infty}\frac{2\sqrt{\dfrac{\lambda f_e}{\pi}}\sqrt{1+\dfrac{z^2}{f_e^2}}}{z} = 2\sqrt{\frac{\lambda}{\pi f_e}} = \frac{2w_0}{f_e} = 2\,\frac{\lambda}{\pi w_0} \tag{2.5-3}$$

实际上，对称共焦腔基模高斯光束的发散角是变化的：当 $z=0$ 时，$\theta_{00}(0)=0$，为平面波；当 $z=f_e$ 时，$\theta_{00}(f)=\theta_{00}/\sqrt{2}$；当 $z\to\infty$ 时，$\theta_{00}(\infty)=\theta_{00}$。在实际应用中，定义 $2f_e$ 为瑞利距离，认为在此距离内，光束是准直的，因为此距离内光束发散角 $\theta_{00}(z)<\theta_{00}$。由 $f_e=\pi w_0^2/\lambda$ 可见，准直距离 $2f_e$ 随束腰半径 w_0 按平方规律增加。

2. 高斯光束复曲率参数 $\tilde{q}^{-1}$ 的 $ABCD$ 定律

1) 腔内高斯光束复曲率参数 $\tilde{q}^{-1}$ 的 $ABCD$ 定律

根据 2.2 节的讨论，稳定腔中高斯光束复曲率参数与腔的往返传输矩阵元素

间满足

$$\frac{1}{\tilde{q}(z)}=\frac{D-A}{2B}+\frac{\mathrm{i}}{B}\sqrt{1-\left(\frac{A+D}{2}\right)^2} \tag{2.5-4}$$

式中，A、B 和 D 是参考面选择在 z（根据等价共焦腔概念，坐标原点在等价共焦腔中心，即高斯光束束腰位置）处的往返传输矩阵元素。比较式(2.5-1)和式(2.5-4)得到腔内高斯光束等相位面曲率半径和光斑半径与往返传输矩阵元之间的关系

$$\frac{1}{R(z)}=\frac{D-A}{2B},\quad \frac{\lambda}{\pi w^2(z)}=\frac{1}{B}\sqrt{1-\left(\frac{A+D}{2}\right)^2}$$

即

$$\left.\begin{aligned}R(z)&=\frac{2B}{D-A}\\ w^2(z)&=\frac{\lambda B}{\pi}\frac{1}{\sqrt{1-\left(\frac{A+D}{2}\right)^2}}\end{aligned}\right\} \tag{2.5-5}$$

在束腰 $z=0$ 处，$R(0)\to\infty$，$w(0)=w_0$，有 $A=D$，且

$$\tilde{q}(0)=\tilde{q}_0=-\frac{\pi w_0^2}{\mathrm{i}\lambda}=\mathrm{i}f_e \tag{2.5-6}$$

2）自由空间传输变换

有了高斯光束束腰处的 $\tilde{q}_0$ 参数，根据 $\tilde{q}$ 参数的 $ABCB$ 定律，立即可以得到高斯光束传播任意一段距离 z 后的

$$\tilde{q}(z)=\frac{A\tilde{q}_0+B}{C\tilde{q}_0+D}=\tilde{q}_0+z=\mathrm{i}f_e+z \tag{2.5-7}$$

式(2.5-7)已经应用了自由空间传输矩阵

$$\begin{pmatrix}A & B\\ C & D\end{pmatrix}=\begin{pmatrix}1 & z\\ 0 & 1\end{pmatrix}$$

根据式(2.5-7)，即可确定该处的等相位面曲率半径和光斑半径（见图 2.5-1）。

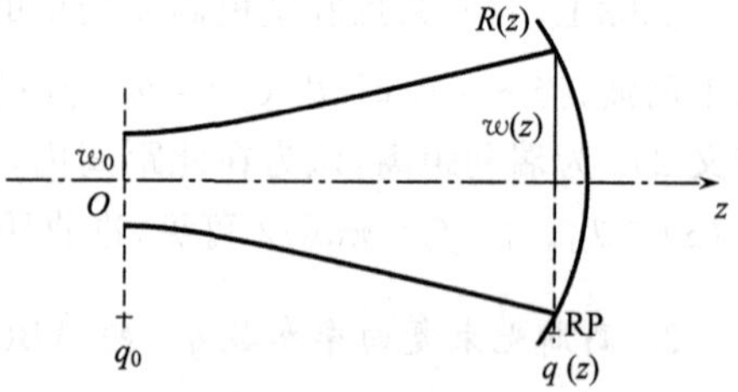

图 2.5-1　高斯光束 $\tilde{q}$ 参数自由空间传输变换

3. 能量传输孔径

对于基模高斯光束，任一 z 处的横向振幅分布由式(2.3-54)给出

$$|E_{00}(r)| = u_0 \frac{w_0}{w(z)} \exp\left[-\frac{r^2}{w^2(z)}\right] \tag{2.5-8}$$

相应的横向光强分布为

$$I_{00}(r) = u_0^2 \frac{w_0^2}{w^2(z)} \exp\left[-\frac{2r^2}{w^2(z)}\right] \tag{2.5-9}$$

横截面内光场总功率为

$$\begin{aligned} P_{00} &= \int_0^{2\pi}\int_0^{\infty} I_{00}(r) r \mathrm{d}r \mathrm{d}\varphi \\ &= u_0^2 \frac{w_0^2}{w^2(z)} \int_0^{2\pi} \mathrm{d}\varphi \int_0^{\infty} \exp\left[-\frac{2r^2}{w^2(z)}\right] r \mathrm{d}r = \frac{1}{2}\pi u_0^2 w_0^2 \end{aligned} \tag{2.5-10}$$

而在半径为 a 的区域内的光场功率为

$$\begin{aligned} P_{00}(a) &= \int_0^{2\pi}\int_0^{a} I_{00}(r) r \mathrm{d}r \mathrm{d}\varphi = u_0^2 \frac{w_0^2}{w^2(z)} \int_0^{2\pi} \mathrm{d}\varphi \int_0^{a} \exp\left[-\frac{2r^2}{w^2(z)}\right] r \mathrm{d}r \\ &= -\frac{1}{4} u_0^2 w_0^2 \int_0^{2\pi} \mathrm{d}\varphi \int_0^{a} \exp\left[-\frac{2r^2}{w^2(z)}\right] \mathrm{d}\left[-\frac{2r^2}{w^2(z)}\right] \\ &= \frac{1}{2}\pi u_0^2 w_0^2 \left\{1 - \exp\left[-\frac{2a^2}{w^2(z)}\right]\right\} \\ &= P_{00}\left\{1 - \exp\left[-\frac{2a^2}{w^2(z)}\right]\right\} \end{aligned} \tag{2.5-11}$$

当 $a = w(z)$ 时，$\dfrac{P_{00}(a)}{P_{00}} = 1 - \mathrm{e}^{-2} = 86\%$；

当 $a = 1.5w(z)$ 时，$\dfrac{P_{00}(a)}{P_{00}} = 1 - \mathrm{e}^{-4.5} = 99\%$。

可见，当孔径的直径 $d = 2a = 3w(z)$ 时，高斯光束可以无遮拦地完全通过。这就是激光器基模选择孔径 $d = 3w(z)$ 的物理依据。

2.5.2 高斯光束的透镜变换、会聚和准直

高斯光束经过透镜后仍为高斯光束，但变换前后高斯光束的参数如束腰半径 w_0、远场发散角 θ_{00} 都要发生变化。根据实际应用对高斯光束某个参量要求，利用透镜对激光器输出光束进行变换，来满足应用需求。例如，要求良好的光束准直性，则设法使变换后的光束有大的共焦参数 f_e，从而获得大的瑞利距离 $2f_e$。

1. 高斯光束的薄透镜变换

所谓高斯光束的透镜变换是已知入射高斯光束的束腰半径 w_0、束腰到透镜的距离 z 和变换透镜焦距 F，研究经透镜变换后的高斯光束束腰半径 w_0' 和束腰到透镜的距离 z'，可利用高斯光束 $\tilde{q}$ 参数经薄透镜的变换规律方便求得。

1)参考面 RP 选在变换前后高斯光束的束腰处——方法 1

若参考面选在变换前后高斯光束的束腰处，设变换前高斯光束的束腰半径为 w_0，位于透镜前 z 处，变换前高斯光束的束腰半径 w'_0，位于透镜前 z' 处，如图 2.5-2 所示。

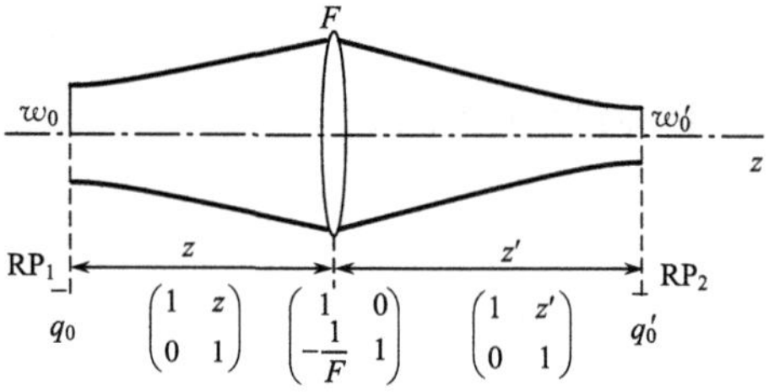

图 2.5-2 高斯光束经薄透镜的变换

所选择的两个参考面上是高斯光束的束腰，所以光束 $\tilde{q}$ 参数可简单地表示为

$$\tilde{q}_0 = \mathrm{i}f_e, \quad \tilde{q}'_0 = \mathrm{i}f'_e$$

式中，f_e 和 f'_e 为变换前后高斯光束的共焦参数。由 $\tilde{q}_0$ 到 $\tilde{q}'_0$ 的传输矩阵可看成是一个 z 自由空间变换、一个 F 薄透镜变换和一个 z' 自由空间变换的结果

$$\begin{pmatrix}A & B\\ C & D\end{pmatrix}=\begin{pmatrix}1 & z'\\ 0 & 1\end{pmatrix}\begin{pmatrix}1 & 0\\ -\frac{1}{F} & 1\end{pmatrix}\begin{pmatrix}1 & z\\ 0 & 1\end{pmatrix}=\begin{pmatrix}1-\frac{z'}{F} & z+z'-\frac{zz'}{F}\\ -\frac{1}{F} & 1-\frac{z'}{F}\end{pmatrix} \tag{2.5-12}$$

所以

$$\tilde{q}'_0 = \frac{A\tilde{q}_0 + B}{C\tilde{q}_0 + D} = \frac{\left(1-\frac{z'}{F}\right)\tilde{q}_0 + \left(z+z'-\frac{zz'}{F}\right)}{-\frac{1}{F}\tilde{q}_0 + \left(1-\frac{z'}{F}\right)}$$

整理后得

$$-\frac{\tilde{q}_0\tilde{q}'_0}{F} + \left(1-\frac{z}{F}\right)\tilde{q}'_0 = \left(z+z'-\frac{zz'}{F}\right) + \left(1-\frac{z'}{F}\right)\tilde{q}_0 \tag{2.5-13}$$

注意到 $\tilde{q}_0=\mathrm{i}f_e$，$\tilde{q}'_0=\mathrm{i}f'_e$ 为纯虚数，故 $\tilde{q}_0\tilde{q}'_0$ 为实数。式(2.5-13)成立的条件是等式两侧实部、虚部分别相等，所以有

$$\left.\begin{aligned} -\tilde{q}_0\tilde{q}'_0 &= z+z'-\frac{zz'}{F} \\ \frac{\tilde{q}_0}{\tilde{q}'_0} &= \frac{1-\frac{z}{F}}{1-\frac{z'}{F}} = \frac{F-z}{F-z'} \end{aligned}\right\} \tag{2.5-14}$$

以 $\tilde{q}_0=\mathrm{i}f_e$，$\tilde{q}'_0=\mathrm{i}f'_e$ 代入得

$$\left.\begin{aligned}&-f_e f'_e = z + z' - \frac{zz'}{F}\\&\frac{f_e}{f'_e} = \frac{1-\dfrac{z}{F}}{1-\dfrac{z'}{F}} = \frac{F-z}{F-z'}\end{aligned}\right\} \tag{2.5-15}$$

联立求解方程(2.5-15)，得到经透镜变换后高斯光束的共焦参数、束腰半径和位置，它们由变换前高斯光束的共焦参数、束腰半径和位置以及透镜焦距决定

$$\left.\begin{aligned}&1-\frac{z'}{F} = \frac{1-\dfrac{z}{F}}{\left(\dfrac{f_e}{F}\right)^2+\left(1-\dfrac{z}{F}\right)^2}\\&\frac{f'_e}{f_e} = \frac{w'^2_0}{w^2_0} = \frac{1}{\left(\dfrac{f_e}{F}\right)^2+\left(1-\dfrac{z}{F}\right)^2}\end{aligned}\right\} \tag{2.5-16}$$

2）参考面 RP 选在透镜前后表面——方法 2

这相当于方法 1 的分步解法。如图 2.5-3 所示，仍设变换前高斯光束的束腰半径为 w_0，位于透镜前 z 处；变换后高斯光束的束腰半径为 w'_0，位于透镜后 z'处，而变换前后透镜表面上的光斑半径分别为 $w_1(z)$和 $w_1(z')$，相应光束 $\tilde{q}$ 参数为 $\tilde{q}_1$ 和 $\tilde{q}_2$。则两个参考面间的传输矩阵为

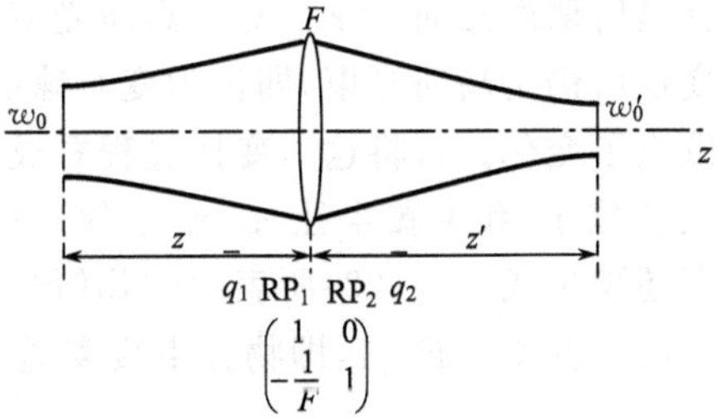

图 2.5-3　高斯光束经薄透镜的变换

$$\begin{pmatrix}A & B\\C & D\end{pmatrix} = \begin{pmatrix}1 & 0\\-\dfrac{1}{F} & 1\end{pmatrix} \tag{2.5-17}$$

得到两参考面间 $\tilde{q}$ 参数的变换关系

$$\frac{1}{\tilde{q}_2} = \frac{C\tilde{q}_1 + D}{A\tilde{q}_1 + B} = \frac{-\dfrac{1}{F}\tilde{q}_1 + 1}{\tilde{q}_1} = \frac{1}{\tilde{q}_1} - \frac{1}{F} \tag{2.5-18}$$

应用式(2.5-1)，并再一次考虑到复数等式相等的条件是实部和虚部分别相等，可求得高斯光束变换前后在透镜两表面等相位面曲率半径和光斑半径满足

$$\left.\begin{aligned}&\frac{1}{R(z')} = \frac{1}{R(z)} - \frac{1}{F}\\&w(z') = w(z)\end{aligned}\right\} \tag{2.5-19}$$

由式(2.5-19)可见，高斯光束变换前后在透镜的两表面上光斑尺寸不变，而等相

位面曲率半径发生变化。

进一步考虑到变换前高斯光束的束腰到透镜和透镜到变换后的高斯光束束腰分别是长度为 z 和 z' 的自由空间传输，故有

$$\left.\begin{aligned}\tilde{q}_1 &= \tilde{q}_0 + z\\ \tilde{q}_2 &= \tilde{q}'_0 - z'\end{aligned}\right\} \tag{2.5-20}$$

式(2.5-20)代入式(2.5-18)，有

$$\frac{1}{\tilde{q}'_0 - z'} = \frac{1}{\tilde{q}_0 + z} - \frac{1}{F} \tag{2.5-21}$$

后面的讨论则与方法 1 相同，以 $\tilde{q}_0 = \mathrm{i}f_e$，$\tilde{q}'_0 = \mathrm{i}f'_e$ 代入，令其实部和虚部分别相等得到两个等式，联立求解即可得到式(2.5-16)。

3) 讨论——几何光学与高斯光学

对于普通的同心球面波，一般来说，经透镜变换后成为另外一个同心球面波，就变换前后的球心而言，它们之间满足几何成像关系

$$\frac{1}{z} + \frac{1}{z'} = \frac{1}{F} \tag{2.5-22}$$

这就是所谓的几何光学。对于高斯光束，它是变心球面波。前面的讨论已知，经透镜变换后仍是高斯光束，即仍为变心球面波，不同的是变换前后束腰位置和束腰半径发生了变化。若将这一变换过程看成是束腰经透镜的成像，问题是，在高斯光束共焦参数 f_e 和束腰半径 w_0 给定的条件下，像方束腰和物方束腰到透镜的距离，是否还满足式(2.5-22)所表示的几何光学规律。为此，讨论如下。

(1) 如果 $z/F \gg 1$，即物方束腰离透镜足够远时，有

$$\left(1 - \frac{z}{F}\right)^2 \gg \left(\frac{f_e}{F}\right)^2$$

即 $|F - z| \gg f_e$，式(2.5-16)可简化为

$$1 - \frac{z'}{F} = \frac{1}{1 - z/F}, \quad w'_0 = w_0 \frac{1}{1 - z/F}$$

整理后得

$$\left.\begin{aligned}&\frac{1}{z} + \frac{1}{z'} = \frac{1}{F}\\ &w'_0 = w_0 \frac{F}{z - F} = w_0 \frac{z'}{z}\end{aligned}\right\} \tag{2.5-23}$$

束腰位置之间满足几何光学成像关系，而束腰半径之间满足成像系统放大规律。

(2) 当 $z = F$ 时，式(2.5-16)可简化为

$$\left.\begin{aligned}z' &= F\\ w'_0 &= \frac{w_0 F}{f_e}\end{aligned}\right\} \tag{2.5-24}$$

可见，物方束腰位于透镜的物方焦面时，像方束腰位于透镜像方焦面。相当于前焦面处物成像于后焦面处，这与几何光学中处于焦点的物成像于无穷远处的结论完全不同。同样，当 $z<F$ 时，由式(2.5-16)仍可得到 $z'>0$，这又与几何光学中 $z<F$ 时不能成实像的情况不同。

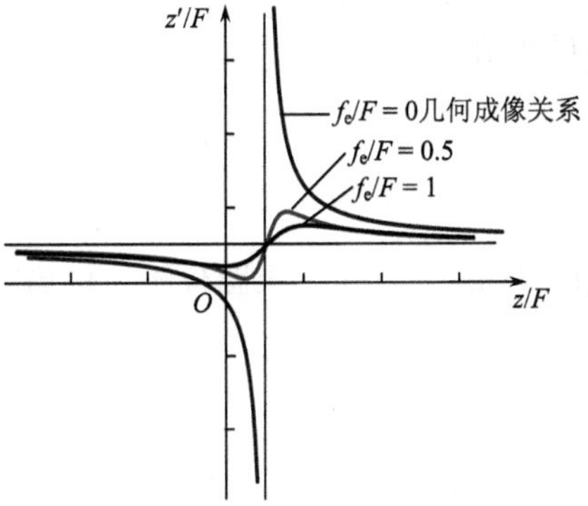

图 2.5-4　高斯光束束腰位置的透镜变换关系

式(2.5-24)所描述的束腰半径及其位置的变换关系是高斯光束特有的。更一般的情况，束腰半径及其位置的变换关系由式(2.5-16)给出。为了使大家对高斯光学描述的束腰位置的变换关系有一个清晰的图像，并了解它与几何光学间的差异，图 2.5-4 示出了相应于不同 f_e/F 的像方束腰位置(z'/F)随物方束腰位置(z/F)的变化曲线。

2. 高斯光束的会聚和准直

1) 高斯光束的会聚

在实际应用中遇到的一个重要问题是，如何使激光器输出的高斯光束能量高度集中，例如，激光工业加工和激光手术刀。2.4 节的讨论已知，高斯光束束腰处光束半径最小，光束能量也最集中。问题是，实际稳定腔激光器输出光束的束腰大多在腔内或腔镜面上，即使束腰在腔外，腰斑处光场能量密度也不一定达到使用要求。为了满足应用需求，就要利用透镜对高斯光束的变换作用，选择适当的光学系统将高斯光束会聚(工程应用中人们习惯称为“聚焦”)，使得 $w'_0<w_0$。这里的讨论仅限于单透镜。

在给定高斯光束共焦参数 f_e(束腰半径 $w_0^2=\lambda f_e/\pi$)的条件下，聚焦问题有两种提法：一是透镜焦距 F 一定，如何选择高斯光束物方束腰位置 z；二是高斯光束物方束腰位置 z 一定，如何选择透镜焦距 F。

首先考察透镜焦距 F 一定时，像方束腰半径 w'_0 随物方束腰位置的变化关系，并在此基础上，讨论物方束腰位置 z 一定时，如何选择透镜焦距 F。

根据高斯光束的透镜变换关系式(2.5-16)，像方束腰半径 w'_0 与物方束腰半径 w_0 之间的关系由像方束腰位置 z 和透镜焦距共同决定，即

$$w'_0=\frac{w_0}{\sqrt{\left(\frac{f_e}{F}\right)^2+\left(1-\frac{z}{F}\right)^2}}=\frac{Fw_0}{\sqrt{f_e^2+(z-F)^2}} \tag{2.5-25}$$

由式(2.5-25)可见：

(1) 透镜焦距 F 一定，当 $z<F$ 时，w'_0 随 z 的减小而单调减小，当 $z=0$ 时，达到最小值

$$w'_0=\frac{w_0}{\sqrt{1+\left(\frac{f_e}{F}\right)^2}}=\frac{Fw_0}{\sqrt{F^2+f_e^2}}$$

此时的 w'_0 小于 w_0，束腰位于一倍焦距以内，透镜起到聚焦作用

$$\left.\begin{aligned}\frac{w'_0}{w_0}&=\frac{F}{\sqrt{F^2+f_e^2}}<1\\ z'&=\frac{F}{1+\left(\frac{F}{f_e}\right)^2}<F\end{aligned}\right\}\tag{2.5-26}$$

(2) 透镜焦距 F 一定，当 $z>F$ 时，w'_0 随 z 的增加而单调减小，当 $z\gg F$ 时，近似有

$$\left.\begin{aligned}w'_0&=\frac{Fw_0}{\sqrt{f_e^2+z^2}}=\frac{Fw_0}{f_e\sqrt{1+\frac{z^2}{f_e^2}}}=\frac{\lambda F}{\pi w_0\sqrt{1+\frac{z^2}{f_e^2}}}=\frac{\lambda F}{\pi w_s}\\ z'&\approx F\end{aligned}\right\}\tag{2.5-27}$$

式中，$w_s=w_0\sqrt{1+(z/f_e)^2}$ 为透镜面上的光斑半径。w'_0 位于像方焦点附近。

(3) 透镜焦距 F 一定，当 $z=F$ 时，w'_0 取最大值，且位于像方焦平面

$$\left.\begin{aligned}w'_0&=\frac{Fw_0}{f_e}=\frac{F\lambda}{\pi w_0}\\ z'&=F\end{aligned}\right\}\tag{2.5-28}$$

由以上分析可见，在透镜焦距一定的条件下，w'_0 随 z 变化，在 $z=F$ 时，达到最大值，如图 2.5-5 所示。

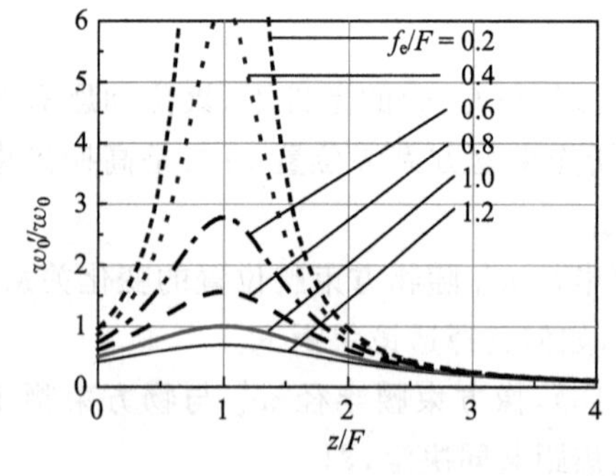

图 2.5-5　光斑尺寸 w'_0/w_0 随 z/F 的变化

图 2.5-5 中曲线说明，聚焦效果与透镜焦距 F 密切相关。要达到聚焦的目的，纯粹考虑物方高斯光束的束腰位置还不够，为了得到理想聚焦效果，还要考虑透镜焦距 F 的选取，这就是解决高斯光束聚焦的第二种思路，z 一定，如何选取透镜焦距 F。

比较图 2.5-5 中不同 f_e/F 值的曲线可见，短焦距透镜有好的聚焦效果，特别是当 $F<f_e$($f_e/F>1$)时，经透镜变换后，光束总是聚焦的，即恒有 $w'_0<w_0$。若采用焦距 $F\ll f_e$ 的透镜，则有以下 3 种情况。

(1) 当 $z<F$ 时，类似上述讨论，取 $z=0$，有

$$w'_0=\frac{w_0}{\sqrt{1+(\frac{f_e}{F})^2}}\ll w_0$$

且聚焦光斑在 F 内。

(2) 当 $z=F$ 时，$w'_0=\frac{Fw_0}{f_e}\ll w_0$

(3) 当 $z>F$ 时，为达到聚焦效果，取 $z\gg F$（对短焦距透镜，该条件非常容易满足），有

$$w'_0=\frac{Fw_0}{\sqrt{f_e^2+z^2}}=\frac{\lambda F}{\pi w_s}\ll w_0 \tag{2.5-29}$$

聚焦光斑在焦点附近。若令 $D=3w(z)$，式(2.5-29)可改写为

$$w'_0=\frac{\lambda F}{\pi}\frac{3}{D}\approx\lambda\frac{F}{D}=\lambda f^{\#} \tag{2.5-30}$$

当 $f^{\#}=1$ 时，为理想聚焦，有

$$w'_0=\lambda \tag{2.5-31}$$

满足 $F\ll f_e$ 的透镜对高斯光束的聚焦效果如图 2.5-6 所示。

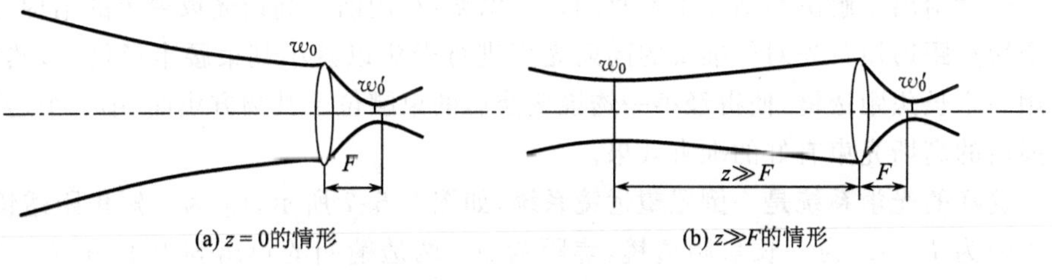

图 2.5-6　高斯光束的聚焦

2) 高斯光束的准直

准直就是压缩高斯光束的发散角为 $2\theta_{00}$，增加其瑞利距离为 $2f_e$。如何利用光学系统压缩高斯光束的发散角是激光实际应用中提出的又一个重要问题。为此首先考察高斯光束通过单透镜时其发散角的变化规律。

根据式(2.5-3)，束腰半径为 w_0 的物方高斯光束的发散角为

$$\theta_{00}=\frac{\lambda}{\pi w_0} \tag{2.5-32}$$

经焦距为 F 的透镜后，像方高斯光束的发散角为

$$\theta'_{00}=\frac{\lambda}{\pi w'_0} \tag{2.5-33}$$

应用式(2.5-16)得出

$$\theta'_{00} = \frac{\lambda}{\pi}\sqrt{\frac{1}{w_0^2}\left(1-\frac{z}{F}\right)^2 + \frac{1}{F^2}\left(\frac{\lambda w_0^2}{\pi}\right)^2} \tag{2.5-34}$$

由式(2.5-34)可以看出，对 w_0 有限的高斯光束，无论 F、z 取什么值，都不可能使 $w'_0 \to \infty$，从而使 $\theta_{00} \to 0$。这表明，利用光学系统将高斯光束转换成平面波原则上是不可能的。只能借助光学系统有限压缩高斯光束发散角。现在的问题是，什么样的光学系统能达到最佳的压缩效果。

由前面有关高斯光束聚焦的讨论和式(2.5-34)已知，对于单透镜，无论透镜的焦距 F 取什么值，无论物方高斯光束的束腰半径 w_0 如何，只有当 $z=F$ 时，像方束腰半径 w'_0 才达到极大值

$$w'_0 = \frac{F\lambda}{\pi w_0} \tag{2.5-35}$$

此时的发散角达到极小值

$$\theta'_{00} = \frac{\lambda}{\pi w'_0} = \frac{w_0}{F} \tag{2.5-36}$$

而这一极小值又由透镜的物方束腰半径 w_0 和透镜焦距 F 决定：物方束腰半径 w_0 越小，像方高斯光束发散角越小；透镜焦距 F 越大，像方高斯光束发散角也就越小。这就给出了解决高斯光束准直问题的思路：利用前面高斯光束聚焦的结构，用一个短焦距透镜首先对待准直的高斯光束进行聚焦以减小其束腰半径尺寸，然后再用一个长焦距透镜，使得经第一透镜变换后的束腰位于其物方焦面，第二个透镜变换后的高斯光束有好的准直效果。

这样的光学系统是一倒置望远镜系统，如图 2.5-7 所示，L_1 为一短焦距透镜，其焦距为 F_1，L_2 为一长焦距透镜，焦距为 F_2，两透镜间的距离等于 F_1+F_2。当 $z \gg F_1$ 时，L_1 将高斯光束聚焦在 L_2 的前焦面上，得到一极小束腰光斑

$$w'_0 = \frac{\lambda F_1}{\pi w_1}$$

式中，w_1 为 L_1 镜面上的光斑半径。经 L_2 变换后束腰半径为

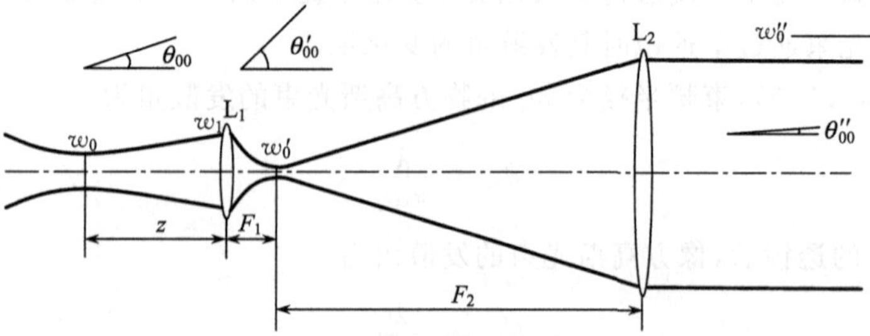

图 2.5-7　倒置望远镜系统对高斯光束的准直

$$w''_0 = \frac{\lambda F_2}{\pi w'_0} = \frac{\lambda F_2}{\pi \dfrac{\lambda F_1}{\pi w_1}} = \frac{F_2}{F_2} w_1 = \frac{F_2}{F_2} w_0 \sqrt{1 - z^2 \left(\frac{\lambda}{\pi w_0^2} \right)^2} \quad (2.5\text{-}37)$$

光束发散角压缩比为

$$M = \frac{\theta_{00}}{\theta'_{00}} = \frac{w''_0}{w_0} = \frac{F_2}{F_1} \sqrt{1 - z^2 \left(\frac{\lambda}{\pi w_0^2} \right)^2} = \frac{F_2}{F_1} \frac{w_1}{w_0} = M_0 \frac{w_1}{w_0} \quad (2.5\text{-}38)$$

式中，M_0 为望远镜的横向放大率。

当 $w_1 \approx w_0$ 时，$M=M_0$，发散角压缩比等于望远镜的横向放大率。

2.5.3　高斯光束的衍射倍率因子 M^2

由 2.5.2 节关于高斯光束的聚焦和准直的讨论可见，对于不同的应用目的，人们利用光学系统设法获得小的聚焦光斑或小远场发散角，根据各自的实际需求，曾把束腰半径、远场发散角等列为衡量高斯光束空间质量的参数。但是经光学系统后，光束的束腰半径和发散角均发生变化，光束束腰半径的减小必伴随发散角的增加。因此，用上述任何单一参数来评价激光器的光束质量都是不科学的。因此，对激光光束质量进行正确评价的物理量，必须是经理想无像差的光学系统变换前后的不变参量。

对于基模高斯光束，通过光学系统后，虽然束腰半径和远场发散角都发生变化，但根据远场发散角的定义式(2.5-3)，变换前后基模高斯光束的束腰半径与远场发散角的乘积却是不变量，即

$$w_0 \cdot 2\theta_{00} = w'_0 \cdot 2\theta'_{00} = \frac{2\lambda}{\pi} \quad (2.5\text{-}39)$$

若用与基模高斯光束发散角相同的定义式，对于高阶厄米-高斯光束，根据式(2.3-53)，x 方向和 y 方向光束束腰半径和发散角的乘积为

$$\left.\begin{aligned} w_m \cdot 2\theta_m &= (2m+1)\frac{2\lambda}{\pi} \\ w_n \cdot 2\theta_n &= (2n+1)\frac{2\lambda}{\pi} \end{aligned}\right\} \quad (2.5\text{-}40)$$

对于高阶拉盖尔-高斯光束，根据式(2.3-54)，光束束腰半径和发散角的乘积为

$$w_{mn} \cdot 2\theta_{mn} = (m+2n+1)\frac{2\lambda}{\pi} \quad (2.5\text{-}41)$$

显然，建立在光束束腰半径和发散角的乘积基础上的光束质量评价体系是科学的，这就是光束衍射倍率因子 M^2，其定义为

$$M^2 = \frac{\text{实际光束的束腰半径与远场发散角的乘积(测量值)}}{\text{理想高斯光束束腰半径与远场发散角的乘积(理论值)}} \quad (2.5\text{-}42)$$

对于理想基模高斯光束

$$M^2 = 1 \tag{2.5-43}$$

对于高阶厄米-高斯光束和高阶拉盖尔-高斯光束，分别有

$$\left.\begin{aligned} M_x^2 &= 2m+1 \\ M_y^2 &= 2n+1 \end{aligned}\right\} \tag{2.5-44}$$

和

$$M_r^2 = m+2n+1 \tag{2.5-45}$$

由以上讨论可见，理想基模高斯光束具有最小的 M^2 值($M^2=1$)，其束腰半径和远场发散角也最小，达到了衍射极限。而高阶高斯光束或非理想基模高斯光束(如波前畸变)的 M^2 值均大于 1。显然 M^2 值可用来表征实际光束偏离衍射极限的程度，衍射倍率因子由此而得名。M^2 值越大，表示光束因衍射发散越快。

这里要说明的是，实际稳定腔激光器输出的基模高斯光束很难达到衍射极限，所以其 M^2 值总大于 1。

衍射倍率因子 M^2 的物理意义可通过有关光源单色亮度的定义进一步深入理解。光源单色亮度 B_ν 正比于辐射功率 P，反比于发光面积 ΔS 和发射立体角 $\Delta\Omega$，ΔS 和 $\Delta\Omega$ 可表示为 $\Delta S=\pi w^2$ 和 $\Delta\Omega=\pi\theta^2/4$。若将 w 和 θ 理解为实际光束的束腰半径和远场发散角，根据衍射倍率因子 M^2 的定义，可得

$$B_\nu = \frac{P}{\Delta S \cdot \Delta\Omega} \propto \frac{1}{(M^2)^2} \tag{2.5-46}$$

M^2 因子越小，表明光源的亮度越高。由此可见，M^2 因子是表征激光光束空间相干性好坏的一个本质参量。而把 $K=1/M^2$ 称为光束传输因子，也是国际公认的一个描述光束空域传输特性的参量。

习题与思考题 2

1. 光学开腔的几种损耗，哪些是“有用”的，哪些是无用的？对于无用的损耗，哪些是可以人为控制减小的？哪些是无法避免的？
2. 试说明由于损耗的存在，光子在腔内的平均寿命等于光腔的时间常数。
3. 光腔的本征线宽由哪些因素决定，试推导光腔本征线宽和这些因素之间的定量关系。
4. 光腔的菲涅耳数 N_F 由腔的哪些几何结构参数决定？
5. 试用共轴球面腔的传输矩阵理论证明对称共焦腔是稳定腔。
6. 试用光线传输矩阵理论证明光线经球面反射镜的反射变换等价于经一薄透镜的透射变换。
7. 给定任意一个共轴球面腔，在腔内选择两个不同的参考面 RP_1 和 RP_2，分别求

出其往返传输变换矩阵，并以此说明用往返传输矩阵研究腔的稳定性与参考面的选取无关。

8. 试分别求平凹、双凹和凹凸共轴球面腔的稳定性条件。

9. 激光器的谐振腔由一曲率半径为 1m 的凸面镜和曲率半径 2m 的凹面镜组成，假设腔内充满折射率为 1.52 的工作物质。求腔长 L 在什么范围内时腔是稳定的？

10. 试计算稳定图上(1,0.5)、(−1,0.5)点所确定的腔型几何结构参数。

11. 试求方形镜对称共焦腔镜面上 TEM_{02} 模的节线位置，及这些节线是如何分布的？

12. 求圆形镜对称共焦腔 TEM_{10} 模和 TEM_{03} 模镜面上光斑节线的位置，并画出相应光斑图样。

13. 有一共轴球面腔，$R_1=1.5\text{m}$，$R_2=-1\text{m}$，$L=1\text{m}$。试证明该腔为稳定腔；求出其等价共焦腔的参数，并图示其等价共焦腔的位置。

14. 一个 He-Ne 激光器采用平凹腔，腔长 $L=45\text{cm}$，$R=1\text{m}$，$a=0.5\text{cm}$，$\lambda=632.8\text{nm}$。试计算基模光束的束腰半径 w_0，两镜面上的光斑半径 w_{s1}、w_{s2} 以及远场发散角 θ_{00}。

15. 试证明在所有菲涅耳数 N_F 相同而反射镜曲率半径 R 不同的对称腔中，共焦腔的衍射损耗最低。

16. 一个平面反射镜和一个 $R=1\text{m}$ 的凹面反射镜构成平凹腔。问腔长 L 满足什么条件时，腔是稳定的？对于这样的稳定腔，当 L 取什么值时，可获得最小远场发散角？求出远场发散角随 L 的变化曲线。

17. 对题 16 的平凹腔，问腔长 L 满足什么条件时，腔是非稳定的？并利用腔内往返传输矩阵，求平面镜处向腔内传播光束的 q 参数和等相位面曲率半径。

18. 已知高斯光束的束腰半径 $w_0=0.25\text{mm}$，$\lambda=632.8\text{nm}$。求束腰处、与束腰相距 1m 以及无穷远处的光束的 q 参数值。

19. 某 CO_2 激光器用平凹腔，腔长 $L=1\text{m}$，$R_1=1.5\text{m}$，$R_2=2\text{m}$。试计它产生高斯光束的束腰半径 w_0 的大小和位置、该高斯光束的共焦参数 f_e 以及远场发散角 θ_{00}。

20. 一个高斯光束的束腰半径 $w_0=1.2\text{mm}$，$\lambda=10.6\mu\text{m}$。求与束腰相距 10cm、1m、100m、1000m 远处的光斑半径 w 和等相位面曲率半径 R。

21. 高斯光束的束腰半径 $w_0=1.0\text{mm}$，$\lambda=632.8\text{nm}$，用薄透镜聚焦。若束腰位于透镜的前表面上，求由焦距 $F=2\text{cm}$、$F=10\text{cm}$ 和 $F=100\text{cm}$ 的透镜聚焦后的焦斑大小和位置，并分析计算结果。

22. 高斯光束的束腰半径 $w_0=1.0\text{mm}$，$\lambda=632.8\text{nm}$，用 $F=2\text{cm}$ 的薄透镜聚焦。求束腰位于透镜前 0cm、2cm 和 10cm 处时的焦斑大小和位置，并分析计算

结果。

23. 如题图 23 所示，波长 $\lambda=10.6\mu m$ 高斯光束入射，求 w_0'' 及 z_3。

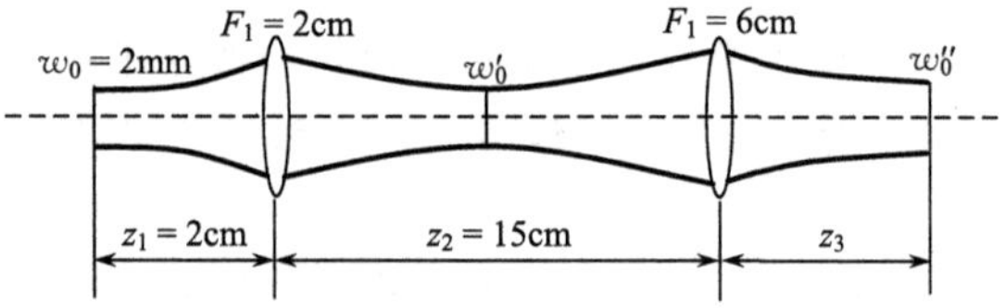

题图 23

24. 高斯光束 $w_0=1.2mm$，$\lambda=632.8nm$，欲用 $F_1=2.0cm$、$F_2=50cm$ 的望远镜系统准直。若高斯光束的束腰与第一个透镜的距离为 1m，求该望远系统对高斯光束的准直倍率。

第3章 激光工作物质的增益

第 2 章讨论了无源腔光场的模式特性，而激光器需要将介质（气、液、固）放入开腔之中，在泵浦源激励下产生激光。第 1 章已经指出，物质的辐射和吸收是多模场，由线型函数 $g(\nu,\nu_0)$ 决定。本章就是要结合激光介质给出这一线型函数的具体形式，这就涉及光频电磁场和（激光工作）物质的相互作用。爱因斯坦提出自发辐射跃迁、受激辐射跃迁和辐射的受激吸收三个过程解释了光和物质的相互作用：物质的自发辐射和受激辐射作用于光场，对光场产生影响；而物质对来自光场辐射的受激吸收则是光对物质的作用，影响物质的状态。对绝大多数激光器来说，光和物质的相互作用是指光与组成物质的原子（或离子、分子。后面的讨论统称粒子）内束缚电子之间的共振相互作用，对于自由电子激光器，则要考虑光和自由电子的相互作用，本书仅限于讨论前者。至于光和物质的另一类相互作用——非线性光学效应，也不在本书讨论的范畴。

激光器的工作特性和它所包含的物理现象，从宏观的输出光强、频率特性、空间分布特性直到到微观光场的相干性、量子起伏（噪声）特性。为了揭示这些现象的物理本质，以其了解掌握激光器的工作特性，需要在光和物质相互作用理论的基础上建立激光器理论。对光场和物质的描述有经典理论和量子理论。利用经典理论、量子理论、经典理论和量子理论的结合以及量子理论的简化发展出了四种激光器理论，激光器严格的理论是建立在量子电动力学基础上的量子理论。不同的理论有其适用范围，描述激光器不同层次的特性，揭示激光器的某些规律性。当然，不同理论处理问题的复杂性、抽象性也不尽相同。下面首先简述这四种激光器理论对光场和物质处理采用的理论方法，可解决激光器的那些问题，然后指出本章所采用的激光器理论体系。

1）经典理论

经典理论是量子力学建立以前人们对光和物质相互作用的处理方法，也称为原子发光的经典理论。其核心是将组成物质的原子系统和光频电磁场都进行经典处理，即将原子中核外运动的电子视为服从牛顿力学的经典谐振子，用麦克斯韦方程组描述电磁场。

从现代量子理论的观点来看，这种原子模型是十分粗糙的，但是经典理论处理光和物质相互作用问题的数学方法却十分简洁，而且能够定性地解释光和物质相互作用的绝大多数物理现象，特别是对自由电子激光器，可以用经典运动电子的电磁辐射理论完整描述。利用经典理论可以定性说明原子的自发辐射及其线宽，解释物质对光的吸收以及色散现象，研究物质对光场放大的增益及其增益线型加宽等。

2）半经典理论

半经典激光器理论是由兰姆于 1964 年开始建立，也称为激光器的兰姆理论。半经典理论采用量子力学描述物质的原子系统，但仍采用经典麦克斯韦方程组描述光频电磁波。

半经典理论能较好地揭示除自发辐射外的激光辐射大部分物理现象，如激光辐射的强度特性（非均匀加宽激光器的反转粒子数烧孔效应与振荡光强的兰姆凹陷）、激光振荡的频率牵引与频率推斥效应、激光工作物质的增益饱和效应、多模振荡的耦合与竞争效应、模的相位锁定效应等。

由于半经典理论对光频电磁场的描述仍然采用经典的麦克斯韦方程组，所以这种理论也掩盖了激光器与光场量子化有关的物理现象，如自发辐射的产生以及由此引起的激光振荡线宽的极限、振荡过程的量子起伏（噪声和相干性）效应等。由于半经典理论用量子力学描述物质原子系统，不可避免地带来数学处理上的繁杂。

3）量子理论

激光器的量子理论采用量子电动力学的处理方法，也称为全量子理论。它对物质原子系统和光频电磁场都作量子化处理，并把二者作为一个统一的物理体系加以描述。激光器的全量子理论只是在需要严格确定激光的相位特性、噪声和线宽极限时才是必要的。

4）速率方程理论

速率方程理论可以认为是量子理论的一种简化形式，它是将光频电磁场处理为光量子流（光子，即量子化辐射场），而将物质原子系统描述为能级系统来研究光和物质相互作用的过程。这就是爱因斯坦推导黑体辐射普朗克公式所使用的方法，可见速率方程理论的基础就是 1.2 节所给出的简单概念和关系。由于速率方程理论忽略了光子的相位特性和光子数的起伏特性而使这种理论具有非常简单的形式，以其简洁明了而十分诱人。但严格来说，它只能给出激光的强度特性，对烧孔效应、兰姆凹陷、模式竞争等只能给出粗略的近似描述。不能揭示出色散、频率牵引效应，也不能给出与激光场量子起伏相关的特性。

综合考虑激光器的四种理论可见，在只需要研究激光器的宏观特性的情况下，采用经典理论和速率方程理论就足够了。因此，本书采用经典理论和速率方程理论结合的混合处理方法，在本章将结合具体的激光介质研究其增益系数和反转集居数的关系、光强增加时的增益饱和现象和谱线加宽机制，并推导出速率方程。在

第 4 章则利用速率方程理论讨论激光振荡和放大特性。

3.1 经典理论

3.1.1 电偶极子近似模型

1. 电介质的极化

激光器的工作物质大多为电介质，电介质是指通常条件下导电性能极差的物质。由于电介质中正负电荷束缚得很紧，内部可自由移动的电荷极少，因此，导电性能极差。在讨论电介质和光频电磁场相互作用时，电场分量起主要作用，忽略磁场分量的影响，并把光频电磁场简称为光电场。

电介质由原子所组成，而原子由原子核和核外运动的电子组成。在没有光电场时，原子内的正负电荷中心重合，不表现偶极性。当原子处在光电场中时，原子内正负电荷在电场力作用下，其分布将发生变化，正负电荷中心不再重合，表现出电偶极性，这就是原子在电场作用下的感应电极化。

为简单起见，仅考虑单电子原子系统，即将除一个电子之外的其他核外电子和原子核视作一个点电荷，而将电子视为另一个点电荷，前者带正电，后者带负电，且带电量相等，均为一个电子电量。这样，在无外电场作用时，正负电荷中心重合，处在光电场中时，形成电偶极子，其电偶极矩为

$$\boldsymbol{p} = e\boldsymbol{l} \tag{3.1-1}$$

式中，e 为电子电量的大小，$\boldsymbol{l}$ 的大小 $|\boldsymbol{l}|$ 为正负电荷中心间的距离，其方向由负电荷指向正电荷。

在以上电偶极子的近似条件下，光电场对物质的作用就用经典理论解释为组成物质的原子发生了电偶极化。极化了的物质会对光电场产生反作用，使得原来作用于它的场发生变化，这些变化可能涉及光电场的振幅、频率和相位。因此，极化是经典理论中光和物质相互作用的一个重要概念。

为了表征电介质中某点的极化程度，可取包围该点的体积元 ΔV（体积元内包含大量原子），设该体积元内所有原子电偶极矩矢量和为 $\sum_i \boldsymbol{p}_i$，则定义单位体积内电偶极矩的矢量和

$$\boldsymbol{P} = \frac{\sum_i \boldsymbol{p}_i}{\Delta V} = N\boldsymbol{p} = Ne\boldsymbol{l} \tag{3.1-2}$$

为表征该点极化程度的物理量，称为电极化强度。式中，N 为单位体积的原子个数。在电偶极相互作用下，电极化强度和电场强度之间的关系一般可表示为

$$\begin{aligned} \boldsymbol{P} &= \boldsymbol{P}_{\mathrm{L}} + \boldsymbol{P}_{\mathrm{NL}} = \boldsymbol{P}^{(1)} + \boldsymbol{P}^{(2)} + \boldsymbol{P}^{(3)} + \cdots \\ &= \varepsilon_0 [\boldsymbol{\chi}^{(1)} \cdot \boldsymbol{E} + \boldsymbol{\chi}^{(2)} : \boldsymbol{EE} + \boldsymbol{\chi}^{(3)} \vdots \boldsymbol{EEE} + \cdots] \end{aligned} \tag{3.1-3}$$

式中

$$\boldsymbol{P}_{\mathrm{L}} = \boldsymbol{P}^{(1)} = \varepsilon_0 \boldsymbol{\chi} \cdot \boldsymbol{E} \tag{3.1-4}$$

$$\boldsymbol{P}_{\mathrm{NL}} = \boldsymbol{P}^{(2)} + \boldsymbol{P}^{(3)} + \cdots = \varepsilon_0 [\boldsymbol{\chi}^{(2)} : \boldsymbol{EE} + \boldsymbol{\chi}^{(3)} \vdots \boldsymbol{EEE} + \cdots] \tag{3.1-5}$$

分别称为极化强度的线性项和非线性项。$\boldsymbol{\chi}$ 为线性极化率，为二阶张量；$\boldsymbol{\chi}^{(2)}$ 为二次非线性极化率，为三阶张量；以此类推。它们由介质的性质决定，而与场强 $\boldsymbol{E}$ 无关。

$\boldsymbol{P}_{\mathrm{NL}}$ 描述介质对光电场的非线性响应，这只是在强光场足以和原子内部的库仑场 E_{at}（约为 10^{11} V/m）相比拟时，才有明显的非线性效应。这种与光强有关的效应称为非线性光学效应。许多实验证实了非线性光学效应能引起不同频率的光电场能量交换，而呈现出多种新的光学现象。诸如光倍频、光混频（和频、差频）、光参量振荡、受激散射、多光子吸收、自聚焦、相位共轭、光学双稳态等。这些均具有重大的实用价值和科学意义。

当与原子作用的光电场比较弱，即 $E \ll E_{\mathrm{at}}$ 时，极化强度与电场强度近似为线性关系式(3.1-4)，对于各向同性介质，线性极化率张量退化为标量，式(3.1-4)可改写为

$$\boldsymbol{P} = \varepsilon_0 \chi \boldsymbol{E} \tag{3.1-6}$$

对于大多数激光器及其工作物质，其介质的极化关系均可用式(3.1-4)描述。此时，光电场电感强度 $\boldsymbol{D}$、电场强度 $\boldsymbol{E}$ 和电介质的电极化强度 $\boldsymbol{P}$ 之间关系为

$$\begin{aligned} \boldsymbol{D} &= \varepsilon_0 \boldsymbol{E} + \boldsymbol{P} = \varepsilon_0 \boldsymbol{E} + \varepsilon_0 \chi \boldsymbol{E} \\ &= \varepsilon_0 (1 + \chi) \boldsymbol{E} = \varepsilon_0 \varepsilon_{\mathrm{r}} \boldsymbol{E} \\ &= \varepsilon \boldsymbol{E} \end{aligned} \tag{3.1-7}$$

式中，ε_0 为真空中的介电常数，ε_{r} 为介质的相对介电常数，$\varepsilon = \varepsilon_0 \varepsilon_{\mathrm{r}}$。

2. 电偶极子近似模型及其解

经典理论用牛顿力学描述原子内部电子的运动，其物理模型就是按简谐振动或阻尼振动规律运动的电偶极子，称为谐振子。谐振子模型认为，原子中的电子在某一平衡位置 $x=0$（正电荷中心）附近做一维振动。当电子偏离平衡位置时，就受到原子内库仑力——线性恢复力 $f=-Kx$ 的作用，如图 3.1-1 所示。

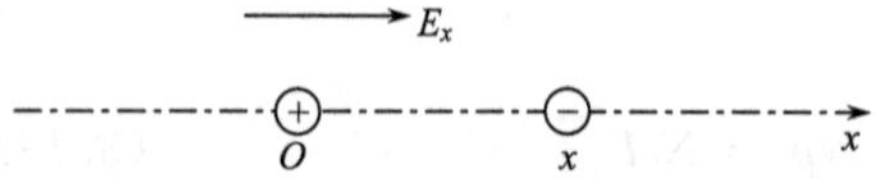

图 3.1-1 电偶极子振动模型

自发辐射是没有任何外界影响条件

下的辐射过程。为求得原子自发辐射的结果，首先取外光电场 $E_x=0$，电子仅在原子内线性恢复力作用下运动，按照牛顿第二定律，电子运动方程为

$$m\ddot{x}+Kx=0 \tag{3.1-8}$$

这是大家所熟知的一维线性谐振子方程，其解为简单的无阻尼简谐振动，表示为

$$x(t)=x_0\mathrm{e}^{\mathrm{i}\omega_0 t} \tag{3.1-9}$$

式中，x_0 为振幅；$\omega_0=\sqrt{\dfrac{K}{m}}$为谐振频率，也称为原子中电子振荡的固有频率。

电子做简谐振动时的加速度为 $\ddot{x}=-x_0\omega_0^2\mathrm{e}^{\mathrm{i}\omega_0 t}$。根据电动力学原理，带电粒子做加速运动时，将以电磁波的形式向外辐射能量，振动系统能量将随时间减小，类似于阻尼振动。将振动系统这一能量减少认为受到辐射阻尼力。因此，描述原子自发辐射过程的应是阻尼振动。仍取外光电场 $E_x=0$，考虑阻尼力，将电子运动方程改写为

$$m\ddot{x}+Kx=-\frac{e^2}{6\pi\varepsilon_0 c^3}\dddot{x} \tag{3.1-10}$$

式中，$\dfrac{e^2}{6\pi\varepsilon_0 c^3}\dddot{x}$ 表示辐射阻尼力，可按如下方法估计。

因为电子做简谐振动时具有加速度，根据电动力学原理，做加速运动的电子将以速率$\dfrac{e^2\ddot{x}^2}{6\pi\varepsilon_0 c^3}$向外发射电磁波能量。其中，$e$ 为电子电量；$\ddot{x}$ 为电子加速度的大小；c 为光速。$\dfrac{e^2\ddot{x}^2}{6\pi\varepsilon_0 c^3}$也可理解为由于辐射，电子单位时间损失的能量可认为是辐射对电子的反作用力 f_1（称为辐射阻尼）单位时间对电子所做的负功

$$f_1\dot{x}=-\frac{e^2\ddot{x}^2}{6\pi\varepsilon_0 c^3} \tag{3.1-11}$$

在一个振动周期内对式(3.1-11)积分有

$$\begin{aligned}\int_{t_1}^{t_2} f_1\dot{x}\mathrm{d}t &= \int_{t_1}^{t_2} -\frac{e^2\ddot{x}^2}{6\pi\varepsilon_0 c^3}\mathrm{d}t=-\frac{e^2}{6\pi\varepsilon_0 c^3}\int_{t_1}^{t_2}\ddot{x}\mathrm{d}\dot{x}\\ &=-\frac{e^2}{6\pi\varepsilon_0 c^3}\ddot{x}\dot{x}\Big|_{t_1}^{t_2}+\frac{e^2}{6\pi\varepsilon_0 c^3}\int_{t_1}^{t_2}\dot{x}\mathrm{d}\ddot{x}\end{aligned}$$

所以

$$\int_{t_1}^{t_2}\left(f_1-\frac{e^2}{6\pi\varepsilon_0 c^3}\dddot{x}\right)\dot{x}\mathrm{d}t=-\frac{e^2}{6\pi\varepsilon_0 c^3}\ddot{x}\dot{x}\Big|_{t_1}^{t_2}$$

经过一个周期，电子运动速度 $\dot{x}$ 和加速度 $\ddot{x}$ 完全恢复，故等式右侧等于零。因此，在一个周期内$\left(f_1-\dfrac{e^2}{6\pi\varepsilon_0 c^3}\dddot{x}\right)\dot{x}$ 的平均值也为零，由此可粗略估计辐射阻尼力为

$$f_1=\frac{e^2}{6\pi\varepsilon_0 c^3}\dddot{x} \tag{3.1-12}$$

由于辐射阻尼力比恢复力小得多,可以把辐射阻尼处理为微扰,即认为电子振动过程中的位移 $x(t)$ 仍可用式(3.1-8)表示,则

$$\dddot{x} = -\omega_0^2 \dot{x}$$

代入式(3.1-10)并整理后有

$$\ddot{x} + \gamma\dot{x} + \omega_0^2 x = 0 \tag{3.1-13}$$

式中,$\gamma = \dfrac{e^2\omega_0^2}{6\pi\varepsilon_0 c^3}$ 称为经典辐射阻尼系数。注意到辐射阻尼系数很小(可见光 $1/\gamma$ 约为 10^{-8} s 量级),方程(3.1-14)的解为

$$x(t) = x_0 \exp\left(-\frac{\gamma t}{2}\right)\mathrm{e}^{\mathrm{i}\omega_0 t} \tag{3.1-14}$$

式中,x_0 为常数。

分析式(3.1-14)可见,在无外光电场作用的条件下,无论什么原因,使得电偶极子起振,都会最终回到平衡位置,这就是自发辐射的特征。

当原子处于沿 x 方向的光电场中时,电子还受到外电场 E_x 的作用。根据牛顿第二定律 $\boldsymbol{F} = m\boldsymbol{a}$,当电子运动速度 $\dot{x} \ll c$ 时,忽略洛伦兹力,则处在光电场中原子内电子的运动方程为

$$\ddot{x} + \omega_0^2 x + \gamma\dot{x} = -\frac{e}{m}E_x \tag{3.1-15}$$

式中,m 为电子的质量。由此,可进一步讨论光和物质的相互作用。

3. 自发辐射的经典解释

按照式(3.1-14),做简谐振动的电子、原子核及其他电子构成的正电荷体系组成一个做简谐振动的电偶极子,其电偶极矩为

$$p(t) = -ex(t) = -ex_0 \exp\left(-\frac{\gamma}{2}t\right)\mathrm{e}^{\mathrm{i}\omega_0 t} \tag{3.1-16}$$

根据极化强度的定义,若单位体积的原子数为 N,则极化强度也随时间变化

$$P(t) = -eNx(t) = -eNx_0 \exp\left(-\frac{\gamma}{2}t\right)\mathrm{e}^{\mathrm{i}\omega_0 t} = P_0 \exp\left(-\frac{\gamma}{2}t\right)\mathrm{e}^{\mathrm{i}\omega_0 t} \tag{3.1-17}$$

上述简谐偶极振子发出的自发辐射场强可表示为

$$E(t) = E_0 \exp\left(-\frac{\gamma}{2}t\right)\mathrm{e}^{\mathrm{i}\omega_0 t} \tag{3.1-18}$$

相应的辐射光强为

$$\begin{aligned} I(t) &= E(t)E^*(t) = I_0 \mathrm{e}^{-\gamma t} \\ &= I_0 \exp\left(-\frac{t}{\tau_r}\right) \end{aligned} \tag{3.1-19}$$

式(3.1-18)表明，自发辐射的波列长度有限，如图 3.1-2 所示。这说明辐射场不再是单色场了，按频率有一定的分布。

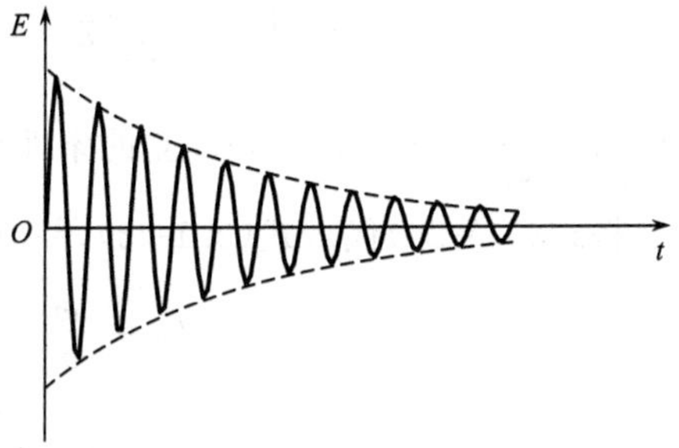

图 3.1-2　自发辐射波列示意图

3.1.2　受激吸收和色散现象的麦克斯韦理论

受激吸收和色散现象是光电场和物质原子系统相互作用的结果之一。物质原子在光电场作用下产生感应电极化强度 P(即介质的极化)，感应电极化强度使得物质的介电常数(折射率)发生变化，使得光电场的传播常数发生变化，从而导致物质对光电场的吸收和色散。下面从这一概念出发求出介质的吸收系数和折射率的经典表达式。

1. 平面波近似

根据光的电磁场理论，介质中传播的光电场满足下述麦克斯韦方程：

$$\nabla^2 \boldsymbol{E}(\boldsymbol{r},t) = \mu_0 \sigma \frac{\partial \boldsymbol{E}(\boldsymbol{r},t)}{\partial t} + \mu_0 \varepsilon_0 \frac{\partial^2 \boldsymbol{E}(\boldsymbol{r},t)}{\partial t^2} + \mu_0 \frac{\partial \boldsymbol{P}^2(\boldsymbol{r},t)}{\partial t} \tag{3.1-20}$$

式中，μ_0 为真空中的磁导率；σ 为介质的电导率。若入射光电场是圆频率为 ω 的单色光，即 $\boldsymbol{E}(\boldsymbol{r},t)=\boldsymbol{E}(\boldsymbol{r})\mathrm{e}^{\mathrm{i}\omega t}$，得到定态波动方程

$$\nabla^2 \boldsymbol{E}(\boldsymbol{r}) + \mu_0 \tilde{\varepsilon} \omega^2 \boldsymbol{E}(\boldsymbol{r}) = 0 \tag{3.1-21}$$

式中，$\tilde{\varepsilon}=\varepsilon_0(1+\tilde{\chi})+\frac{\sigma}{\mathrm{i}\omega}$，$\tilde{\chi}=\chi'+\mathrm{i}\chi''$，$\frac{\sigma}{\mathrm{i}\omega}$表示介质的固有本征损耗。

取平面波近似，并假设光波沿 z 方向传播，则算符∇^2可简化为$\nabla^2=\frac{\mathrm{d}^2}{\mathrm{d}z^2}$；进一步假设入射光电场是沿 x 方向的线偏振光，即介质中传播的 TEM 波，则定态亥姆霍兹方程简化为

$$\frac{\mathrm{d}^2 E_x(z)}{\mathrm{d}z^2} + \mu_0 \tilde{\varepsilon} \omega^2 E_x(z) = 0 \tag{3.1-22}$$

其解为

$$E_x(z) = E_0 \mathrm{e}^{-\Gamma z}$$

再考虑到光电场随时间变化的因子，最后得到介质中传播的单色场随时间和传播距离的变化关系

$$E_x(z) = E_0 \mathrm{e}^{-\Gamma z} \mathrm{e}^{\mathrm{i}\omega t} \tag{3.1-23}$$

式中，$\Gamma=\mathrm{i}\omega\sqrt{\mu_0 \tilde{\varepsilon}}=\alpha+\mathrm{i}\beta$。代入 $\tilde{\varepsilon}$ 表达式，考虑到 $\tilde{\chi}=\chi'+\mathrm{i}\chi''$，按泰勒展开并取前两项，得到由线性极化率实部和虚部表示的

$$\Gamma = -\frac{\omega}{2c}(\chi'' - \alpha_0) + \mathrm{i}\,\frac{\omega}{c}\left(1 + \frac{\chi'}{2}\right) \tag{3.1-24}$$

式中，$\alpha_0 = \dfrac{\sigma}{\varepsilon_0 \omega}$。式(3.1-24)成立的条件是 $\alpha_0 = \dfrac{\sigma}{\varepsilon_0 \omega} \ll 1$。

将式(3.1-24)代入式(3.1-23)，并应用

$$\left.\begin{aligned} k_0 &= \frac{\omega}{c} \\ n &= 1 + \frac{\chi'}{2} \approx \sqrt{1+\chi'} \end{aligned}\right\}$$

得到

$$E_x(z,t) = E_0 \exp\left[\frac{k_0}{2}(\chi'' - \alpha_0) z\right] \exp(\mathrm{i}k_0 n z)\exp(\mathrm{i}\omega t) \tag{3.1-25}$$

可见，极化率的虚部 χ'' 决定光波在介质中传播时振幅随距离的变化，即描述介质的受激吸收特性。而且，当 $\chi'' > \alpha_0$ 时，介质表现为吸收；当 $\chi'' < \alpha_0$ 时，介质表现为增益，并体现在介质的增益或吸收线型。极化率的实部 χ' 决定介质的折射率，亦即决定介质的色散，体现在激光器的频率牵引效应。

2. 极化率实部 χ'、虚部 χ'' 的求解

为了得到吸收或增益线型以及色散关系，首先利用介质在光电场中偶极子振荡模型求解线性极化率的实部 χ' 和虚部 χ''。

设入射介质的光电场仍为圆频率 ω 沿 z 方向传播、沿 x 方向偏振的单色场平面波

$$E_x(z,t) = E_x(z)\mathrm{e}^{\mathrm{i}\omega t}$$

则介质中 z 处原子中电子受电场力为

$$f_2 = -eE_x(z)\mathrm{e}^{\mathrm{i}\omega t}$$

得到周期外力作用的电偶极子强迫振动方程

$$\ddot{x} + \gamma\dot{x} + \omega_0^2 x = -\frac{e}{m}E_x(z)\mathrm{e}^{\mathrm{i}\omega t} \tag{3.1-26}$$

无外场作用时式(3.1-13)的解式(3.1-14)表明，电偶极子振动不是单频，而是有一定谱宽，相应圆频率 ω 的振动分量可表示为

$$\tilde{x}(\omega) = x(\omega)\mathrm{e}^{\mathrm{i}\omega t} \tag{3.1-27}$$

式中，$x(\omega)$ 为 ω 频率分量的振幅。式(3.1-27)一定是电偶极子振动方程的一个解，对其分别求一阶、二阶导数，代入式(3.1-26)，有

$$-\omega^2 x(\omega)\mathrm{e}^{\mathrm{i}\omega t} + \mathrm{i}\omega\gamma x(\omega)\mathrm{e}^{\mathrm{i}\omega t} + \omega_0^2 x(\omega)\mathrm{e}^{\mathrm{i}\omega t} = -\frac{e}{m}E_x(z)\mathrm{e}^{\mathrm{i}\omega t} \tag{3.1-28}$$

求得 ω 频率分量的振幅为

$$x(\omega)=\frac{-\frac{e}{m}E_x(z)}{(\omega_0^2-\omega^2)+\mathrm{i}\gamma\omega} \tag{3.1-29}$$

这里只对光电场和介质原子的共振相互作用，即 $\omega\approx\omega_0$ 的情况感兴趣，此时有

$$x(\omega)=\frac{-\frac{e}{m}E_x(z)}{2\omega_0(\omega_0-\omega)+\mathrm{i}\gamma\omega} \tag{3.1-30}$$

应用电极化强度的定义式(3.1-2)和线性条件下极化强度与电场强度的关系式(3.1-6)，有

$$\boldsymbol{P}=\varepsilon_0\chi\boldsymbol{E}=-Ne\boldsymbol{x} \tag{3.1-31}$$

利用式(3.1-31)中右侧等式有

$$\tilde{\chi}=\frac{-Nex(\omega)}{\varepsilon_0E_x(z)}=\frac{Ne^2}{\varepsilon_0m}\frac{1}{2\omega_0(\omega_0-\omega)+\mathrm{i}\gamma\omega}=\chi'+\mathrm{i}\chi'' \tag{3.1-32}$$

得到电极化率的实部和虚部分别为

$$\chi'=\frac{Ne^2}{\varepsilon_0m\gamma\omega_0}\frac{2(\omega_0-\omega)/\gamma}{1+4(\omega-\omega_0)^2/\gamma^2} \tag{3.1-33}$$

$$\chi''=-\frac{Ne^2}{\varepsilon_0m\gamma\omega_0}\frac{1}{1+4(\omega-\omega_0)^2/\gamma^2} \tag{3.1-34}$$

可见，介质极化率的实部和虚部均是频率 ω 的函数，即对不同频率的入射光电场，介质线性极化率的实部和虚部取不同值。前面的讨论已经指出，极化率的实部决定介质的折射率，这说明折射率也是频率 ω 的函数，也就说明了介质的色散现象；极化率的虚部决定介质的吸收(增益)系数，这说明介质的吸收(增益)系数也是频率 ω 的函数，按频率有一定分布，这就是介质的吸收(增益)线型。

3. 吸收和色散线型函数

1) 吸收线型

若考虑介质的电导率 σ 很小，$\alpha_0=\sigma/(\varepsilon_0\omega)\ll1$ 成立，忽略式(3.1-25)中 α_0 有

$$E_x(z,t)=E_0\exp\left(\frac{k_0}{2}\chi''z\right)\mathrm{e}^{\mathrm{i}k_0nz}\mathrm{e}^{\mathrm{i}\omega t}$$

则介质中沿 z 方向传播的光强为

$$I(z)=E_x(z,t)E_x^*(z,t)=I_0\mathrm{e}^{-k_0|\chi''|z}=I_0\mathrm{e}^{-\alpha z} \tag{3.1-35}$$

根据第 1 章吸收系数定义

$$\alpha=-\frac{\mathrm{d}I}{I\mathrm{d}z}=k_0|\chi''|=\frac{\omega}{c}|\chi''|\approx\frac{Ne^2}{4\varepsilon_0mc}\frac{\gamma}{(\omega-\omega_0)^2+\gamma^2/4} \tag{3.1-36}$$

应用 $\omega=2\pi\nu$，吸收系数变形为

$$\alpha=\frac{Ne^2}{4\varepsilon_0 mc}\frac{\frac{\Delta\nu_N}{2\pi}}{(\nu-\nu_0)^2+\left(\frac{\Delta\nu_N}{2}\right)^2}=\alpha' g_N(\nu,\nu_0) \tag{3.1-37}$$

式中，$\alpha'=Ne^2/(4\varepsilon_0 mc)$ 为常系数；

$$g_N(\nu,\nu_0)=\frac{\Delta\nu_N/(2\pi)}{(\nu-\nu_0)^2+(\Delta\nu_N/2)^2} \tag{3.1-38}$$

为洛伦兹函数；$\Delta\nu_N=\gamma/(2\pi)$ 为洛伦兹函数的 FWHM 线宽。可见，吸收光谱的特征是洛伦兹线型函数，如图 3.1-3 所示。

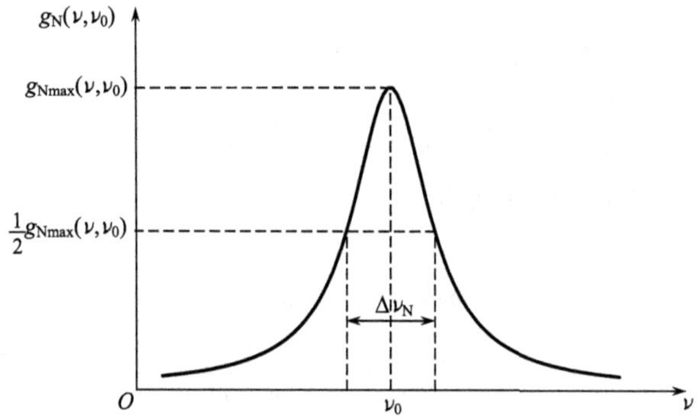

图 3.1-3　吸收线型函数曲线

根据 1.3 节有关二能级系统爱因斯坦关系的讨论可得

$$g_{Nmax}(\nu,\nu_0)=g_N(\nu_0)=\frac{4}{\gamma}=\frac{4}{A_{21}}=4\tau_{21} \tag{3.1-39}$$

$$\int_0^\infty g_N(\nu,\nu_0)\mathrm{d}\nu=1 \tag{3.1-40}$$

而相应的 FWHM 线宽

$$\Delta\nu_N=\frac{\gamma}{2\pi}=\frac{A_{21}}{2\pi}=\frac{1}{2\pi\tau_{21}} \tag{3.1-41}$$

可见，吸收线型及其 FWHM 吸收线宽由物质系统能级间的自发辐射跃迁系数 A_{21} 唯一决定。这正是爱因斯坦关系的结论：物质能辐射什么频率的电磁波，才能吸收什么频率的电磁波。

2）色散关系

根据折射率和极化率实部的关系，得到色散关系

$$n=1+\frac{\chi'}{2}=1+\frac{(\nu_0-\nu)c}{\omega_0\Delta\nu_N}\cdot\alpha \tag{3.1-42}$$

式中，α 为吸收系数。

对于吸收介质，吸收系数 $\alpha>0$，则有

$$n-1=\frac{(\nu_0-\nu)c}{\omega_0\Delta\nu_N}\cdot\alpha$$

得到图 3.1-4(a)所示的色散曲线，当 $\nu<\nu_0$ 时，折射率 $n>1$；当 $\nu>\nu_0$ 时，折射率 $n<1$，称为正常色散。

对于增益介质，增益系数 $G=-\alpha>0$，则有

$$n-1=\frac{(\nu-\nu_0)c}{\omega_0\Delta\nu_N}\cdot(-\alpha)=\frac{(\nu-\nu_0)c}{\omega_0\Delta\nu_N}\cdot G$$

得到图 3.1-4(b)所示的色散曲线，当 $\nu<\nu_0$ 时，折射率 $n<1$；当 $\nu>\nu_0$ 时，折射率 $n>1$，称为反常色散。

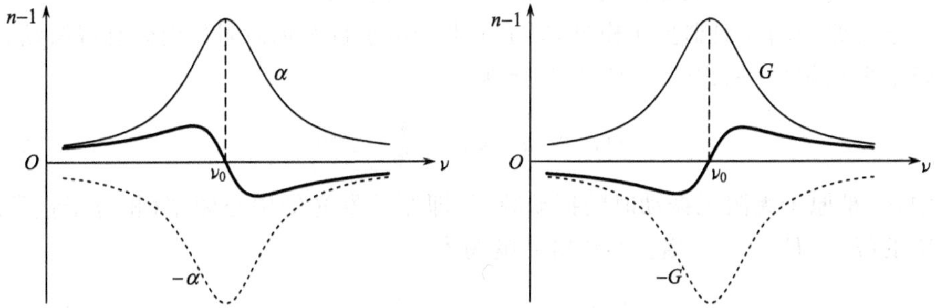

(a) 正常色散　　(b) 反常色散

图 3.1-4　色散关系曲线

以后会看到，色散效应导致激光器的频率牵引效应或频率推斥效应：增益介质表现为频率牵引效应，而吸收介质表现为频率推斥效应。

3.2　谱线加宽机制及加宽线型

3.1 节得到原子的吸收(增益)线型为洛伦兹线型，这是原子发光的固有线型：

$$g_N(\nu,\nu_0)=\frac{\Delta\nu_N/(2\pi)}{(\nu-\nu_0)^2+(\Delta\nu_N/2)^2}$$

其 FWHM 线宽为 $\Delta\nu_N=\gamma/(2\pi)$，由辐射阻尼系数决定。如果 $\gamma=0$，$\Delta\nu_N=0$，$\nu=\nu_0$，那么原子发光的 FWHM 线宽为零。将由于辐射阻尼(能级寿命有限)存在以及其他原因引起的谱线展宽通称为谱线加宽。实验研究发现，实测原子发光的线宽$\Delta\nu>\Delta\nu_N$，说明除了因辐射阻尼引起谱线加宽外，还有其他引起谱线加宽的因素。研究发现产生谱线加宽的机制有碰撞加宽和多普勒加宽。前者属均匀加宽，

后者属非均匀加宽，下面分别讨论。

3.2.1 均匀加宽

如果引起加宽的物理因素对物质中每个原子都是相同的，这样的加宽称为均匀加宽。对于均匀加宽，每个原子发光都是以整个线型的频谱辐射，而不是辐射线型函数上的某一特定频率。也就是说，每一个发光原子对光谱线内每一频率都有贡献。自然加宽、碰撞（包括晶格振动）加宽均属于均匀加宽。

1. 自然加宽

第1章关于自发辐射跃迁的讨论指出，处于激发态的原子，在没有任何外界影响的情况下，它们会自发地向低能态跃迁，因而原子在激发态上的寿命是有限的，这一因素造成了原子跃迁谱线的加宽，称为自然加宽。

根据原子的经典谐振子模型，原子中电子由于自发辐射阻尼而做衰减振动，服从阻尼振动规律（见式(3.1-15)），表示为

$$x(t) = x_0 \exp\left(-\frac{\gamma}{2}t\right)e^{i2\pi\nu_0 t} \tag{3.2-1}$$

式中，ν_0 是原子无阻尼振动时的振动频率，即原子发光的中心频率（相应于量子理论中的$(E_2-E_1)/h$）。相应的辐射光电场为

$$E(t) = E_0 \exp\left(-\frac{\gamma}{2}t\right)e^{i2\pi\nu_0 t} \tag{3.2-2}$$

这不再是频率为 ν_0 的单色场了。这就是形成自然加宽的原因。

对 $E(t)$ 做傅里叶变换，即可求得原子自发辐射发光的频谱

$$\begin{aligned} E(\nu) &= \int_0^\infty E(t)e^{-i2\pi\nu t}dt = E_0\int_0^\infty \exp\left(-\frac{\gamma}{2}t\right)e^{-i2\pi\nu_0 t}e^{-i2\pi\nu t}dt \\ &= \frac{E_0}{\gamma/2 - i2\pi(\nu_0-\nu)} \end{aligned} \tag{3.2-3}$$

按照线型函数定义式(1.3-23)可得

$$\begin{aligned} g(\nu,\nu_0) &= \frac{I(\nu)}{I_0} = \frac{|E(\nu)|^2}{\int_0^\infty |E(\nu)|^2 d\nu} \\ &= \frac{1}{4\pi^2(\nu-\nu_0)^2 + \frac{\gamma^2}{4}} \cdot \frac{1}{\int_0^\infty \left(4\pi^2(\nu-\nu_0)^2 + \frac{\gamma^2}{4}\right)d\nu} \end{aligned}$$

式中，积分为一常数，令其为 A。由归一化关系

$$\int_0^\infty g(\nu,\nu_0)d\nu = 1$$

可求得 $A=\gamma^{-1}$，于是

$$g_N(\nu,\nu_0)=\frac{\gamma}{4\pi^2(\nu-\nu_0)^2+\gamma^2/4}=\frac{\Delta\nu_N/(2\pi)}{(\nu-\nu_0)^2+(\Delta\nu_N/2)^2} \tag{3.2-4}$$

这正是关于吸收线型讨论式(3.1-36)～式(3.1-38)给出的结果。

经典理论中电偶极子振荡辐射阻尼系数 γ 与原子 E_2 能级寿命 τ_{21} 以及自发辐射跃迁系数 A_{21} 的关系可由自发辐射跃迁 E_2 能级原子数随时间的变化规律求得，设 $t=0$ 时刻 E_2 能级单位体积的原子数为 n_{20}，根据经典理论，自发辐射光强随时间的变化规律可表示为

$$I(t)\propto n_{20}\,|x(t)|^2=n_{20}x(t)x^*(t)=n_{20}x_0^2\mathrm{e}^{-\gamma t}$$

也可改写为

$$I(t)=I_0\mathrm{e}^{-\gamma t} \tag{3.2-5}$$

由能级间自发辐射跃迁的讨论结果式(1.3-10)有

$$I(t)=h\nu A_{21}n_2(t)=I_0\mathrm{e}^{-A_{21}t}=I_0\mathrm{e}^{-t/\tau_{21}} \tag{3.2-6}$$

比较式(3.2-5)和式(3.2-6)可得

$$\gamma=A_{21}=\frac{1}{\tau_{21}} \tag{3.2-7}$$

式(3.2-4)表明自然加宽线型为洛伦兹线型(见图 3.1-3)，当 $\nu=\nu_0$ 时，线型函数取最大值 $g_{N\max}(\nu,\nu_0)=g_N(\nu_0)=4\tau_{21}$，而谱线宽度 $\Delta\nu_N=1/(2\pi\tau_{21})$ 称为自然线宽，它完全取决于原子能级 E_2 的自发辐射寿命 τ_{21}，即能级寿命(自发发射引起的寿命)和谱线的自然线宽之间成反比关系。实际上，这就是量子力学中海森堡(W. K. Heisenberg)测不准关系的反映。

以上讨论的是自然加宽最简单的情况，即假定跃迁下能级 E_1 是基态，跃迁上能级 E_2 是激发态，只考虑 E_2 向 E_1 的跃迁。对一般的情况，原子跃迁的上下能级 E_2 和 E_1 都是激发态。这时无论是 E_2 上的原子还是 E_1 上的原子，都可以通过自发辐射跃迁的形式向比较低的几个下能级跃迁，所以每个能级的总自发辐射跃迁率为这几个自发辐射跃迁率之和

$$\left.\begin{aligned}A_2&=\sum_j A_{2j}\\A_1&=\sum_i A_{1i}\end{aligned}\right\} \tag{3.2-8}$$

则这两个能级间跃迁的自然加宽为

$$\Delta\nu_N=\frac{1}{2\pi}\Big(\sum_i A_{1i}+\sum_j A_{2j}\Big) \tag{3.2-9}$$

可见，下能级的寿命也会增加辐射谱线的线宽。例如，氖原子所发波长 632.8nm(或频率 $\nu=4.74\times10^{-14}$ Hz)，其谱线对应的上能级 $3S_2$ 态平均寿命为

$\tau_2=2\times10^{-8}$ s，对应下能级 $2P_4$ 态的平均寿命 $\tau_1=1.2\times10^{-8}$ s，则线宽为

$$\Delta\nu_N=\frac{1}{2\pi}\left(\frac{1}{2\times10^{-8}}+\frac{1}{1.2\times10^{-8}}\right)=21(\text{MHz})$$

原子跃迁的自然加宽为 $10^5\sim10^7$ Hz，而分子跃迁的自然加宽为 $10\sim10^3$ Hz。

2. 碰撞加宽

根据碰撞是否存在能量损失又分为弹性碰撞(相移碰撞)和非弹性碰撞。下面以气态原子的弹性碰撞和非弹性碰撞直观地给出碰撞加宽线型。

现在分析碰撞过程对原子谱线宽度的影响。这里所谓的原子碰撞，并不是宏观意义上的接触碰撞。在气体物质中，大量原子(分子)处于无规则的热运动状态。当两个原子运动而处于足够近的距离，原子间的相互作用大到足以改变原来的运动状态时(如发光过程的相位突变)，就认为原子间发生了“碰撞”。同理，在晶体材料中虽然原子基本上保持不动，但每个原子也受到相邻原子的偶极(原子-原子耦合)相互作用。由于这种偶极相互作用也可能使一个原子的运动状态发生变化，这时也称为“碰撞”，虽然以上“碰撞”过程原子间并未发生任何接触。

1) 弹性碰撞

弹性碰撞过程系统能量保持不变。例如，激发态原子和基态原子发生碰撞而将自身的能量转移给基态原子使其跃迁到激发态，而激发态原子本身回到基态，如图 3.2-1 所示，这样的碰撞过程通常也称为横向弛豫过程。这种碰撞过程虽然不会使激发态原子数目减少，但却会使原子发出的自发辐射波列发生无规则相位突变，如图 3.2-2 所示。这好像原子在辐射过程中对相位失去了记忆。

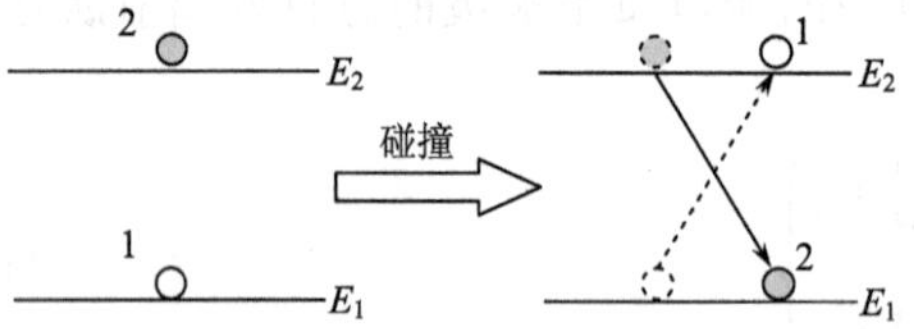

图 3.2-1 原子间弹性碰撞示意图

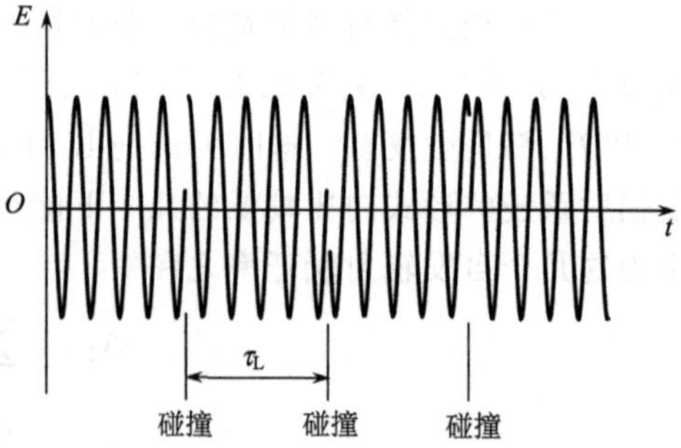

图 3.2-2 碰撞过程引起的辐射波列相位突变

由于碰撞的发生是完全随机的，只能讨论其统计平均性质。用任意一个原子和其他原子的平均碰撞时间 τ_L 来描述原子间碰撞的频繁程度，称为平均碰撞时间。显然 τ_L 就是考虑碰撞后的平均波列长度，由于碰撞，波列长度减小，谱线展宽。由此可见，弹性碰撞过程和自发辐射过程同样地引起谱线加宽，而且加宽线型

与自然加宽线型相同，为洛伦兹线型，并可表示为

$$g_L(\nu,\nu_0)=\frac{\Delta\nu_L/(2\pi)}{(\nu-\nu_0)^2+(\Delta\nu_L/2)^2} \tag{3.2-10}$$

式中，$\Delta\nu_L=1/(2\pi\tau_L)$为碰撞线宽。

在气体工作物质中，平均碰撞时间 τ_L 由气体的压强、温度和原子（分子）间的碰撞截面等因素决定。如果气体包含两种原子（分子）a 和 b，那么一个 a 类原子和一个 b 类原子的平均碰撞时间 τ_{Lab} 可由下式来计算：

$$\frac{1}{\tau_{Lab}}=N_b Q_{ab}\sqrt{\frac{8k_B T}{\pi}\left(\frac{1}{m_a}+\frac{1}{m_b}\right)} \tag{3.2-11}$$

式中，N_b 为气体中 b 类原子密度；k_B 为玻耳兹曼常量；T 为气体温度；m_a、m_b 分别为 a 类原子质量和 b 类原子质量；Q_{ab} 为 a 类原子和 b 类原子间的碰撞截面，它一般由实验测得。对激光器常用工作气体，Q_{ab} 值为 $10^{-19}\sim10^{-18}\,m^2$。例如，对 CO_2 激光器的常用气体，实验测得的数据为

$$Q_{CO_2\text{-}CO_2}\approx10^{-8}\,m^2,\quad Q_{CO_2\text{-}N_2}\approx10^{-8}\,m^2,\quad Q_{CO_2\text{-}He}\approx10^{-8}\,m^2$$

两种气体中同类原子的平均碰撞时间，根据式（3.2-11）可写为

$$\frac{1}{\tau_{Laa}}=N_a Q_{aa}\sqrt{\frac{8k_B T}{\pi m_a}} \tag{3.2-12}$$

原子数密度 $N_a(N_b)$与该种气体的分压 p_a 有关，其计算关系为

$$N_a=7.24\times10^{22}\,\frac{p_a}{T}(1/m^3) \tag{3.2-13}$$

式中，气压 p_a 的单位取帕斯卡(Pa)；温度的单位取开尔文(K)。

气体激光器工作物质一般由工作气体（其能级之间跃迁辐射激光，设为 a）和辅助气体 b、c、…组成，此时工作气体的碰撞寿命为

$$\frac{1}{\tau_L}=\frac{1}{\tau_{Laa}}+\frac{1}{\tau_{Lab}}+\frac{1}{\tau_{Lac}}+\cdots \tag{3.2-14}$$

以上 τ_L 以及由此决定的碰撞加宽线宽 $\Delta\nu_L$ 数值均可直接实验测量。

2）非弹性碰撞——无辐射跃迁

处于激发态 E_2 的原子在无任何外界影响的情况，按一定的概率 S_{21} 跃迁到基态 E_1 时，其能量的减小不是以电磁波的形式向外辐射，而是转换成其他形式的能量（如热能），称为无辐射跃迁。无辐射跃迁的存在，也会改变能级 E_2 的寿命。在同时考虑无外界影响情况的原子自发辐射跃迁和无辐射跃迁时，式（1.3-7）可改写为

$$\frac{\mathrm{d}n_2(t)}{\mathrm{d}t}=-A_{21}n_2(t)-S_{21}n_2(t)$$

$$=-(A_{21}+S_{21})n_2(t)=-\frac{n_2(t)}{\tau_{21}} \tag{3.2-15}$$

式中
$$\frac{1}{\tau_{21}}=A_{21}+S_{21}=\frac{1}{\tau_N}+\frac{1}{\tau_{无}} \tag{3.2-16}$$

若把无辐射跃迁视为有能量损失的碰撞过程，那么由于无辐射跃迁的存在，上能级寿命 τ_{21} 缩短，线宽 $\Delta\nu_L$ 增加。由于无辐射跃迁对激发态寿命的影响和自发辐射跃迁一样，因此，由此引起的碰撞加宽线型仍为洛伦兹函数。

实验证明，在气压不太高时碰撞加宽线宽 $\Delta\nu_L$ 与总气压 p 成正比，写成等式为

$$\Delta\nu_L=\frac{1}{2\pi\tau_L}=\alpha p \tag{3.2-17}$$

式中，α 为由实验决定的比列系数，单位是 MHz/Pa。例如，He-Ne 激光器，对于 He^3 ∶ Ne^{20}(7∶1)混合气体，实验测得 Ne^{20} 的 $\alpha\approx$720kHz/Pa；CO_2 激光器，对 CO_2 气体测得的 $\alpha\approx$49kHz/Pa。

这里要说明的是，式(3.2-16)和式(3.2-17)对能级寿命 τ_L 和加宽线宽 $\Delta\nu_L$ 的计算包括了弹性碰撞和非弹性碰撞两种过程。

一般来说，在激光工作物质中，均匀加宽源于自然加宽和碰撞加宽。把两者线型函数式(3.2-4)和式(3.2-10)合并起来，称为均匀加宽线型函数

$$g_H(\nu,\nu_0)=\frac{\Delta\nu_H/(2\pi)}{(\nu-\nu_0)^2+(\Delta\nu_H/2)^2} \tag{3.2-18}$$

式中
$$\Delta\nu_H=\Delta\nu_N+\Delta\nu_L \tag{3.2-19}$$

为均匀加宽的 FWHM 线宽。对于气体激光物质，一般 $\Delta\nu_N\ll\Delta\nu_L$，所以均匀加宽主要是由碰撞加宽引起的，线宽主要由碰撞加宽决定。只有当气压极低时，自然加宽才会显现出来。

3. 晶格振动加宽

固体激光工作物质一般是将激活离子(过渡族或稀土族离子)掺入晶体(如YAG、红宝石、NYAB等)或玻璃中(如钕玻璃等)。引起谱线加宽的机理除激发态的自发辐射寿命以外，还有偶极加宽、晶格热振动加宽等。由于这些加宽机理的复杂性，难以从理论上求得线型函数的具体表达式，一般是通过实验求得，或进行合理近似。

固体中的自然加宽一般较小，这里的自然加宽是指处于激发态的原子和晶格之间的热弛豫过程产生的非辐射跃迁，导致原子在激发态的寿命缩短，因而可用洛

伦兹线型描述。

偶极加宽源于相邻原子偶极场的相互作用，通过这种作用，处于激发态的原子将能量分配给其他原子。由于这种相互作用与碰撞加宽机理十分相似，故其加宽线型为洛伦兹线型。一般情况下，这种加宽较弱，但当掺杂的激活离子浓度较大时，会产生明显作用。

晶格热振动引起的加宽机理是，由于晶格原子的热振动，激活离子处于随时间变化的晶格场中，导致激活离子能级位置也在一定范围内变化，从而引起谱线加宽。一般晶体在室温下的谱线线宽，基本上是由这种因素引起的，且与温度有关。由于晶格热振动对每个激活离子来说都是相同的，所以属于均匀加宽。

综上所述，无论是气体中的原子(分子)，还是晶体中的离子(通称为粒子)，只要是均匀加宽机制，就具有如下的共同特点：

(1) 所有粒子辐射、吸收的中心频率 ν_0 相同，线型相同，即均为洛伦兹线型函数；

(2) 对任意一频率辐射、吸收都是全体粒子共同作用的结果；

(3) 频率为 ν 的单色光与所有粒子产生共同作用，作用大小正比于粒子中心频率和单色光频率之差 $|\nu-\nu_0|$。

3.2.2　非均匀加宽

原子热运动的另一表现是非均匀加宽。非均匀加宽区别于均匀加宽的特征是光谱线上不同频率是由不同原子群发射(吸收)的，气体工作物质中的多普勒加宽和固体工作物质中的晶格缺陷加宽都属于非均匀加宽。

1. 多普勒加宽

多普勒加宽是由做热运动的原子(分子)所发出辐射的多普勒频移引起的。因此，这里首先给出多普勒效应的概念，然后讨论多普勒加宽的线型函数。

1) 多普勒效应

如图 3.2-3 所示，一个静止的接收器检测一个频率为 ν_0 的运动光源的光辐射。当光源和接收器相对静止时，接收器检测到光源发出光波的频率为 ν_0，但当光源相对接收器以速度 v_z 运动时，接收器检测到光波的频率不再是 ν_0，而是

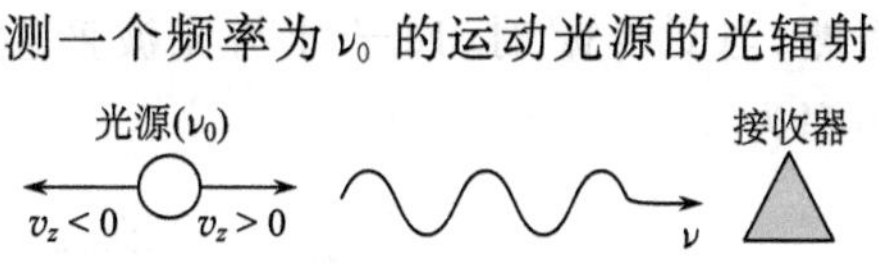

图 3.2-3　光学多普勒效应示意图

$$\nu=\nu_0\sqrt{\frac{1+v_z/c}{1-v_z/c}} \tag{3.2-20}$$

式中，c 为真空中光速。这就是光学多普勒效应。当光源运动速度 $v_z \ll c$ 时，取一

级近似有

$$\nu \approx \nu_0\left(1+\frac{v_z}{c}\right) \tag{3.2-21}$$

式中规定：当光源朝向接收器(沿光波传播方向)运动时，$v_z>0$；当光源离开接收器(逆着光波传播方向)运动时，$v_z<0$。

2）激光器中涉及的相关效应

在激光器中，所涉及的问题是原子(分子)和光电场的相互作用，这时需要将光多普勒效应的概念引申。如图 3.2-4 所示，中心频率为 ν_0 的运动原子作为接收器检测沿 z 轴方向传播的频率为 ν_L 的单色光波。由于多普勒效应，运动原子感受到的光波频率一般不再是 ν_L，而是 ν'。

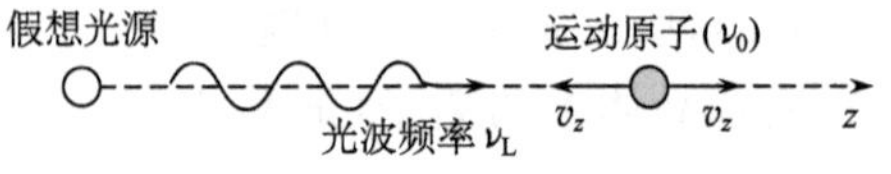

图 3.2-4 运动原子和光波相互作用示意图

当原子静止时，$v_z=0$，原子感受的光波频率就是光源的发光频率 $\nu'=\nu_L$；当 $\nu'=\nu_L=\nu_0$ 时，原子和光波产生共振相互作用。

当原子沿 z 轴正方向(光波传播方向)以速度 v_z 运动时，原子感受到光波的频率为

$$\nu' = \nu_L\left(1-\frac{v_z}{c}\right)$$

同理，当 $\nu'=\nu_0$ 时，原子和光波产生共振相互作用，此时要求光波频率为

$$\nu_L = \frac{\nu_0}{1-v_z/c} \approx \nu_0\left(1+\frac{v_z}{c}\right) > \nu_0 \tag{3.2-22}$$

可见，只有当 $\nu_L>\nu_0$，才有同向共振相互作用发生。

当原子沿 z 轴负方向(逆着光波传播方向)以速度 v_z 运动时，原子感受到光波的频率为

$$\nu' = \nu_L\left(1+\frac{v_z}{c}\right)$$

当然，当 $\nu'=\nu_0$ 时，原子才与光波产生共振相互作用，令 $\nu'=\nu_0$，此时要求光波频率为

$$\nu_L = \frac{\nu_0}{1+v_z/c} \approx \nu_0\left(1-\frac{v_z}{c}\right) < \nu_0 \tag{3.2-23}$$

可见，只有当 $\nu_L<\nu_0$，才有反向共振相互作用发生。

以上讨论是从运动原子感受光波的角度出发的。那么，在光电场看来，运动速度 v_z 不同、运动方向不同的原子有不同的共振频率，即光电场认为，一群原子的中心频率因运动速度不同而发生了散布，这种中心频率的散布将导致原子发光谱线加宽，中心频率散布规律(从而谱线加宽规律)由原子运动的速率分布规律决定。

3）多普勒加宽线型

现在讨论大量粒子(原子、分子)组成的气体工作物质中原子数按中心频率的分布。根据分子运动论,在热平衡条件下,气体粒子沿 z 轴方向运动速度 v_z 的分布服从麦克斯韦统计分布规律(即满足高斯分布,见图 3.2-5(a))

$$f(v_z)=\frac{n(v_z)}{n}=\frac{\mathrm{d}n}{n\,\mathrm{d}v_z}=\left(\frac{m}{2\pi k_B T}\right)^{1/2}\exp\left(-\frac{mv_z^2}{2k_B T}\right) \tag{3.2-24}$$

式中,n 为粒子数密度;$\mathrm{d}n=n(v_z)\mathrm{d}v_z$ 为速度在 $v_z\sim v_z+\mathrm{d}v_z$ 范围的粒子数密度;k_B 为玻耳兹曼常数;m 为原子(分子)的质量;T 为热力学温度。仍用二能级系统模型,若 E_2 能级和 E_1 能级的粒子数密度分别为 n_2 和 n_1(见图 3.2-5(b)),则上下能级速度在 $v_z\sim v_z+\mathrm{d}v_z$ 范围的粒子数密度 $\mathrm{d}n_{1,2}$为(见图 3.2-5(c))

$$\mathrm{d}n_{1,2}(v_z)=n_{1,2}f(v_z)\mathrm{d}v_z=n_{1,2}\left(\frac{m}{2\pi k_B T}\right)^{1/2}\exp\left(-\frac{mv_z^2}{2k_B T}\right)\mathrm{d}v_z \tag{3.2-25}$$

并且满足

$$\left.\begin{aligned}&\frac{\mathrm{d}n_{1,2}(v_z)}{n_{1,2}}=f(v_z)\mathrm{d}v_z\\&\int_{-\infty}^{\infty}\frac{\mathrm{d}n_{1,2}(v_z)}{n_{1,2}}=\int_{-\infty}^{\infty}f(v_z)\mathrm{d}v_z=1\end{aligned}\right\} \tag{3.2-26}$$

改写式(3.2-22),且令 $\nu=\nu_L$ 有

$$v_z=\frac{c}{\nu_0}(\nu-\nu_0)\ \text{和}\ \mathrm{d}v_z=\frac{c}{\nu_0}\mathrm{d}\nu$$

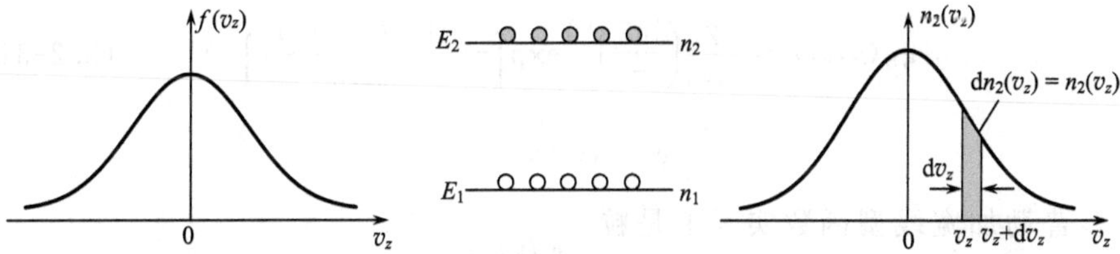

(a) 粒子数的分布率　(b) 二能级系统示意图　(c) 粒子数按速度的分布

图 3.2-5

这样,可将粒子按运动速度的分布转换为按频率的分布

$$\left.\begin{aligned}&n_2(\nu)=n_2\left(\frac{m}{2\pi k_B T}\right)^{1/2}\exp\left[-\frac{mc^2(\nu-\nu_0)^2}{2k_B T\nu_0^2}\right]\\&\mathrm{d}n_2(\nu)=n_2\left(\frac{m}{2\pi k_B T}\right)^{1/2}\exp\left[-\frac{mc^2(\nu-\nu_0)^2}{2k_B T\nu_0^2}\right]\cdot\frac{c}{\nu_0}\mathrm{d}\nu\end{aligned}\right\} \tag{3.2-27}$$

这就是粒子中心频率的散布。

下面从自发辐射光强出发导出多普勒加宽线型函数。这时只考虑 n_2 即可,由

自发辐射光强表示式(1.3-10),有

$$I_\nu \mathrm{d}\nu = A_{21} h\nu \mathrm{d}n_2(\nu) = A_{21} h\nu n_2 \left(\frac{m}{2\pi k_B T}\right)^{1/2} \exp\left[-\frac{mc^2(\nu-\nu_0)^2}{2k_B T\nu_0^2}\right]\cdot \frac{c}{\nu_0}\mathrm{d}\nu$$
$$= I\left(\frac{m}{2\pi k_B T}\right)^{1/2} \exp\left[-\frac{mc^2(\nu-\nu_0)^2}{2k_B T\nu_0^2}\right]\cdot \frac{c}{\nu_0}\mathrm{d}\nu \tag{3.2-28}$$

根据线型函数定义式(1.3-23),得到多普勒加宽为如下高斯线型

$$g_D(\nu,\nu_0) = \frac{I_\nu}{I} = \left(\frac{m}{2\pi k_B T}\right)^{1/2} \exp\left[-\frac{mc^2(\nu-\nu_0)^2}{2k_B T\nu_0^2}\right]\cdot \frac{c}{\nu_0} \tag{3.2-29}$$

当 $\nu=\nu_0$ 时,$g_D(\nu,\nu_0)$具有最大值

$$g_{D\max}(\nu,\nu_0) = g(\nu_0) = \frac{c}{\nu_0}\left(\frac{m}{2\pi k_B T}\right)^{1/2}$$

令 $g_D(\nu,\nu_0) = g_{D\max}(\nu,\nu_0)/2$,解得

$$\nu_{2,1} = \nu_0\left(1 \pm \sqrt{2\ln 2\frac{k_B T}{mc^2}}\right)$$

由此决定的多普勒加宽线型的 FWHM 线宽为

$$\Delta\nu_D = \nu_2 - \nu_1 = 2\nu_0\sqrt{2\ln 2\frac{k_B T}{mc^2}} = 7.16\times 10^{-7}\sqrt{\frac{T}{M}}\cdot \nu_0 \tag{3.2-30}$$

式中,M 为原子(分子)量,$m=1.66\times 10^{-27}M(\mathrm{kg})$。

类似于均匀加宽线型,最后多普勒加宽线型函数可用线宽 $\Delta\nu_D$ 表示为

$$g_D(\nu,\nu_0) = \frac{2}{\Delta\nu_D}\left(\frac{\ln 2}{\pi}\right)^{1/2} \exp\left[-\frac{4\ln 2(\nu-\nu_0)^2}{\Delta\nu_D^2}\right] \tag{3.2-31}$$

且
$$\int_0^\infty g_D(\nu,\nu_0)\mathrm{d}\nu = 1$$

多普勒加宽线型函数实际上是粒子中心频率的分布函数。可见,运动粒子中心频率的分布遵从高斯分布,相应的线型称为高斯线型,如图 3.2-6 所示。

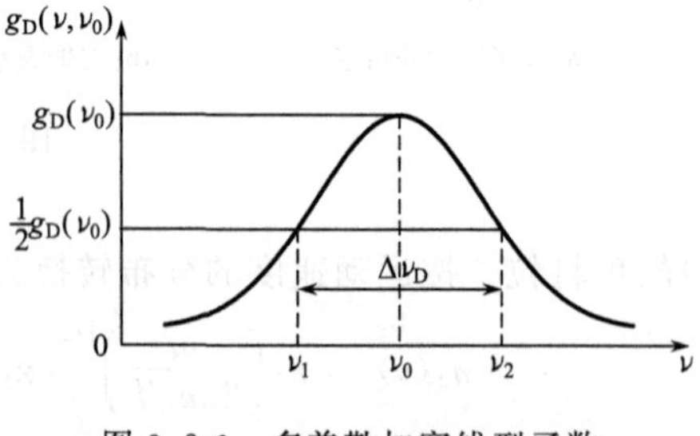

图 3.2-6 多普勒加宽线型函数

2. 晶格缺陷加宽

在固体工作物质中,由于粒子不像气体、液体中的粒子那样运动,所以不存在多普勒加宽。但晶体中激活离子的能级和跃迁概率与附近的晶格结构有关。局部晶格缺陷和无规则的应变(位错、空位等晶体不均匀性)的存在,使该区域的晶格场发生畸变,因而使激活离子的能级发生不同程度的位移。由于缺陷部位与理

想均匀部位激活离子发光中心频率 ν_0 不同，从而产生非均匀加宽。在以玻璃为基质的钕玻璃或铒玻璃等激光介质中，由于玻璃结构的无序性，各激活离子处于不等价的配位场中，这也导致类似于晶格缺陷的非均匀加宽。相应的非均匀加宽线型函数可用 $g_i(\nu,\nu_0)$ 表示。固体工作物质的非均匀加宽线型函数很难从理论上求得，只能通过实验测出其谱线宽度 $\Delta\nu_i$。

综上所述，无论是气体中的原子(分子)，还是晶体中的离子(通称为粒子)，只要是非均匀加宽机制，就具有如下共同特点：

(1) 粒子的中心频率发生了散布，或者说，在非均匀加宽情况下，每个原子群具有不同的表观中心频率；

(2) 由于不同的原子群以不同的表观中心频率进行吸收和发射，因而非均匀加宽线型可理解为，一系列不同表观中心频率的均匀加宽线型相叠加，每列只对其中心频率附近小范围内的辐射功率做出贡献；

(3) 单色光电场 ν 只与对应原子群发生相互作用。

3.2.3　综合加宽

实际激光物质一般存在多种加宽机制(如气体工作物质)，不但存在自然加宽，而且存在碰撞加宽和多普勒加宽；对固体工作物质，同样存在自然加宽，但也存在晶格振动加宽和晶格缺陷加宽机制。现在的问题是，当同时存在两种加宽机制，其加宽线型分别是 $g_1(\nu,\nu_0)$ 和 $g_2(\nu,\nu_0)$ 时，其加宽总线型 $g(\nu,\nu_0)$ 具有什么样的函数形式?

1. 综合加宽线型的一般分析

仍由自发辐射光强出发导出存在两种加宽机制 $g_1(\nu,\nu_0)$ 和 $g_2(\nu,\nu_0)$ 时的综合加宽线型函数 $g(\nu,\nu_0)$。如前所述，若综合加宽线型为 $g(\nu,\nu_0)$，则处于频率间隔 $\nu\sim\nu+\mathrm{d}\nu$ 内 E_2 能级上的粒子数密度为(见图 3.2-7(a))

$$\mathrm{d}n_2(\nu) = n_2 g(\nu,\nu_0)\mathrm{d}\nu$$

这些粒子可视为线型函数 $g_1(\nu,\nu_0)$ 和 $g_2(\nu,\nu_0)$ 同时作用的结果，那么由于 $g_1(\nu,\nu_0)$ 的作用，频率间隔 $\nu'\sim\nu'+\mathrm{d}\nu'$ 内 E_2 能级上对频率 ν 光辐射有贡献的粒子数密度为(见图 3.2-7(b))

$$\mathrm{d}n'_2(\nu) = n_2 g_1(\nu',\nu_0)\mathrm{d}\nu'$$

这部分粒子还要受到 $g_2(\nu,\nu_0)$ 的作用，作用大小正比于 $g_2(\nu-\nu',\nu_0)$，即

$$\begin{aligned}\mathrm{d}n_2(\nu) &= \mathrm{d}n'_2(\nu')g_2(\nu-\nu',\nu_0)\mathrm{d}\nu \\ &= n_2 g_1(\nu',\nu_0)g_2(\nu-\nu',\nu_0)\mathrm{d}\nu'\mathrm{d}\nu\end{aligned} \qquad (3.2\text{-}32)$$

$\mathrm{d}n_2(\nu)$个粒子产生的自发辐射光强为

$$\mathrm{d}(I_\nu \mathrm{d}\nu) = A_{21}h\nu\mathrm{d}n_2(\nu) = A_{21}h\nu n_2 g_1(\nu',\nu_0)g_2(\nu-\nu',\nu_0)\mathrm{d}\nu'\mathrm{d}\nu$$

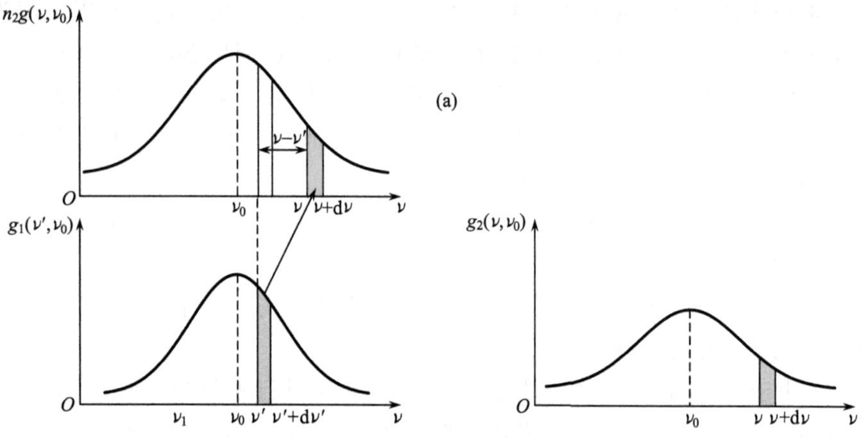

图 3.2-7 综合加宽线型函数推导用图

对频率 ν'遍及频率轴积分,得到频率为 ν 的自发辐射光强

$$
\begin{aligned}
I_\nu \mathrm{d}\nu &= \left[\int_{-\infty}^{\infty} A_{21} h\nu n_2 g_1(\nu',\nu_0) g_2(\nu-\nu',\nu_0)\mathrm{d}\nu'\right]\mathrm{d}\nu \\
&= A_{21} h\nu n_2 g(\nu,\nu_0)\mathrm{d}\nu \\
&= I g(\nu,\nu_0)\mathrm{d}\nu
\end{aligned} \tag{3.2-33}
$$

则

$$
\begin{aligned}
g(\nu,\nu_0) &= \frac{I_\nu}{I} = \int_{-\infty}^{\infty} g_1(\nu',\nu_0) g_2(\nu-\nu',\nu_0)\mathrm{d}\nu' \\
&= g_1(\nu,\nu_0) * g_2(\nu,\nu_0)
\end{aligned} \tag{3.2-34}
$$

可见,综合加宽线型函数由引起综合加宽两种加宽线型函数的卷积决定。利用卷积定理有

$$
\mathrm{FT}\{g(\nu,\nu_0)\} = \mathrm{FT}\{g_1(\nu,\nu_0) * g_2(\nu,\nu_0)\} = \mathrm{FT}\{g_1(\nu,\nu_0)\}\cdot \mathrm{FT}\{g_2(\nu,\nu_0)\}
$$

所以

$$
g(\nu,\nu_0) = \mathrm{FT}^{-1}\{\mathrm{FT}\{g_1(\nu,\nu_0)\}\cdot \mathrm{FT}\{g_2(\nu,\nu_0)\}\} \tag{3.2-35}
$$

这就是综合加宽线型函数的一般求解方法。

2. 同时存在两种均匀加宽机制时的综合加宽线型

对于气体工作物质,前面的讨论已经指出,同时存在自然加宽和碰撞加宽,而且其加宽线型都是洛伦兹线型,那么其综合加宽线型是什么形式的函数?为此,令 $\omega^2=(\nu-\nu_0)^2$,$a=\Delta\nu_{\mathrm{N,L}}/2$,则

$$
g_{\mathrm{N,L}}(\nu,\nu_0) = \frac{\Delta\nu_{\mathrm{N,L}}/(2\pi)}{(\nu-\nu_0)^2+(\Delta\nu_{\mathrm{N,L}}/2)^2} = \frac{a}{\pi}\frac{1}{\omega^2+a^2}
$$

利用傅里叶变换公式

$$\mathrm{FT}\left\{\frac{1}{\omega^2+a^2}\right\}=\frac{\pi}{a}\mathrm{e}^{-at},\quad \mathrm{FT}^{-1}\{\mathrm{e}^{-at}\}=\frac{a}{\pi}\frac{1}{\omega^2+a^2}$$

有

$$\mathrm{FT}\{g_{\mathrm{N}}\}\cdot\mathrm{FT}\{g_{\mathrm{L}}\}=\mathrm{e}^{-(\Delta\nu_{\mathrm{N}}+\Delta\nu_{\mathrm{L}})t/2}$$

所以综合加宽线性函数为

$$g_{\mathrm{H}}(\nu,\nu_0)=\mathrm{FT}^{-1}\{\mathrm{e}^{-(\Delta\nu_{\mathrm{N}}+\Delta\nu_{\mathrm{L}})t/2}\}=\frac{(\Delta\nu_{\mathrm{N}}+\Delta\nu_{\mathrm{L}})/(2\pi)}{(\nu-\nu_0)^2+[(\Delta\nu_{\mathrm{N}}+\Delta\nu_{\mathrm{L}})/2]^2}$$

$$=\frac{\Delta\nu_{\mathrm{H}}/(2\pi)}{(\nu-\nu_0)^2+(\Delta\nu_{\mathrm{H}}/2)^2} \tag{3.2-36}$$

可见，两种均匀加宽的综合加宽线型仍为洛伦兹线型，其线宽为两种均匀加宽的线宽之和，即

$$\Delta\nu_{\mathrm{H}}=\Delta\nu_{\mathrm{N}}+\Delta\nu_{\mathrm{L}} \tag{3.2-37}$$

式中，下标 H 表示均匀加宽。推广到存在多种均匀加宽机制的情况，其综合加宽线型仍为洛伦兹线型函数，而总加宽线宽为各分线宽之和，即

$$\Delta\nu_{\mathrm{H}}=\sum_i\Delta\nu_{\mathrm{H}i} \tag{3.2-38}$$

这正是讨论均匀加宽机制及其线型时给出的结论。

3. 同时存在两种非均匀加宽机制时的综合加宽线型

假设工作物质同时存在两种非均匀加宽机制，其加宽线型均可由高斯函数描述，分别为 g_{D1} 和 g_{D2}，相应线宽分别为 $\Delta\nu_{\mathrm{D1}}$ 和 $\Delta\nu_{\mathrm{D2}}$，类似于同时存在两种均匀加宽机制分析过程(具体推导作为习题，请读者自行练习)，得到其综合加宽线型 g_{D} 仍为高斯函数，相应线宽为

$$\Delta\nu_{\mathrm{D}}=\sqrt{\Delta\nu_{\mathrm{D1}}^2+\Delta\nu_{\mathrm{D2}}^2} \tag{3.2-39}$$

同理，推广到存在多种非均匀加宽机制的情况，其综合加宽线型仍为高斯线型函数，而总线宽为各分线宽之和

$$\Delta\nu_{\mathrm{D}}=\sqrt{\sum_i\Delta\nu_{\mathrm{D}i}^2} \tag{3.2-40}$$

4. 同时存在均匀加宽和非均匀加宽的综合加宽线型

均匀加宽线型为洛伦兹函数 g_{H}、线宽 $\Delta\nu_{\mathrm{H}}$，非均匀加宽线型为高斯函数 g_{D}、线宽 $\Delta\nu_{\mathrm{D}}$ 的综合加宽线型为

$$g=g_{\mathrm{H}}*g_{\mathrm{D}}=\frac{1}{\pi}\frac{\Delta\nu_{\mathrm{H}}}{\Delta\nu_{\mathrm{D}}}\left(\frac{\ln 2}{\pi}\right)^{1/2}\int_{-\infty}^{\infty}\frac{1}{(\omega-\omega')^2+(\Delta\nu_{\mathrm{H}}/2)^2}\exp\left(-\frac{4\ln 2\omega'^2}{\Delta\nu_{\mathrm{D}}^2}\right)\mathrm{d}\omega' \tag{3.2-41}$$

为得到综合加宽线型，可分为以下三种情况讨论。

1) $\Delta\nu_H \gg \Delta\nu_D$ 情形

若 $\Delta\nu_H \gg \Delta\nu_D$，如图 3.2-8(a)所示，则根据 δ 函数的近似表示，有 $g_D(\omega) \approx \delta(\omega)$，而 $\mathrm{FT}\{\delta(\omega)\}=1$，所以

$$
\begin{aligned}
g(\nu,\nu_0) &= \mathrm{FT}^{-1}\{\mathrm{FT}\{g_H(\nu,\nu_0)\}\mathrm{FT}\{g_D(\nu,\nu_0)\}\} \\
&= \mathrm{FT}^{-1}\{\mathrm{FT}\{g_H(\nu,\nu_0)\}\} = g_H(\nu,\nu_0)
\end{aligned}
\tag{3.2-42}
$$

此时，综合加宽线型为洛伦兹线型函数。

2) $\Delta\nu_D \gg \Delta\nu_H$ 情形

在 $\Delta\nu_D \gg \Delta\nu_H$ 情形，用类似的讨论方法(见图 3.2-8(b))，有 $g_H(\nu,\nu_0) \approx \delta(\nu,\nu_0)$，此时综合加宽线型为高斯线型函数 $g_D(\nu,\nu_0)$。

3) $\Delta\nu_D \sim \Delta\nu_H$ 情形

此时，不能再取上述近似(见图 3.2-8(c))，可以引入误差函数来估计这加宽线型的线宽 $\Delta\nu$。为此，令

$$t = 2\sqrt{\ln 2}\,\frac{\omega'}{\Delta\nu_D}$$

$$\xi = 2\sqrt{\ln 2}\,\frac{\omega}{\Delta\nu_D}$$

$$\eta = \sqrt{\ln 2}\,\frac{\Delta\nu_H}{\Delta\nu_D}$$

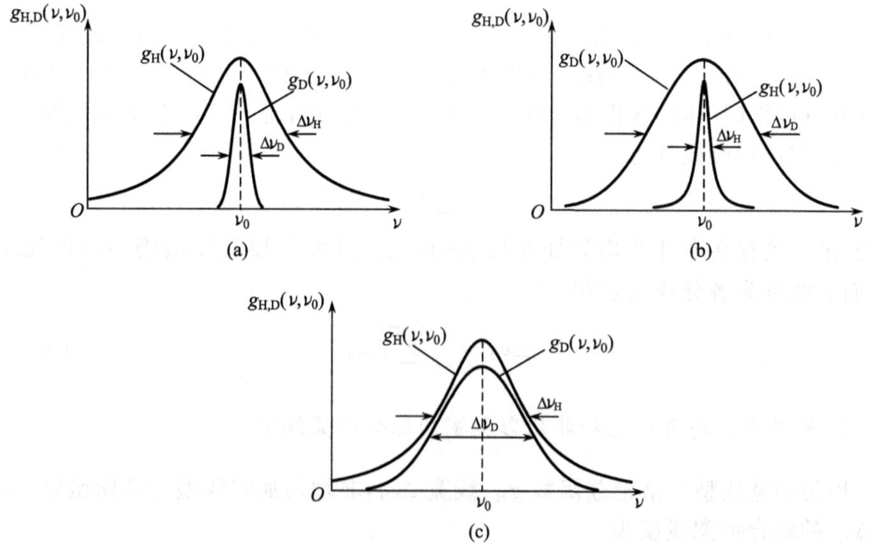

图 3.2-8 均匀加宽和非均匀加宽线型函数示意图

式(3.2-41)可改写为

$$g(\nu,\nu_0)=\frac{1}{\pi}\frac{\Delta\nu_H}{\Delta\nu_D}\left(\frac{\ln 2}{\pi}\right)^{1/2}\frac{2}{\Delta\nu_H}\int_{-\infty}^{\infty}\frac{\eta e^{-t^2}}{(\xi-t)^2+\eta^2}dt \qquad (3.2\text{-}43)$$

由 ξ 和 η 定义的复变量误差函数为

$$W(\xi,\eta)=\frac{i}{\pi}\int_{-\infty}^{\infty}\frac{e^{-t^2}}{\xi+i\eta-t}dt=W_R(\xi,\eta)+iW_I(\xi,\eta)$$

式中

$$W_R(\xi,\eta)=\frac{1}{\pi}\int_{-\infty}^{\infty}\frac{\eta^2 e^{-t^2}}{(\xi-t)^2+\eta^2}dt$$

$$W_I(\xi,\eta)=\frac{1}{\pi}\int_{-\infty}^{\infty}\frac{(\xi-t)e^{-t^2}}{(\xi-t)^2+\eta^2}dt$$

因此

$$g(\nu,\nu_0)=\frac{2}{\Delta\nu_D}\left(\frac{\ln 2}{\pi}\right)^{1/2}W_R(\xi,\eta) \qquad (3.2\text{-}44)$$

这样,若均匀和非均匀加宽的线宽 $\Delta\nu_H$、$\Delta\nu_D$ 已知,η 值就确定了;取 $\xi=0$,即可求出综合加宽线型函数的最大值 $g(\nu_0)$;再利用 $\xi=2\sqrt{\ln 2}(\nu-\nu_0)/\Delta\nu_D$,取 $\xi=\pm1$,即可确定综合加宽的线宽 $\Delta\nu$。

5. 典型激光器的线宽及其加宽线型

下面给出几种典型激光器的谱线线宽。

1) 气体激光器

(1) He-Ne 激光器

自然加宽线宽 $\Delta\nu_N$:对 Ne 原子 $3S_2\rightarrow2P_4$ 的 632.8nm 谱线,$\Delta\nu_N\approx10^7$ Hz。

碰撞加宽线宽 $\Delta\nu_L$:根据实测数据 $\alpha\approx7.50\times10^5$ Hz/Pa,对一般 He-Ne 激光器件,气压 p 约为 133~400Pa,求得 $\Delta\nu_L\approx10^8\sim3\times10^8$ Hz。

多普勒加宽线宽 $\Delta\nu_D$:以 Ne 的原子量 $M=20$,$T=400$K 代入式(3.2-30),估算得 $\Delta\nu_D\approx1.5\times10^9$ Hz。可见,He-Ne 激光器以多普勒加宽占优势,即表现为非均匀加宽。

(2) CO_2 激光器

自然加宽线宽 $\Delta\nu_N$:对 CO_2 分子 $00^01\rightarrow10^00$ 的 10.6μm 谱线:$\Delta\nu_N\approx10^3\sim10^4$ Hz。

碰撞加宽线宽 $\Delta\nu_L$:$\Delta\nu_L=\alpha p$,$\alpha=4.9\times10^4$ Hz/Pa。

多普勒加宽线宽 $\Delta\nu_D$:$\Delta\nu_D\approx6.0\times10^7$ Hz。

这里没有给出 CO_2 激光器碰撞加宽线宽的具体数值,是因为其工作气压 p 可以在一个很大范围取值。当气压 $p\sim1333$Pa 时,$\Delta\nu_D$ 和 $\Delta\nu_H=\Delta\nu_N+\Delta\nu_L$ 具有相同的数量级，可以认为是综合加宽；当气压 $p \gg 1333\text{Pa}$ 时，以碰撞加宽为主，表现为均匀加宽。

(3) Ar^+ 激光器和 He-Cd 激光器

这两种激光器的共同特点是工作物质的温度较高(500～1500K)，而气压较低，只有数百帕，因而主要是多普勒非均匀加宽。

Ar^+ 激光器：$\Delta\nu_D \approx 6.0\times10^9\text{Hz}$。

He-Cd 激光器：对单同位素 Cd，$\Delta\nu_D \approx 1.8\times10^9\text{Hz}$，对天然 Cd，$\Delta\nu_D \approx 4.0\times10^9\text{Hz}$。

2) 固体激光器

一般情况下，固体激光器工作物质的谱线加宽主要是晶格热振动引起的均匀加宽和晶格缺陷引起的非均匀加宽，前者线宽与温度有关，后者与温度无关。这两种加宽机制的机理都十分复杂，很难从理论上求得线型函数的具体形式，一般都是通过实验测量其线宽。

图 3.2-9 给出了红宝石激光器 694.3nm 谱线和 Nd：YAG 激光器 1.06μm 谱线宽度与温度的关系。由图 3.2-9 可见，红宝石激光器在低温时以晶格缺陷引起的非均匀加宽为主(与温度无关)，而在常温时，则是晶格热振动引起的均匀加宽为主。对 Nd：YAG 激光器，晶体质量明显好于红宝石，因而非均匀加宽可以忽略，在整个工作温度范围内都可以认为是均匀加宽。

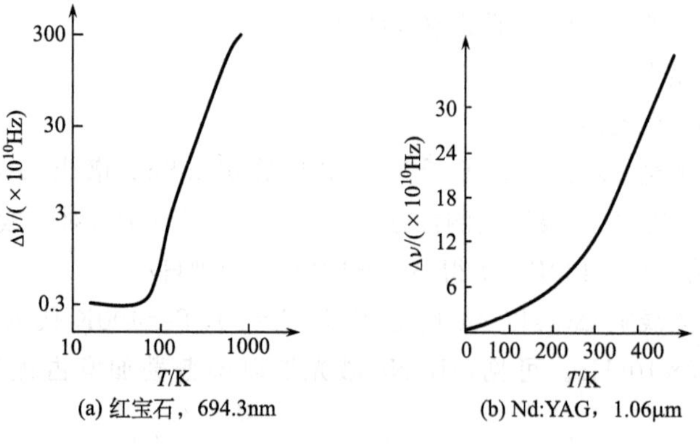

图 3.2-9 红宝石和 Nd：YAG 的谱线宽度与温度间关系曲线

在 Nd 玻璃激光器中，主要加宽机制为配位场不均匀性引起的非均匀加宽机制和玻璃网格体热振动引起的均匀加宽机制，二者线宽的比例因具体材料而异。在室温下，1.06μm 谱线的非均匀加宽线宽为 $1.2\times10^{11}\sim3.6\times10^{12}\text{Hz}$，均匀加宽线宽为 $8\times10^{10}\sim2.25\times10^{11}\text{Hz}$。虽然其非均匀加宽大于均匀加宽，但由于交叉弛豫过程，其增益饱和特性却与均匀加宽工作物质相似。

3.3　激光器速率方程

激光器速率方程是指激光工作物质各有关能级上粒子数密度及腔内光子数密度随时间变化的微分方程组，简称为速率方程。

3.3.1　单模速率方程

第 1 章有关激光器结构和阈值条件的讨论和第 2 章关于谐振腔的讨论已经指出，激光振荡可以在满足振荡条件的各种不同模式上产生，每一个振荡模式都是具有一定频率 ν 和一定腔内损耗的准单色光(模式线宽极窄)。下面先讨论激光器中只有第 l 个模式振荡时的速率方程。

1. 三能级和四能级模型

激光器速率方程显然和参与激光产生过程的能级结构和工作粒子(原子、分子等)在这些能级间的跃迁特性有关。不同激光工作物质的能级结构和跃迁特性不仅不相同，而且很复杂。但是，还是可以从中归纳出一些与激光产生有关的、共同的、主要的物理过程，从而针对一些简化的、具有代表性的模型写出速率方程，这就是以红宝石(Cr^{+3}：Ruby)激光器为代表的三能级系统和以掺钕石榴石(Nd^{+3}：YAG)激光器为代表的四能级系统。

这里要指出的是，本章以前一直使用的二能级系统模型，无论泵浦作用多么强，都不能造成粒子集居数反转，从而不能形成激光振荡。

1) 三能级模型

无论激光物质的能级结构多么复杂，总可以把参与激光产生过程的能级归纳为三个能级。三能级系统模型如图 3.3-1(a)所示，即泵浦的上下能级 E_3 和 E_1，激光的上下能级 E_2 和 E_1，且泵浦和激光的下能级重合。激光下能级为基态。

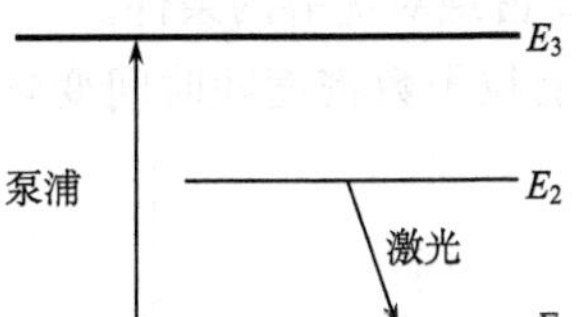

(a) 三能级模型

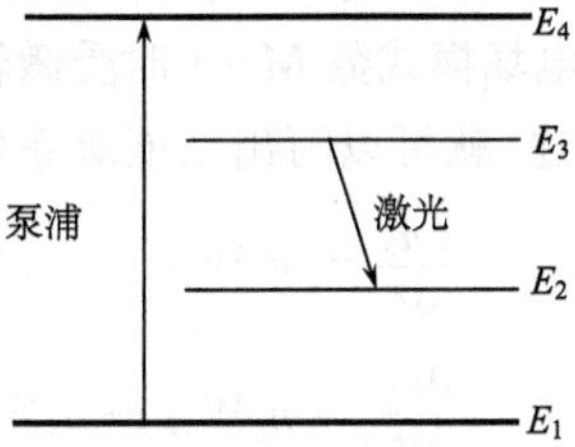

(b) 四能级模型

图 3.3-1　能级系统简化模型

2) 四能级系统模型

如图 3.3-1(b)所示，四能级系统模型的泵浦的上下能级为 E_4 和 E_1，激光的上

下能级为 E_3 和 E_2，泵浦上下能级和激光上下能级均分离。激光下能级为激发态。

2. 三能级、第 l 模式速率方程

激光器速率方程理论的出发点是原子的自发辐射、受激辐射和受激吸收概率的基本关系式。在第 1 章中，已经给出爱因斯坦采用唯象方法得到二能级系统的这些关系式，下面讨论实际激光器的速率方程。

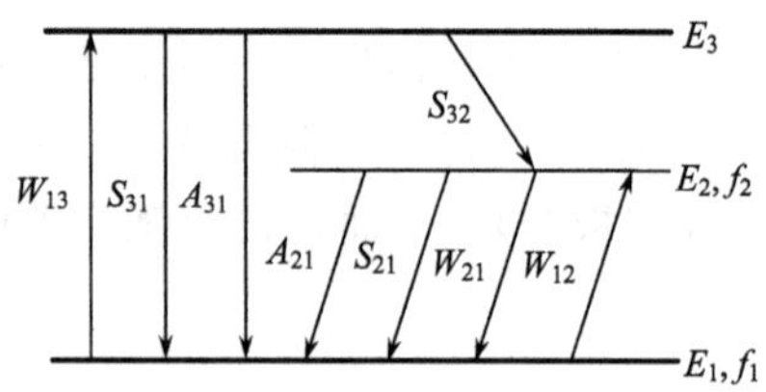

图 3.3-2 三能级系统跃迁示意图

图 3.3-2 为三能级系统模型激光工作物质的粒子跃迁图。参与激光产生过程的有三个能级：激光和泵浦的共同下能级 E_1 为基态，激光上能级 E_2 一般为亚稳态，E_3 为泵浦上能级。粒子在这些能级间的跃迁过程可概括如下：

(1) 在激励源的作用下，基态 E_1 上的粒子以概率 W_{13} 被抽运到能级 E_3 上。泵浦方式多种多样，若为光泵浦，W_{13} 就是受激吸收跃迁概率。若为其他泵浦方式，W_{13} 仅表示单位时间粒子被抽运到 E_3 能级的概率。

(2) 到达高能级 E_3 的粒子数密度 n_3 将主要以无辐射跃迁（也称为热弛豫）的形式非常迅速地转移到激光上能级 E_2，设其概率为 S_{32}；同时，n_3 还以概率 A_{31} 自发辐射、概率 S_{31} 无辐射跃迁的方式返回基态，但对实际使用的激光工作物质，这两种跃迁概率与 S_{32} 相比很小，即满足

$$A_{31} \ll S_{32}, \quad S_{31} \ll S_{32}$$

(3) 激光上能级 E_2 的寿命一般较长，称为亚稳态。在未形成集居数反转以前，粒子数密度 n_2 主要以概率 A_{21} 自发辐射返回基态 E_1，由于能级 E_2 的寿命长，粒子停留时间较长，故自发辐射跃迁概率 A_{21} 较小。同样，粒子 n_2 也可能以概率 S_{21} 无辐射跃迁回到基态，但一般情况下，$S_{21} \ll A_{21}$。这样，如果粒子被抽运到能级 E_2 上的速率足够快，就有可能在 E_1 和 E_2 能级间形成集居数反转状态（$n_2 > f_2 n_1 / f_1$），这就达到了第 1 章光电场模式数 $M=1$ 时受激辐射跃迁要占绝对优势的条件。

综上所述，就可以写出三能级系统各能级上粒子数密度随时间变化的方程

$$\left.\begin{aligned}\frac{\mathrm{d}n_3}{\mathrm{d}t} &= n_1 W_{13} - n_3(S_{32} + A_{21}) \\ \frac{\mathrm{d}n_2}{\mathrm{d}t} &= n_1 W_{12} - n_2 W_{21} - n_2(A_{21} + S_{21}) + n_3 S_{32} \\ n &= n_1 + n_2 + n_3\end{aligned}\right\} \tag{3.3-1}$$

式中，n 为工作物质的总粒子数密度，并忽略了 S_{31}。

现在分析腔内第 l 模式光子数密度 N_l 随时间的变化规律。若工作物质的长度等于腔长 L，第 l 模式光子在腔内寿命为 τ_{Rl}，则光子数密度的速率方程为

$$\frac{\mathrm{d}N_l}{\mathrm{d}t} = n_2 W_{21} - n_1 W_{12} - \frac{N_l}{\tau_{Rl}} + n_2 A_{21} \tag{3.3-2}$$

式(3.3-1)和式(3.3-2)合在一起称为三能级系统速率方程。

1) 速率方程的跃迁截面表示

应用爱因斯坦关系式(1.3-27)及 $\rho_\nu = h\nu N_l$，受激辐射跃迁概率 $W_{21}(\nu)$ 可表示为

$$\begin{aligned} W_{21}(\nu) &= B_{21}(\nu)\rho_\nu = \frac{A_{21}(\nu)}{n_\nu h\nu}\rho_\nu = \frac{A_{21}(\nu)v^2}{8\pi\nu^2} \cdot vN_l \\ &= \sigma_{21}(\nu) \cdot vN_l \end{aligned} \tag{3.3-3}$$

式中，v 为激光工作物质中光的速度，而

$$\sigma_{21}(\nu) = \frac{A_{21}(\nu)v^2}{8\pi\nu^2} = \frac{A_{21}v^2}{8\pi\nu^2} g_H(\nu,\nu_0) = \sigma_{21} f_H(\nu,\nu_0) \tag{3.3-4}$$

具有面积的量纲，称为发射截面。其中

$$\sigma_{21} = \frac{A_{21}v^2}{4\pi^2\nu^2\Delta\nu_H} \tag{3.3-5}$$

为中心频率 ν_0 处的发射截面；

$$f_H(\nu,\nu_0) = \frac{(\Delta\nu_H/2)^2}{(\nu-\nu_0)^2 + (\Delta\nu_H/2)^2} = \frac{\pi\Delta\nu_H}{2} g_H(\nu,\nu_0) \tag{3.3-6}$$

仍称为洛伦兹线型函数，它仅与 $g_H(\nu,\nu_0)$ 相差一个常数。

同理，受激吸收跃迁概率可表示为

$$\begin{aligned} W_{12}(\nu) &= B_{12}(\nu)\rho_\nu - \frac{f_2}{f_1}B_{21}(\nu)\rho_\nu = \frac{f_2}{f_1} \cdot \frac{A_{21}(\nu)v^2}{8\pi\nu^2} \cdot vN_l \\ &= \sigma_{12}(\nu) \cdot vN_l \end{aligned} \tag{3.3-7}$$

式中

$$\sigma_{12}(\nu) = \frac{f_2}{f_1} \cdot \frac{A_{21}(\nu)v^2}{8\pi\nu^2} = \frac{f_2}{f_1}\sigma_{21}(\nu) = \sigma_{12} f_H(\nu,\nu_0) \tag{3.3-8}$$

同样具有面积的量纲，称为吸收截面。其中

$$\sigma_{21} = \frac{f_2}{f_1} \cdot \frac{A_{21}v^2}{4\pi^2\nu^2\Delta\nu_H} \tag{3.3-9}$$

为中心频率 ν_0 处的吸收截面。

有了上述讨论，各能级上粒子数密度随时间变化方程中的 $n_2W_{21} - n_1W_{12}$ 可表示为

$$\begin{aligned} n_2W_{21} - n_1W_{12} &= W_{21}\left(n_2 - \frac{W_{12}}{W_{21}}n_1\right) = W_{21}\left(n_2 - \frac{f_2}{f_1}n_1\right) \\ &= \Delta n \sigma_{21}(\nu) \cdot vN_l \end{aligned} \tag{3.3-10}$$

式中

$$\Delta n = n_2 - \frac{f_2}{f_1}n_1 \tag{3.3-11}$$

为 E_1 能级和 E_2 能级间的粒子反转集居数。

2）自发辐射光子数密度的简化表示

重新考察腔内光子数密度随时间的变化关系，式中含自发辐射引起腔内光子数密度变化的因子 n_2A_{21}，这些自发辐射的光子能全部进入第 l 模式吗？显然不是，若是，就没有产生激光辐射的难题了。讨论如下：

实际上，$A_{21}n_2$ 是指分配在所有模式上的总自发辐射光子速率。我们需要的是，进入第 l 模内的自发辐射光子速率。设谐振腔（从而工作物质）的体积为 V，第 l 模腔内总光子数为 n_l，则

$$W_{21}(\nu) = \frac{A_{21}(\nu)}{n_\nu V}n_l = a_l n_l \tag{3.3-12}$$

式中

$$a_l = \frac{A_{21}(\nu)}{n_\nu V} = \frac{W_{21}(\nu)}{n_l} \tag{3.3-13}$$

为分配在腔内 ν 处第 l 模上的自发辐射概率。

这样，就得到一个重要概念：一个模式内一个光子引起的受激辐射跃迁概率等于分配在该模式上的自发辐射跃迁概率 a_l。显然，n_2A_{21} 是分配在腔内所有模式上的自发辐射光子速率，故进入或分配在第 l 模光子速率为 $a_l n_2$。

综合以上两点讨论，最后得到用发射截面和能级寿命表示的速率方程为

$$\left.\begin{aligned}
&\frac{dn_3}{dt} = n_1W_{13} - \frac{n_3}{\tau_3} = R_p - \frac{n_3}{\tau_3}\\
&\frac{dn_2}{dt} = n_3S_{32} - \frac{n_2}{\tau_2} - \Delta n\sigma_{21}(\nu)\cdot vN_l\\
&n = n_1 + n_2 + n_3\\
&\frac{dN_l}{dt} = \Delta n\sigma_{21}(\nu)\cdot vN_l - \frac{N_l}{\tau_{Rl}} + n_2a_l
\end{aligned}\right\} \tag{3.3-14}$$

考虑到 $A_{31} \ll S_{32}$，$S_{31} \ll S_{32}$，式中可取 $\frac{1}{\tau_3} = \frac{1}{\tau_{31}} + \frac{1}{\tau_{32}} \approx \frac{1}{\tau_{32}}$。

三能级系统的典型例子是世界上第一台激光器的工作物质——掺 Cr^{+3} 离子的红宝石。其在室温下的一些跃迁数据为：$S_{32} \approx 5\times10^6\,s^{-1}$，$A_{31} \approx 3\times10^5\,s^{-1}$，$A_{21} \approx 3\times10^2\,s^{-1}$，$S_{21} \approx 0$，$S_{31} \approx 0$。满足前述假设条件。

3. 四能级系统速率方程及其稳态解

1）四能级速率方程

四能级系统模型更具有代表性，因为对大多数激光工作物质来说，都可以简化

为四能级系统，例如，前面讨论提及的 He-Ne 激光器、Ar^+ 激光器、Nd：YAG 激光器、CO_2 激光器等都属于四能级系统。

四能级系统参与激光产生的有四个能级：泵浦上下能级 E_3 和 E_0（基态能级），激光上下能级 E_2 和 E_1。由于激光下能级不再是基态，因而在热平衡状态，处于激光下能级 E_2 的粒子数很少，这有利于在 E_2 和 E_1 间形成集居数反转。可见，四能级系统与三能级系统相比，更容易实现集居数反转。四能级系统能级间的粒子跃迁如图 3.3-3 所示，各符号的物理意义与三能级系统相同。

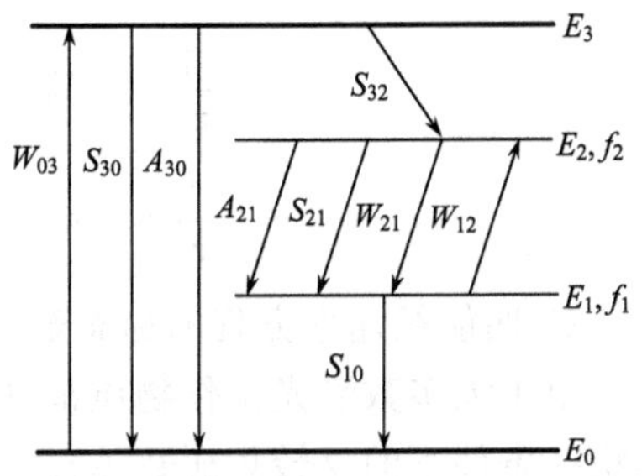

图 3.3-3　四能级系统跃迁示意图

对于实际激光物质，四能级系统仍然有

$$S_{30}, A_{30} \ll S_{32}, \quad S_{21} \ll A_{21}$$

激光下能级 E_1 和 E_0 的能量间隔一般比粒子热运动能量 $k_B T$ 大得多，即 $E_1 - E_0 \gg k_B T$，这保证了在热平衡条件下激光下能级 E_1 上的粒子数可以忽略。但当由于自发辐射和受激辐射粒子由 E_2 跃迁到 E_1 后，为维持集居数反转状态，就必须使它们以某种方式迅速地转移到基态，这就要求 S_{10} 很大。S_{10} 也称为激光下能级的抽空速率。

为简单起见，略去 S_{30} 的影响，类似三能级系统的讨论，可得到四能级系统速率方程形式为

$$\left.\begin{aligned}
\frac{dn_3}{dt} &= n_0 W_{03} - n_3(A_{30} + S_{30}) - n_3 S_{32} = R_p - \frac{n_3}{\tau_3} \\
\frac{dn_2}{dt} &= n_3 S_{32} - n_2(A_{21} + S_{21}) - \Delta n \sigma_{21}(\nu) \cdot v N_l \\
&= n_3 S_{32} - \frac{n_2}{\tau_2} - \Delta n \sigma_{21}(\nu) \cdot v N_l \\
\frac{dn_1}{dt} &= n_2(A_{21} + S_{21}) + \Delta n \sigma_{21}(\nu) \cdot v N_l - n_1 S_{10} \\
&= \frac{n_2}{\tau_{21}} + \Delta n \sigma_{21}(\nu) \cdot v N_l - \frac{n_1}{\tau_1} \\
\frac{dn_0}{dt} &= n_1 S_{10} - n_0 W_{03} \\
n &= n_0 + n_1 + n_2 + n_3 \\
\frac{dN_l}{dt} &= \Delta n \sigma_{21}(\nu) \cdot v N_l - \frac{N_l}{\tau_{Rl}} + n_2 a_l
\end{aligned}\right\} \tag{3.3-15}$$

式中已经应用了

$$\left.\begin{aligned}&\frac{1}{\tau_3}=\frac{1}{\tau_{32}}+\frac{1}{\tau_{31}}+\frac{1}{\tau_{30}}\approx\frac{1}{\tau_{32}}=S_{32}\\&\frac{1}{\tau_{21}}\approx A_{21}\\&\frac{1}{\tau_1}\approx S_{10}\end{aligned}\right\}\tag{3.3-16}$$

2）四能级速率方程的稳态解

由于大多数激光工作物质都是四能级系统，下面根据四能级系统速率方程，求解稳态条件下的反转集居数 Δn。

这里的稳态即 $\mathrm{d}n_i/\mathrm{d}t=0(i=0,1,2,3)$ 的状态。因此，由式(3.3-15)并考虑到 S_{30}，$A_{30}\ll S_{32}$，$S_{21}\ll A_{21}$ 有

$$n_0W_{03}-n_3S_{32}=0\tag{3.3-17}$$

$$n_3S_{32}-n_2A_{21}-\Delta n\sigma_{21}(\nu)\cdot vN_l=0\tag{3.3-18}$$

$$n_2A_{21}+\Delta n\sigma_{21}(\nu)\cdot vN_l-n_1S_{10}=0\tag{3.3-19}$$

$$n_1S_{10}-n_0W_{03}=0\tag{3.3-20}$$

若 S_{32} 很大，粒子在泵浦上能级 E_3 能级几乎不停留，那么由式(3.3-17)得

$$n_3=n_0\frac{W_{03}}{S_{32}}\approx 0$$

同理，若激光下能级抽空速率 S_{10} 也很大，粒子在 E_1 能级也几乎不停留，由式(3.3-20)得

$$n_1=n_0\frac{W_{03}}{S_{10}}\approx 0$$

显然这是理想情况，把满足上述条件的介质称为理想激光介质。若上述近似条件满足，则

$$\left.\begin{aligned}&\Delta n=n_2-\frac{f_2}{f_1}n_1\approx n_2\\&n_2=n-n_0\\&\frac{\mathrm{d}n_2}{\mathrm{d}t}=-\frac{\mathrm{d}n_0}{\mathrm{d}t}\end{aligned}\right\}\tag{3.3-21}$$

由式(3.3-17)和式(3.3-18)可求得反转集居数为

$$\Delta n=\frac{R_{\mathrm{p}}\tau_2}{1+\sigma_{21}(\nu)vN_l\tau_2}\tag{3.3-22}$$

(1) 小信号速率方程解

当腔内光子数密度 $N_l=0$(从而介质中信号光腔 $I_\nu=0$)时，反转集居数密度为

$$\Delta n = \Delta n^0 = R_p \tau_2 \tag{3.3-23}$$

可见，反转集居数正比于泵浦速率和激光上能级寿命，泵浦速率越大，初始反转集居数密度 Δn^0 越大；激光上能级寿命越长，反转集居数 Δn^0 也越大。因此，一般激光工作物质系统的激光上能级都要求为亚稳态，这样容易形成集居数反转。

(2) 大信号速率方程解

当腔内光子数密度 $N_l \neq 0$（从而介质中信号光腔 $I_\nu \neq 0$）时，反转集居数密度 Δn 称为大信号速率方程解。将 $I_\nu = \rho_\nu v = h\nu N_l v$ 关系用于式(3.3-22)，就得到介质中用信号光强表示的反转集居数

$$\Delta n = \frac{\Delta n^0}{1 + \dfrac{\sigma_{21}(\nu)\tau_2 I_\nu}{h\nu}} = \frac{\Delta n^0}{1 + \dfrac{\sigma_{21}\tau_2 I_\nu}{h\nu} f_H(\nu, \nu_0)} = \frac{\Delta n^0}{1 + \dfrac{I_\nu}{I_s} f_H(\nu, \nu_0)} \tag{3.3-24}$$

式中

$$I_s = \frac{h\nu}{\sigma_{21}\tau_3} = \frac{4\pi^2 h\nu^3 \Delta\nu_H}{A_{21}\tau_2 v^2} \tag{3.3-25}$$

具有光强的量纲，称为介质的饱和光强，由介质的性质唯一确定。饱和光强决定最大反转集居数。

(3) 反转集居数的饱和效应

以均匀加宽线型函数 $f_H(\nu, \nu_0)$ 表达式代入式(3.3-24)有

$$\Delta n = \frac{\Delta n^0}{1 + \dfrac{I_\nu}{I_s} f_H(\nu, \nu_0)} = \frac{(\nu - \nu_0)^2 + (\Delta\nu_H/2)^2}{(\nu - \nu_0)^2 + (\Delta\nu_H/2)^2 \left(1 + \dfrac{I_\nu}{I_s}\right)} \Delta n^0 \tag{3.3-26}$$

当信号光强满足 $I_\nu \ll I_s$ 时，反转集居数取最大值

$$\Delta n = \Delta n^0 = R_p \tau_2$$

当信号光强与饱和光强可比拟，即 $I_\nu \sim I_s$ 时，反转集居数

$$\Delta n < \Delta n^0$$

这种随着介质中信号光强的增加，反转集居数下降的现象称为反转集居数饱和。可见，介质中信号光强的增加是以消耗反转集居数为代价的。

反转集居数饱和效应还与介质中信号光频率有关，当 $I_\nu = I_{\nu 0}$，即信号频率 ν 等于介质中心频率 ν_0 时，反转集居数为

$$\Delta n = \frac{\Delta n^0}{1 + I_{\nu 0}/I_s}$$

当 $I_{\nu 0} = I_s$ 时，有

$$\Delta n = \frac{\Delta n^0}{2}$$

饱和效应最强。当 $I_s = I_\nu$ 时，饱和效应还取决于信号光频率与介质中心频率之差

$|\nu-\nu_0|$，信号光频率偏离 ν_0 越远，饱和效应越弱。

3.3.2 多模振荡速率方程

如果激光器中有 m 个模振荡，其中第 l 模光的频率为 ν_l，光子数密度为 N_l，光子寿命为 τ_{Rl}，则 E_2 能级的粒子数密度速率方程为

$$\frac{dn_2}{dt}=-\sum_l \Delta n\sigma_{21}(\nu_l)vN_l-n_2(A_{21}+S_{21})+n_3S_{32} \tag{3.3-27}$$

对于光子数密度速率方程，由于每个模式的频率、损耗以及 $g(\nu_l,\nu_0)$ 值不同，必须建立 m 个速率方程，其中第 l 模的速率方程为

$$\frac{dN_l}{dt}=\Delta n\sigma_{21}(\nu_l)\cdot vN_l-\frac{N_l}{\tau_{Rl}}+n_2a_l \tag{3.3-28}$$

一般来说，多模速率方程的解非常复杂，为了使问题简化，在处理一些不涉及各模差别的问题时，可作如下假设。

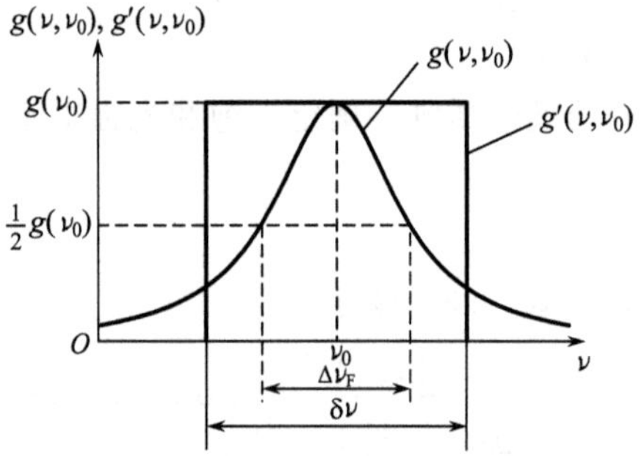

图 3.3-4 光谱线的线性函数及其等效线性函数

(1) 假设各模的衍射损耗比腔内工作物质的损耗以及反射镜的透射损耗小得多，因而可以认为各个模式的损耗是相等的。

(2) 将线型函数 $g(\nu_l,\nu_0)$ 用一矩形线型 $g'(\nu_l,\nu_0)$ 代替，如图 3.3-4 所示，并使矩形函数 $g'(\nu_l,\nu_0)$ 的高度等于 $g(\nu_l,\nu_0)$ 的最大值，矩形函数所包含的面积等于原谱线包含的面积，即

$$\left.\begin{aligned}g'(\nu,\nu_0)&=g(\nu_0)\\ \delta\nu&=\frac{1}{g(\nu_0)}\end{aligned}\right\} \tag{3.3-29}$$

对于洛伦兹线型和高斯线型，等效线宽分别为

$$\delta\nu=\frac{\pi}{2}\Delta\nu_F \tag{3.3-30}$$

和

$$\delta\nu=\frac{1}{2}\left(\frac{\pi}{\ln 2}\right)^{1/2}\Delta\nu_F \tag{3.3-31}$$

式中已经用工作物质的自发辐射荧光谱线线宽 $\Delta\nu_F$ 统一表示均匀加宽线宽 $\Delta\nu_H$ 和非均匀加宽线宽 $\Delta\nu_D$。

采用以上简化模型，四能级系统多模振荡速率方程可表示为

$$\left.\begin{aligned}
\frac{\mathrm{d}n_3}{\mathrm{d}t} &= n_0 W_{03} - \frac{n_3 S_{32}}{\eta_1} \\
\frac{\mathrm{d}n_2}{\mathrm{d}t} &= -\Delta n \sigma_{21} v N - \frac{n_2 A_{21}}{\eta_2} + n_3 S_{32} \\
\frac{\mathrm{d}n_0}{\mathrm{d}t} &= n_1 S_{10} - n_0 W_{03} \\
n &= n_0 + n_1 + n_1 + n_3 \\
\frac{\mathrm{d}N}{\mathrm{d}t} &= \Delta n \sigma_{21} v N - \frac{N}{\tau_{\mathrm{R}}}
\end{aligned}\right\} \tag{3.3-32}$$

式中，N 为 m 个模式光子数密度之和；σ_{21} 为中心频率处的发射截面；

$$\eta_1 = \frac{S_{32}}{S_{32} + A_{30}}$$

为 E_3 能级向 E_2 能级无辐射跃迁的量子效率；

$$\eta_2 = \frac{A_{21}}{A_{21} + S_{21}}$$

为 E_2 能级向 E_1 能级无辐射跃迁的荧光效率。而将 $\eta_F = \eta_1 \eta_2$ 称为总量子效率，其意义可以理解为：由泵浦抽运到 E_3 能级的粒子，只有一部分通过无辐射跃迁到达激光上能级 E_2，另一部分则通过其他途径返回基态；而到达 E_2 能级的粒子也只有一部分通过自发辐射跃迁到 E_1 能级并发射荧光，其余粒子通过无辐射跃迁到达 E_1 能级。因此，总量子效率可表示为

$$\eta_F = \frac{\text{发射荧光的光子数}}{\text{工作物质从光泵吸收的光子数}}$$

3.4　激光介质增益及增益饱和(模式竞争)

现在由速率方程出发来讨论激光工作物质的增益系数，分析影响增益系数的因素，重点探讨介质中信号光强增加时的增益饱和规律。

这里利用 3.3 节给出的稳态速率方程来研究增益系数及其影响增益系数的因素，因此本节的结论仅适用于连续泵浦和长脉冲泵浦的情形。在短脉冲泵浦条件下，由于未达到稳态，某些表示式不完全适用。但增益饱和行为以及均匀和非均匀加宽工作物质增益饱和特性的差异仍然适用。

具有均匀加宽线型和非均匀加宽线型的工作物质的增益饱和行为有很大差别，由它们构成的激光器的工作特性差异很大，下面分别予以讨论。

3.4.1 均匀加宽介质

1. 增益系数

若不考虑光子在腔内的寿命(先假设介质并未置于谐振腔之内),并注意到,在集居数反转状态,受激辐射和受激吸收光子数远大于自发辐射光子数,忽略自发辐射分配对第 l 模式光子数的贡献,由三、四能级速率方程腔内光子数密度随时间的变化关系式,有

$$\frac{\mathrm{d}N_l}{\mathrm{d}t} = \Delta n\sigma_{21}(\nu)vN_l \tag{3.4-1}$$

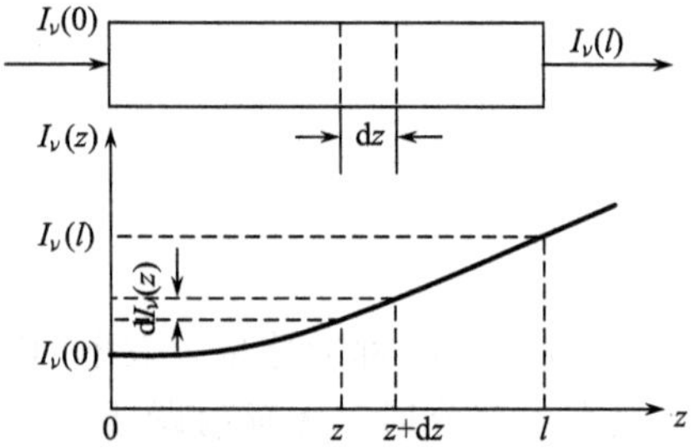

图 3.4-1 增益介质中的光放大

在稳态条件下,该方程可视为信号光强 I_ν 沿腔轴 z 的变化规律,如图 3.4-1 所示。因为

$$\left.\begin{aligned} I_\nu(z) &= N_l(z)h\nu\cdot v \\ \mathrm{d}z &= v\mathrm{d}t \end{aligned}\right\} \tag{3.4-2}$$

代入式(3.4-1)得

$$\frac{\mathrm{d}N_l(z)}{\mathrm{d}t} = \frac{\mathrm{d}I_\nu(z)}{h\nu\mathrm{d}z} = \Delta n\sigma_{21}(\nu)\frac{I_\nu(z)}{h\nu} \tag{3.4-3}$$

根据第 1 章关于介质增益系数的定义,得到均匀加宽介质的增益系数

$$G_{\mathrm{H}}(\nu,I_\nu) = \frac{\mathrm{d}I_\nu(z)}{I_\nu(z)\mathrm{d}z} = \Delta n\sigma_{21}(\nu) \tag{3.4-4}$$

式(3.4-4)还可以改写为

$$\sigma_{21}(\nu) = \frac{G_{\mathrm{H}}(\nu,I_\nu)}{\Delta n} \tag{3.4-5}$$

可见,对增益系数的讨论可以加深对发射截面的理解:发射截面就是单位体积内有一个反转粒子时的增益系数。

2. 增益饱和效应及其功率加宽

为讨论增益饱和效应及其功率加宽,依据反转集居数随信号光强的变化规律分别讨论小信号和大信号情况的增益系数。

1) 小信号情况

在小信号 $I_\nu/I_s\approx 0$ 条件下,反转集居数密度 $\Delta n=\Delta n^0$,相应的增益系数

$$G_{\mathrm{H}}(\nu,I_\nu) = G_{\mathrm{H}}^0(\nu,\nu_0) = \Delta n^0\sigma_{21}f_{\mathrm{H}}(\nu,\nu_0) \tag{3.4-6}$$

称为小信号增益系数。其增益线型为洛伦兹线型函数,FWHM 线宽为均匀加宽线型的线宽 $\Delta\nu_{\mathrm{H}}$,并且当 $\nu=\nu_0$ 时,增益系数取最大值

$$G_{\mathrm{H}}^{0}(\nu_0)=\Delta n^0\sigma_{21}=\Delta n^0\frac{A_{21}v^2}{4\pi^2\nu_0^2\Delta\nu_{\mathrm{H}}} \tag{3.4-7}$$

可见，小信号增益系数与入射光强无关，但与入射光频率有关。信号增益系数随频率的变化关系称为增益线型，由式(3.4-6)可见，均匀加宽介质的小信号增益线型仍为洛伦兹线型函数，如图 3.4-2所示。由式(3.4-7)可见，中心频率 ν_0 处的增益系数最大值由介质性质和泵浦速率($\Delta n^0=R_{\mathrm{p}}\tau_2$)决定，一般由实验测得。

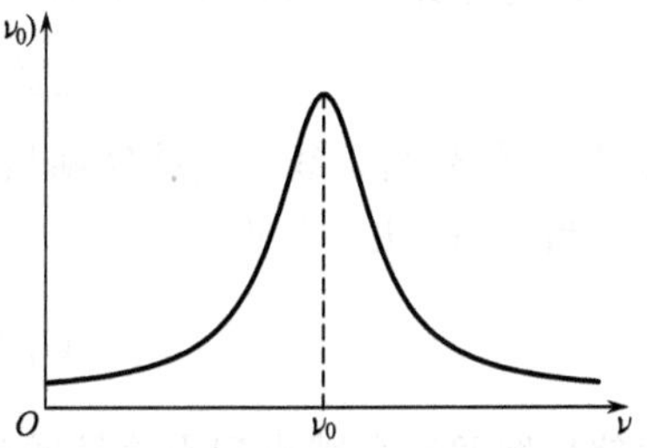

图 3.4-2　均匀加宽介质的小信号增益系数

2) 大信号情况

在大信号 $I_\nu/I_{\mathrm{s}}\neq0$ 条件下，由式(3.3-26)得到反转集居数为

$$\Delta n=\frac{\Delta n^0}{1+(I_\nu/I_{\mathrm{s}})f_{\mathrm{H}}(\nu,\nu_0)}=\frac{(\nu-\nu_0)^2+(\Delta\nu_{\mathrm{H}}/2)^2}{(\nu-\nu_0)^2+(\Delta\nu_{\mathrm{H}}/2)^2(1+I_\nu/I_{\mathrm{s}})}\Delta n^0 \tag{3.4-8}$$

相应的增益系数为

$$\begin{aligned}G_{\mathrm{H}}(\nu,I_\nu)&=G_{\mathrm{H}}(\nu,\nu_0)=G_{\mathrm{H}}^{0}(\nu,\nu_0)\frac{1}{1+\dfrac{I_\nu}{I_{\mathrm{s}}}f_{\mathrm{H}}(\nu,\nu_0)}\\&=G_{\mathrm{H}}^{0}(\nu_0)\frac{(\Delta\nu_{\mathrm{H}}/2)^2}{(\nu-\nu_0)^2+(\Delta\nu_{\mathrm{H}}/2)^2(1+I_\nu/I_{\mathrm{s}})}\end{aligned} \tag{3.4-9}$$

当且当 $\nu=\nu_0$ 时，增益系数也取最大值

$$G_{\mathrm{H}}(\nu_0,I_{\nu 0})=\frac{G_{\mathrm{H}}^{0}(\nu_0)}{1+I_\nu/I_{\mathrm{s}}} \tag{3.4-10}$$

可见，随着信号光强的增加，增益系数要减小，这种增益系数随信号光强增加而减小的现象称为增益饱和。由于增益系数正比于反转集居数和发射截面，发射截面由激光工作物质的性质决定，所以增益饱和现象的根源在于反转集居数饱和，即信号光强的增加以消耗反转集居数为代价。

大信号增益线型的线宽也要发生变化，由于增益饱和是由信号光强增加引起的，故大信号增益线宽的改变称为功率加宽。现讨论如下。

大信号增益系数式(3.4-9)可改写为

$$\begin{aligned}G_{\mathrm{H}}(\nu,\nu_0)&=\frac{G_{\mathrm{H}}^{0}(\nu_0)}{1+I_\nu/I_{\mathrm{s}}}\frac{(\Delta\nu_{\mathrm{H}}/2)^2(1+I_\nu/I_{\mathrm{s}})}{(\nu-\nu_0)^2+(\Delta\nu_{\mathrm{H}}/2)^2(1+I_\nu/I_{\mathrm{s}})}\\&=\frac{G_{\mathrm{H}}^{0}(\nu_0)}{1+I_\nu/I_{\mathrm{s}}}\frac{(\Delta\nu'_{\mathrm{H}}/2)^2}{(\nu-\nu_0)^2+(\Delta'\nu_{\mathrm{H}}/2)^2}\\&=\frac{G_{\mathrm{H}}^{0}(\nu_0)}{1+I_\nu/I_{\mathrm{s}}}f'_{\mathrm{H}}(\nu,\nu_0)\end{aligned} \tag{3.4-11}$$

式中
$$f'_{\mathrm{H}}(\nu,\nu_0)=\frac{(\Delta\nu'_{\mathrm{H}}/2)^2}{(\nu-\nu_0)^2+(\Delta'\nu_{\mathrm{H}}/2)^2} \tag{3.4-12}$$
仍为洛伦兹线型函数，其线宽为
$$\Delta\nu'_{\mathrm{H}}=\Delta\nu_{\mathrm{H}}\sqrt{1+I_\nu/I_s} \tag{3.4-13}$$
可见，大信号增益线型的线宽随信号光强的增加而展宽。

当 $\nu=\nu_0, I_\nu=I_s$ 时
$$G_{\mathrm{H}}(\nu_0,I_{\nu s})=\frac{G^0_{\mathrm{H}}(\nu_0)}{2} \tag{3.4-14}$$
大信号增益系数减小到小信号增益系数的一半。

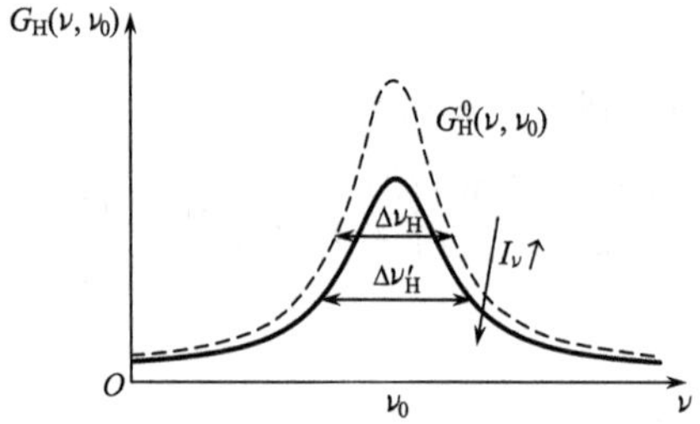

图 3.4-3 均匀加宽介质的大信号增益系数

必须再次指出的是，增益饱和的根源在于反转集居数饱和，由于反转集居数饱和规律与信号光频率 ν 有关，信号光频率 ν 偏离中心频率 ν_0 越远，饱和效应越弱，这就导致大信号增益系数也有同样的规律，即随信号光强的增加，无论信号光的频率如何，都会引起增益曲线的整体下降，但下降的幅度与频率有关，中心频率 ν_0 处饱和效应最强，增益系数下降最大，越远离中心频率 ν_0，增益曲线下降幅度越小。这也是增益线型功率加宽的原因。均匀加宽介质的大信号增系数如图 3.4-3 所示。

3. 交叉饱和——强光 $I_{\nu1}$ 作用下小信号 I_ν 的增益问题

前面讨论频率为 ν、强度为 I_ν 的信号光入射时，它本身的增益系数 $G_{\mathrm{H}}(\nu,I_\nu)$ 随信号光强的下降规律。由于实际激光器腔内可能有多个模式满足起振条件，这就需要讨论介质中多个光信号的问题。

1) 存在强光 $I_{\nu1}$ 时小信号 I_ν 的增益系数

如图 3.4-4 所示，设有一频率为 ν 的弱信号入射，同时还有一频率为 ν_1 的强光入射。根据增益系数表达式(3.4-9)，相应弱信号的增益系数为
$$\begin{aligned}G_{\mathrm{H}}(\nu,I_{\nu1})&=G^0_{\mathrm{H}}(\nu,\nu_0)\frac{1}{1+\frac{1}{I_s}[I_\nu f_{\mathrm{H}}(\nu,\nu_0)+I_{\nu1}f_{\mathrm{H}}(\nu_1,\nu_0)]}\\&\approx G^0_{\mathrm{H}}(\nu,\nu_0)\frac{1}{1+\frac{I_{\nu1}}{I_s}f_{\mathrm{H}}(\nu_1,\nu_0)}\\&=G^0_{\mathrm{H}}(\nu,\nu_0)\frac{(\nu_1-\nu_0)^2+(\Delta\nu_{\mathrm{H}}/2)^2}{(\nu_1-\nu_0)^2+(\Delta\nu_{\mathrm{H}}/2)(1+I_{\nu1}/I_s)}\end{aligned} \tag{3.4-15}$$

当 $\nu_1=\nu_0, I_{\nu1}=I_s$ 时

$$G_H(\nu, I_{\nu1}) = \frac{G_H^0(\nu,\nu_0)}{2} \tag{3.4-16}$$

由此可见，对于均匀加宽介质，当介质中存在某一频率为 ν_1 的强光时，频率为 ν 的信号光增益系数下降。其原因在于对于均匀加宽介质，由于每个粒子对增益谱线不同频率处都有贡献，所以当某一频率为 ν_1 的受激辐射消耗了反转集居数时，也就减少了对其他信号频率 ν 的起增益作用的反转集居数，其结果是增益在整个谱线上均匀下降。于是在均匀加宽激光器中，当一个模式振荡时，其他模式的增益降低，因而会阻止其他模式的振荡，这就是均匀加宽激光器的模式竞争问题。图 3.4-4所示为均匀加宽介质中频率为 ν_1 的强光使增益曲线均匀饱和的情形。

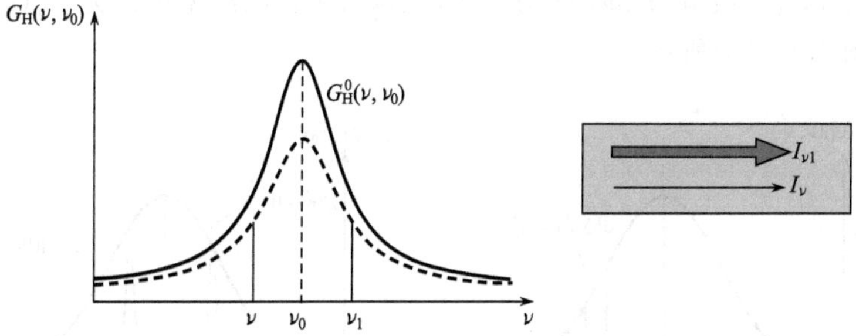

图 3.4-4　均匀加宽介质增益系数的交叉饱和

2) 存在多个强光 $I_{\nu1}, I_{\nu2}, \cdots$ 时小信号 I_ν 的增益系数

此时，频率为 ν 的小信号 I_ν 的增益系数为

$$\begin{aligned} G_H(\nu, I_{\nu1}) &= G_H^0(\nu,\nu_0)\frac{1}{1+[I_\nu f_H(\nu,\nu_0)+I_{\nu1} f_H(\nu_1,\nu_0)+I_{\nu2} f_H(\nu_2,\nu_0)+\cdots]/I_s} \\ &\approx G_H^0(\nu,\nu_0)\frac{1}{1+[I_{\nu1} f_H(\nu_1,\nu_0)+I_{\nu2} f_H(\nu_2,\nu_0)+\cdots]/I_s} \end{aligned} \tag{3.4-17}$$

可见，每一强光信号都会引起频率为 ν 的光信号的增益饱和，只不过是，依强光频率与中心频率 ν_0 的间隔不同、光强大小不同，引起增益曲线下降不同。

3.4.2　非均匀加宽介质

现在讨论线型函数为 $g_D(\nu,\nu_0)$ 的非均匀多普勒加宽工作物质增益系数。对于多普勒加宽，由于粒子的运动其中心频率发生了散布，所以在计算增益系数时，必须将反转集居数 Δn 按表观中心频率分类。

1. 非均匀加宽介质增益系数

设小信号情况下的反转集居数为 Δn^0，如图 3.4-5(a)所示，表观中心频率在 $\nu'_0 \sim \nu'_0 + d\nu'_0$ 范围内的反转集居数为

$$d[\Delta n^0(\nu'_0)] = \Delta n^0 g_D(\nu'_0, \nu_0) d\nu'_0 \tag{3.4-18}$$

对于纯粹的非均匀加宽介质来说，表观中心频率为 ν'_0 的这群粒子发射频率为 ν'_0 的单色光。但对于实际激光介质，这群粒子还有自己的均匀加宽线型。例如，任何粒子都存在由于自发辐射跃迁引起的自然加宽，对气体激光介质，一般还存在碰撞加宽，这些都属均匀加宽机制。前面曾指出，非均匀加宽线型可视为相应均匀加宽线型的叠加。所以，表观中心频率为 $\nu'_0 \sim \nu'_0 + d\nu'_0$ 的这群粒子将发射中心频率为 ν'_0，线型为 $g_H(\nu, \nu'_0)$、线宽为 $\Delta\nu_H$ 的均匀加宽谱线，多普勒线型可视为 $g_H(\nu, \nu'_0)$ 的包络线，如图 3.4-5(b)所示。

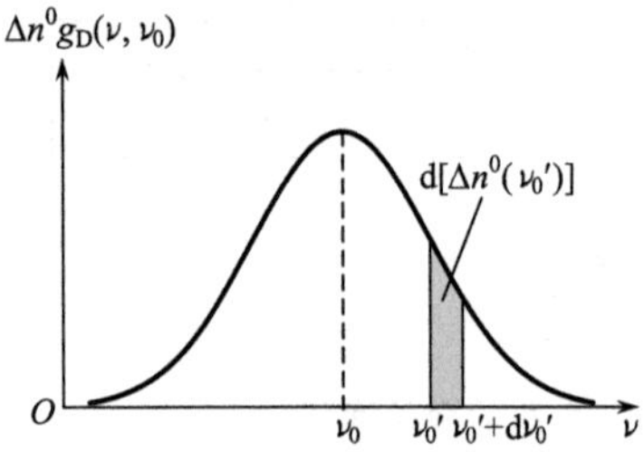

(a) 非均匀加宽介质中反转集居数随频率的变化关系

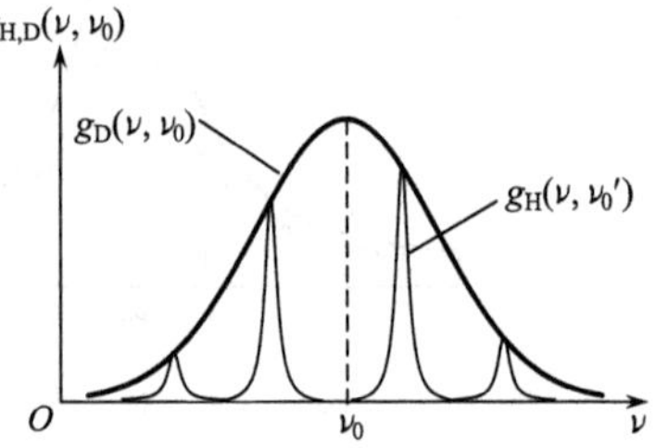

(b) 非均匀加宽介质多普勒线型函数与均匀加宽线型的关系

图 3.4-5

现有频率为 ν 的信号光 I_ν 入射，这群粒子 $d[\Delta n^0(\nu'_0)]$ 对 I_ν 产生的增益符合均匀加宽规律。因为这群粒子的表观中心频率为 ν'_0，对 I_ν 产生的增益为

$$\begin{aligned} dG_i(\nu, I_\nu) &= d[\Delta n^0(\nu'_0)]\sigma_{21} \cdot \frac{(\Delta\nu_H/2)^2}{(\nu - \nu'_0)^2 + (\Delta\nu_H/2)^2(1 + I_\nu/I_s)} \\ &= \frac{\sigma_{21}\Delta n^0(\Delta\nu_H/2)^2 g_D(\nu'_0, \nu_0) d\nu'_0}{(\nu - \nu'_0)^2 + (\Delta\nu_H/2)^2(1 + I_\nu/I_s)} \end{aligned} \tag{3.4-19}$$

对 I_ν 的总增益应是具有各种表观中心频率的所有粒子的总贡献，因此，非均匀加宽介质的增益系数为

$$\begin{aligned} G_i(\nu, I_\nu) &= \int dG_i(\nu, I_\nu) \\ &= \int_0^\infty \frac{\sigma_{21}\Delta n^0(\Delta\nu_H/2)^2 g_D(\nu'_0, \nu_0)}{(\nu - \nu'_0)^2 + (\Delta\nu_H/2)^2(1 + I_\nu/I_s)} d\nu'_0 \end{aligned} \tag{3.4-20}$$

注意：

(1) 积分式中被积函数只是在 $|\nu-\nu'_0|<\Delta\nu_H/2$ 的很小范围内明显有值，而当 $|\nu-\nu'_0|\gg\Delta\nu_H/2$ 时趋于零，因此，可以将积分区间由 $0\sim\infty$ 改换为 $-\infty\sim\infty$ 而不影响积分结果。

(2) 在非均匀加宽情况，$\Delta\nu_H\ll\Delta\nu_D$，因此，在 $|\nu-\nu'_0|<\Delta\nu_H/2$ 范围内可将 $g_D(\nu'_0,\nu_0)$ 近似看成是常数 $g_D(\nu,\nu_0)$，从而可以提到积分号外。

于是式(3.4-20)可简化为

$$G_i(\nu,I_\nu)=\sigma_{21}\Delta n^0 g_D(\nu,\nu_0)\int_{-\infty}^{\infty}\frac{(\Delta\nu_H/2)^2}{(\nu-\nu'_0)^2+(\Delta\nu_H/2)^2(1+I_\nu/I_s)}\mathrm{d}\nu'_0$$

$$=\frac{\sigma_{21}\Delta n^0}{\sqrt{1+I_\nu/I_s}}g_D(\nu,\nu_0) \tag{3.4-21}$$

当 $I_\nu\ll I_s$ 时，得到非均匀加宽介质的小信号增益系数，它与光强无关

$$G_i^0(\nu,\nu_0)=G_i^0(\nu_0)\exp\left[-\frac{4\ln2(\nu-\nu_0)^2}{\Delta\nu_D^2}\right] \tag{3.4-22}$$

式中

$$G_i^0(\nu_0)=\Delta n^0\sigma_{21}\left(\frac{\ln2}{\pi}\right)^{1/2}\frac{1}{\Delta\nu_D} \tag{3.4-23}$$

为中心频率 ν_0 处的小信号增益系数。可见，小信号增益系数和频率的关系完全由非均匀加宽线型函数 $g_D(\nu,\nu_0)$ 决定。最后得到用小信号增益系数表示的非均匀加宽介质增益系数的一般表达式

$$G_i(\nu,I_\nu)=\frac{G_i^0(\nu,\nu_0)}{\sqrt{1+\frac{I_\nu}{I_s}}}=\frac{G_i^0(\nu_0)}{\sqrt{1+\frac{I_\nu}{I_s}}}\exp\left[-\frac{4\ln2(\nu-\nu_0)^2}{\Delta\nu_D^2}\right]=\frac{G_i^0(\nu_0)}{\sqrt{1+\frac{I_\nu}{I_s}}}f'_D(\nu,\nu_0) \tag{3.4-24}$$

分析式(3.4-24)可见，当信号光强 I_ν 与饱和光强 I_s 可比拟时，增益系数随信号光强 I_ν 的增加而减小，强度为 I_ν 的入射光所获得的增益系数仅是小信号时的 $1/(1+I_\nu/I_s)^{-1/2}$，这就是非均匀加宽情况下的增益饱和现象。与均匀加宽增益饱和规律不同的是，非均匀加宽情况下，饱和效应的强弱与频率无关。

2. 光谱烧孔效应

对非均匀加宽介质，增益线型为均匀加宽线型的包络，实际为反转集居数 Δn 按其表观中心频率 ν 的分布。对于频率为 ν_1 的信号光 $I_{\nu1}$ 产生增益的仅是表观中心频率在 $\nu=\nu_1$ 到 $\nu=\nu_1+\mathrm{d}\nu$ 的一群粒子 $\mathrm{d}[\Delta n^0(\nu_1)]$，所以信号光 $I_{\nu1}$ 仅使得 ν_1 处 $\mathrm{d}[\Delta n^0(\nu_1)]$ 粒子产生均匀饱和效应，可用均匀加宽饱和规律估算产生饱和的频率范围。考虑功率加宽因素后的均匀加宽增益线型 $f'_H(\nu,\nu_0)$ 的线宽为 $\Delta\nu'_H$，故在频率为 ν_1 的信号光 $I_{\nu1}$ 作用下，非均匀加宽情况下增益饱和效应频率区间为

$$\Delta\nu'_H=\Delta\nu_H\sqrt{1+\frac{I_{\nu1}}{I_s}} \tag{3.4-25}$$

在此区间之外，饱和效应可以忽略。所以在增益曲线上，形成了以 ν_1 为中心，宽度为 $\Delta\nu'_H$ 的孔，通常称这种现象为光谱“烧孔”效应。孔的深度可由小信号增益系数与饱和增益系数的值求得

$$G_H^0(\nu_1) - G_H^0(\nu_1, I_{\nu 1}) = G_H^0(\nu_1)\left(1 - \frac{1}{1 + I_{\nu 1}/I_s}\right) = \frac{G_H^0(\nu_1)}{1 + I_{\nu 1}/I_s}\frac{I_{\nu 1}}{I_s} \tag{3.4-26}$$

最后得到烧孔的面积

$$S = \frac{G_H^0(\nu_1)}{1 + I_{\nu 1}/I_s}\frac{I_{\nu 1}}{I_s}\Delta\nu_H\sqrt{1 + I_{\nu 1}/I_s} = \frac{G_H^0(\nu_1)}{\sqrt{1 + I_{\nu 1}/I_s}}\frac{I_{\nu 1}}{I_s}\Delta\nu_H \tag{3.4-27}$$

由于实际辐射产生的光子数正比于烧孔的面积 S，所以腔内光强，从而激光器的输出功率正比与烧孔的面积 S。

在光电场看来，由于多普勒效应，粒子的表观中心频率的大小不仅与运动速率有关，还与运动方向有关。相对增益介质来说，在激光器和激光放大器中的光信号分别为驻波场和行波场，所以其烧孔效应有明显差异，下面分别讨论。

1) 行波场作用(放大器中)

如图 3.4-6(a)所示，非均匀加宽介质增益系数为 $G_i(\nu, \nu_0)$、频率为 ν_1 的行波场可以沿 z 轴正方向传播(记为 $I_{\nu 1}^+$)，也可以沿 z 轴负方向传播(记为 $I_{\nu 1}^-$)。当信号光频率 $\nu_1 > \nu_0$ 时，只有同向运动才能产生共振相互作用，即 $I_{\nu 1}^+$ 与沿 z 轴正方向运动的粒子群、$I_{\nu 1}^-$ 与沿 z 轴负方向运动的粒子群才能产生共振相互作用。因此，当 $\nu_1 > \nu_0$ 时，ν_1 处的增益烧孔可能由两种同向相互作用之一作出贡献，如图 3.4-6(b)所示。

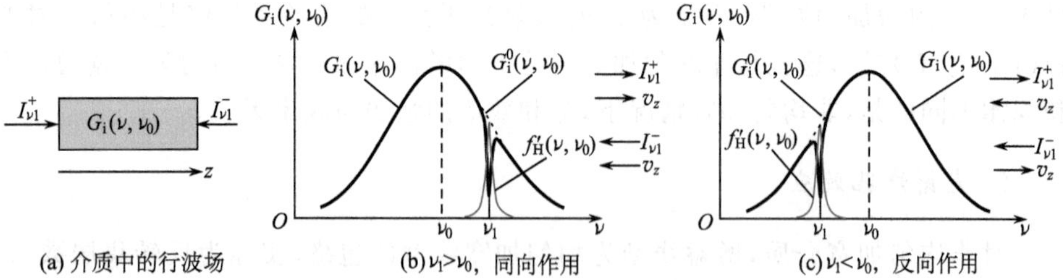

图 3.4-6 非均匀加宽介质的增益曲线

若信号光频率 $\nu_1 < \nu_0$，则只反向运动才会产生共振相互作用，即 $I_{\nu 1}^+$ 与沿 z 轴负方向运动的粒子群、$I_{\nu 1}^-$ 与沿 z 轴正方向运动的粒子群才能产生共振相互作用。因此，当 $\nu_1 < \nu_0$ 时，ν_1 处的增益烧孔可能由两种反向相互作用之一作出贡献，如图 3.4-6(c)所示。

可见，无论光信号沿什么方向传播，无论光信号的频率 ν_1 的大小如何，增益曲线上只出现一个光谱烧孔。

2）驻波作用（激光器中）

实际激光器中，频率为 ν_1 的光信号在腔内作驻波振荡，表现为谐振腔的一个模式，如图 3.4-7(a)所示。腔内介质中光强为 $I_{\nu 1}=I_{\nu 1}^{-}+I_{\nu 1}^{+}$。

对于 $\nu_1>\nu_0$ 的情形，为同向相互作用。对 $I_{\nu 1}^{+}$ 产生增益的粒子群沿 z 轴正方向运动、速度为 v_z、表观中心频率为 ν_1，故在增益曲线 ν_1 处出现一个光谱烧孔；而对 $I_{\nu 1}^{-}$ 产生增益的粒子群沿 z 轴负方向运动、速度为 v_z、表观中心频率为 $2\nu_0-\nu_1$，故在增益曲线 $2\nu_0-\nu_1$ 处也出现一个光谱烧孔。所以，在实际激光器中，对频率为 ν_1 的光信号产生增益的是运动速度大小相等、方向相反的两个特定粒子群的共同贡献。因此，把表观频率等于信号光频率处出现的烧孔称为真孔，而把另一个烧孔（ν_1 的对称位置）称为像孔（见图 3.4-7(b)）。对于 $\nu_1<\nu_0$ 的情形，则为反向相互作用。同样由表观中心频率为 ν_1 处的真孔和 $2\nu_0-\nu_1$ 处的像孔共同对 $I_{\nu 1}$ 提供增益。如图 3.4-7(c)所示。

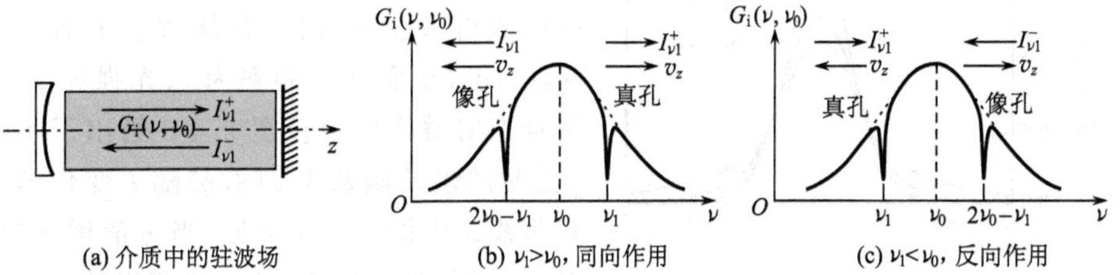

图 3.4-7　非均匀加宽介质的增益曲线

3.4.3　综合加宽介质

对于综合加宽介质，其均匀加宽线宽 $\Delta\nu_H$ 可与非均匀加宽线宽 $\Delta\nu_D$ 相比拟。此时仍需要将反转粒子集居数按表观中心频率分类，求出不同表观中心频率对信号增益的贡献，然后求得总增益系数。总增益系数仍然由式(3.4-20)表示，但不满足条件 $\Delta\nu_H\ll\Delta\nu_D$，不能将 $g_D(\nu_0',\nu_0)$ 作为常数提到积分式外。将 $g_D(\nu_0',\nu_0)$ 表达式代入式(3.4-20)得

$$G_i(\nu,I_\nu)=\sigma_{21}\Delta n^0\left(\frac{\ln 2}{\pi}\right)^{1/2}\frac{\Delta\nu_H^2}{2\Delta\nu_D}\int_{-\infty}^{\infty}\frac{\exp\left[-\dfrac{4\ln 2(\nu_0'-\nu_0)^2}{\Delta\nu_D^2}\right]}{(\nu-\nu_0')^2+(\Delta\nu_H/2)^2(1+I_\nu/I_s)}d\nu_0' \tag{3.4-28}$$

类似于综合加宽线型的讨论，式(3.4-28)积分可表示为误差函数的形式。引入新

的参量

$$t=\frac{\nu_0'-\nu_0}{\Delta\nu_D/(2\sqrt{\ln 2})}$$

$$\xi=\frac{\nu-\nu_0}{\Delta\nu_D/(2\sqrt{\ln 2})}$$

$$\eta=\frac{\Delta\nu_H\sqrt{1+I_\nu/I_s}}{\Delta\nu_D/\sqrt{\ln 2}}$$

代入式(3.4-28)得

$$\begin{aligned}G_i(\nu,I_\nu)&=\sigma_{21}\Delta n^0\left(\frac{\ln 2}{\pi}\right)^{1/2}\frac{\Delta\nu_H}{\Delta\nu_D}\frac{1}{\sqrt{1+I_\nu/I_s}}\int_{-\infty}^{\infty}\frac{\eta e^{-t^2}}{(\xi-t)^2+\eta^2}dt\\&=\sigma_{21}\Delta n^0\left(\frac{\ln 2}{\pi}\right)^{1/2}\frac{\Delta\nu_H}{\Delta\nu_D}\frac{1}{\sqrt{1+I_\nu/I_s}}W_R(\xi,\eta)\end{aligned} \tag{3.4-29}$$

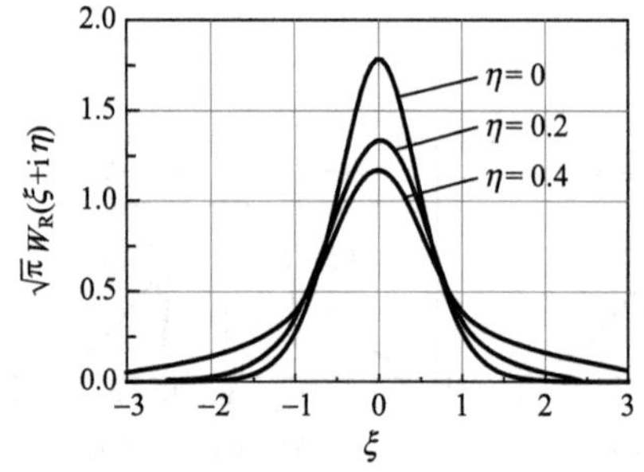

图 3.4-8 $W_R(\xi,\eta)$随ξ的变化关系曲线

所以，如果已知线宽$\Delta\nu_H$、$\Delta\nu_D$，信号光频率ν和光强I_ν以及介质的饱和光强I_s，即可求得参量ξ、η值，并从数学手册查得$W_R(\xi,\eta)$，从而确定频率为ν、光强为I_ν的信号光增益系数值。图 3.4-8 给出了不同η值时的误差函数$W_R(\xi,\eta)$随ξ变化的关系曲线。由图 3.4-8 可见，当η值增加时，$W_R(\xi,\eta)$函数值减小，这意味着当信号光强I_ν增加时，增益系数随之减小。

由参量η可见，当$\eta\to 0$时，为非均匀加宽；当$\eta\to\infty$时，为均匀加宽。因此，η是判断综合加宽的量度。所以，当$\nu=\nu_0$、$\Delta\nu_H\ll\Delta\nu_D$时，相应于$\xi=0$、$\eta\to 0$，式(3.4-29)过渡到式(3.4-24)$\nu=\nu_0$的情形；而当$\nu=\nu_0$、$\Delta\nu_H\gg\Delta\nu_D$时，相应于$\xi=0$、$\eta\to\infty$，则式(3.4-29)可用式(3.4-9)近似表示。

3.5 光放大概念分析

第 1 章的关于吸收系数和增益系数的讨论指出，若激光介质处于集居数反转状态，这样的介质称为增益介质或激活介质。只要光信号的频率处于增益线型之内，当光信号在激活介质中传播时，信号光强会随传播距离而增加，这就是光放大的概念。现在以均匀加宽介质为例来讨论在考虑增益饱和的条件下，介质光放大的规律和介质饱和光强I_s的意义。

如图 3.5-1 所示，假设频率为ν、光强为$I_\nu(0)$的信号光从$z=0$处入射一激光

介质，介质长为 L，增益线型为均匀加宽线型，由增益系数定义及均匀加宽的增益系数

$$G_H(\nu,I_\nu)=\frac{dI_\nu(z)}{I_\nu(z)dz}=\frac{G_H^0(\nu,\nu_0)}{1+\frac{I_\nu(z)}{I_s}f_H(\nu,\nu_0)} \tag{3.5-1}$$

得到光信号在介质中光强随传播距离的变化关系为

$$\frac{dI_\nu(z)}{I_\nu(z)}=G_H(\nu,I_\nu)dz=\frac{G_H^0(\nu,\nu_0)}{1+\frac{I_\nu(z)}{I_s}f_H(\nu,\nu_0)}dz \tag{3.5-2}$$

可变形为

$$\left[\frac{1}{I_\nu(z)}+\frac{f_H(\nu,\nu_0)}{I_s}\right]dI_\nu(z)=G_H^0(\nu,\nu_0)dz \tag{3.5-3}$$

其解可分为小信号和大信号两种情况讨论。

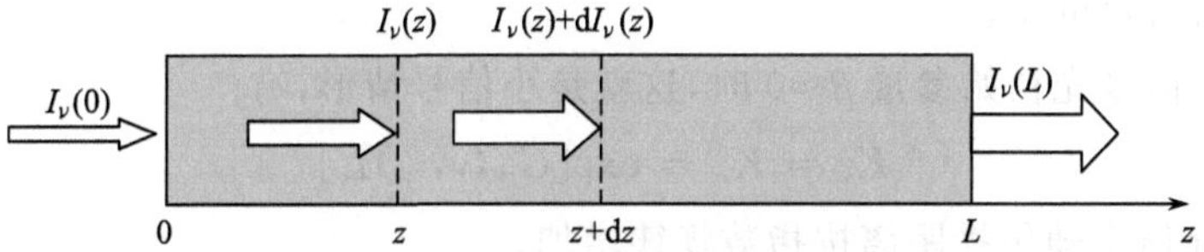

图 3.5-1 介质中光强随 z 的变化示意图

1. 小信号情况

对于小信号情况，有 $I_\nu(z)\ll I_s$，式(3.5-2)简化为

$$\frac{dI_\nu(z)}{I_\nu(z)}=G_H^0(\nu,\nu_0)dz \tag{3.5-4}$$

其解为

$$I_\nu(z)=I_\nu(0)e^{G_H^0(\nu,\nu_0)z} \tag{3.5-5}$$

可见，在满足小信号的情况下，信号光强随传播距离指数增加。在介质中传播距离 L 后的光强为

$$I_\nu(L)=I_\nu(0)e^{G_H^0(\nu,\nu_0)L} \tag{3.5-6}$$

相应的小信号放大倍数为

$$K_\nu^0=\frac{I_\nu(L)}{I_\nu(0)}=e^{G_H^0(\nu,\nu_0)L} \tag{3.5-7}$$

或

$$\ln K_\nu^0=G_H^0(\nu,\nu_0)L \tag{3.5-8}$$

2. 大信号情形

当信号光强 $I_\nu(z)$可与饱和光强 I_s 比拟时，相应信号光强随传播距离的变化规律可由式(3.5-3)在区间 $0\sim L$ 直接积分来讨论

$$\int_{I_\nu(0)}^{I_\nu(L)}\left[\frac{1}{I_\nu(z)}+\frac{f_H(\nu,\nu_0)}{I_s}\right]\mathrm{d}I_\nu(z)=G_H^0(\nu,\nu_0)L \tag{3.5-9}$$

积分后得

$$\ln\frac{I_\nu(L)}{I_\nu(0)}+\frac{f_H(\nu,\nu_0)}{I_s}[I_\nu(L)-I_\nu(0)]=G_H^0(\nu,\nu_0)L \tag{3.5-10}$$

若令 $K_\nu=I_\nu(L)/I_\nu(0)$为大信号情况的信号光的放大倍数，$\beta=I_\nu(0)/I_s$ 为信号光初始参量，式(3.5-10)可改写为

$$\ln\frac{K_\nu}{K_\nu^0}=\beta f_H(\nu,\nu_0)(1-K_\nu) \tag{3.5-11}$$

分析式(3.5-11)可见：

(1) 当信号光初始参量 $\beta\approx 0$ 时，这就是小信号情形，有

$$K_\nu=K_\nu^0=\exp[G_H^0(\nu,\nu_0)L] \tag{3.5-12}$$

信号光在介质中随传播距离按指数规律增加。

(2) 当信号光初始参量 $\beta<1$，$I_\nu(0)$与 I_s 可比拟时，为大信号情形，此时 $K_\nu<K_\nu^0$，饱和效应出现，光放大速度减缓。

(3) 当信号光初始参量 $\beta\to\infty$时，光放大倍数 $K_\nu\sim 1$，$I_\nu(L)=I_\nu(0)$，介质处于透明状态。

以上分析可见，I_s 越大，介质中所允许的信号光强 I_ν 越大。也就是说，I_s 大的激光介质，能获得大的激光输出功率。

习题与思考题 3

1. 试由线性极化率的实部 χ'和虚部 χ''的表达式(3.1-33)和(3.1-34)出发，证明激光工作物质的吸收线型为洛伦兹函数，而激活的激光工作物质的色散关系服从反常色散。
2. 试用爱因斯坦关系和自发辐射的经典理论证明二能级系统粒子的自发辐射线宽 $\Delta\nu_N=A_{21}/(2\pi)$。其中 A_{21}是自发辐射跃迁概率。
3. 试计算 He^3 : Ne^{20}(7 : 1)混合气体的 Ne^{20}和 CO_2 气体的碰撞加宽线宽，并比较计算结果。这一结果说明了什么问题？
4. He-Ne 激光器的 Ne 原子有下列三种跃迁：$3S_2$—$2P_4$ 的 632.8nm、$2S_2$—$2P_4$ 的 1.1523μm 和 $3S_2$—$3P_4$ 的 3.39μm 的跃迁。假设 Ne 原子以 0.5c 的速度向着

观察者运动，问其表观中心波长分别变为多少？

5. 在激光器出现以前，Kr^{85} 低气压放电灯是很好的单色光源。忽略自然加宽和碰撞加宽，估算在 77K 温度下 Kr^{85} 的 605.7nm 谱线的相干长度，并与单色性 $\Delta\lambda/\lambda=10^{-8}$ 的 He-Ne 激光器比较。

6. 估算 CO_2 气体在室温(300K)条件下的多普勒线宽 $\Delta\nu_D$ 和碰撞线宽系数 α，并讨论在什么气压范围内从非均匀加宽过渡到均匀加宽。

7. 假设激光工作物质同时存在两种非均匀加宽机制，其加宽线型均可由高斯函数描述，分别为 g_{D1} 和 g_{D2}，相应线宽分别为 $\Delta\nu_{D1}$ 和 $\Delta\nu_{D2}$，证明其综合加宽线型 g_D 仍为高斯函数，相应线宽为 $\Delta\nu_D=\sqrt{\Delta\nu_{D1}^2+\Delta\nu_{D2}^2}$。

8. 假设激光工作物质同时存在均匀加宽和非均匀加宽机制，其加宽线型可分别由洛伦兹函数和高斯函数描述，相应线宽分别为 $\Delta\nu_H$ 和 $\Delta\nu_D$，证明其综合加宽线型可用复变量误差函数表示。

9. 试从爱因斯坦关系说明这样一个概念：进入一个模式中的自发辐射跃迁概率等于在此模式中只有一个光子引起的受激辐射跃迁概率。

10. 在均匀加宽工作物质中，频率为 ν、强度为 I_ν 的强光增益系数 $G_H(\nu,\nu_0,I_\nu)$，$G_H(\nu,\nu_0,I_\nu)\sim\nu$ 关系曲线称为大信号增益曲线，求大信号增益曲线的线宽 $\Delta\nu$。

11. 有频率为 ν_1、ν_2 的二强光入射，在均匀加宽情况下，试求：

    (1) 频率为 ν 的弱信号光的增益系数表达式；

    (2) 频率为 ν_1 的强光增益系数表达式。

12. 试证明在稳态情况下，在均匀加宽介质中，反转集居数可表示为 $\Delta n=\dfrac{\Delta n^0}{1+(I_\nu/I_s)f_H(\nu,\nu_0)}$，而饱和光强为 $I_s=\dfrac{h\nu}{\sigma_{21}\tau_3}=\dfrac{4\pi^2 h\nu^3\Delta\nu_H}{A_{21}\tau_2 v^2}$。

13. 均匀加宽介质的增益系数随信号光强的增加而减小，称为增益饱和效应。试证明大信号增益系数的线宽为 $\Delta\nu'_H=\Delta\nu_H\sqrt{1+I_\nu/I_s}$。

14. 设有两束频率分别为 $\nu_0+\delta\nu$ 和 $\nu_0-\delta\nu$、光强为 I_1 和 I_2 的强光信号分别沿相同方向或沿相反方向通过中心频率为 ν_0 的非均匀加宽增益介质(见题图 14)，$I_1>I_2$。分别画出两种情况下粒子反转集居数按速度的分布曲线，并指出烧孔的位置。

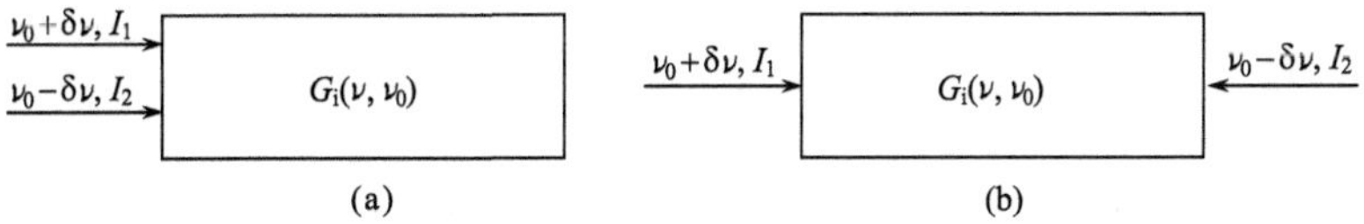

题图 14

(b)　　　　(a)

题图 14

第4章 激光器稳态振荡特性

本章着重分析激光器中稳定激光的形成过程和稳态工作特性，包括阈值特性、输出功率、模式竞争、频率牵引以及线宽极限等问题。

4.1 振荡阈值条件

由第3章已知，激光器中的各激光模式能否产生振荡，取决于增益与损耗的大小。在图4.1-1中，如果光在腔内往返一周所获得的增益大于或等于各种损耗的总和，激光便可产生，否则激光便不能产生。所以，激光模式要想起振，存在一个阈值条件。

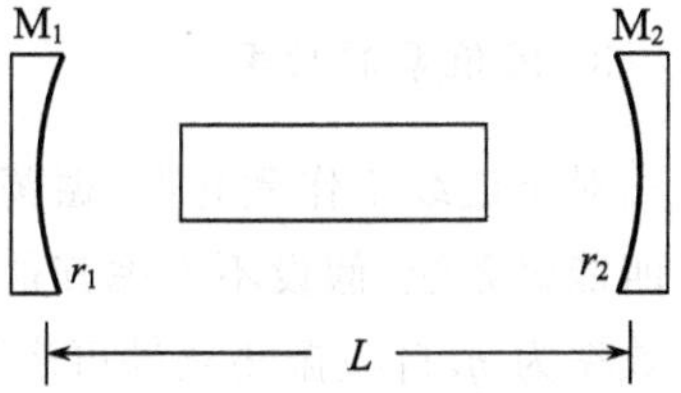

图4.1-1 激光器开腔结构

激光模式起振的阈值条件主要有三种表示方式：阈值增益系数、阈值反转粒子数密度、阈值泵浦功率。

1. 阈值增益系数

由第1章知，光在有耗无源腔内往返一周，当增益和损耗同时存在时有

$$I_1 = I_0 e^{2(G^0 l-\delta)} \tag{4.1-1}$$

式中，δ 为单程损耗，I_0 是初始光强，l 为激光工作物质的长度，G^0 是阈值附近的小信号增益系数。显然，起振要求 $I_1 \geqslant I_0$，必须有 $2(G^0 l-\delta)\geqslant 0$，即

$$G^0 \geqslant \frac{\delta}{l} \tag{4.1-2}$$

这就是激光的阈值条件，定义 δ/l 为阈值增益系数表示为

$$G_{th} = \frac{\delta}{l} \tag{4.1-3}$$

$G^0 > G_{th}$ 为起振条件，大信号增益系数 $G=G_{th}$ 为稳态振荡条件。

2. 阈值反转粒子数密度

根据增益系数和反转粒子数密度间的关系 $G(\nu)=\Delta n \dfrac{A_{32}v^2}{8\pi\nu_0^2} g(\nu,\nu_0)$ 可知，反

转粒子数密度也存在阈值，即

$$\Delta n_{\text{th}}=\frac{8\pi\nu_0^2 G_{\text{th}}}{A_{32}v^2 g(\nu,\nu_0)} \tag{4.1-4}$$

将激光上能级的平均寿命 $\tau_3=1/A_{32}$ 代替自发辐射概率，可得

$$\Delta n_{\text{th}}=\frac{8\pi\nu_0^2\tau_3\delta}{v^2 lg(\nu,\nu_0)} \tag{4.1-5}$$

若起振的激光模式正好处在激光介质增益曲线的中心频率 ν_0 处，式(4.1-5)的 $g(\nu,\nu_0)$ 可用 $g_m=g(\nu_0,\nu_0)$ 代替，将均匀加宽与非均匀加宽的 g_m 分别代入式(4.1-5)可得

$$\Delta n_{\text{th}}=\frac{4\pi^2\nu_0^2\tau_3\delta\Delta\nu_{\text{H}}}{v^2 l} \quad \text{（均匀加宽激光器）} \tag{4.1-6}$$

$$\Delta n_{\text{th}}=\frac{4\pi\nu_0^2\tau_3\delta\Delta\nu_{\text{D}}}{v^2 l}\left(\frac{\pi}{\ln 2}\right)^{1/2} \quad \text{（非均匀加宽激光器）} \tag{4.1-7}$$

3. 阈值泵浦功率

对于连续工作激光器，振荡阈值条件可进一步表述成对泵浦功率的要求。对于四能级系统，假设不考虑其他能量耗散过程，原子在上能级的平均寿命为 τ_s，量子效率为 η，自激振荡条件可表述为对泵浦功率密度 P 的要求为

$$P\geqslant\frac{h\nu_{\text{P}}\Delta n_{\text{th}}}{\eta\tau_s},\quad h\nu_{\text{P}}=E_3-E_0 \tag{4.1-8}$$

对于三能级系统，总粒子数密度 $n\approx 2\Delta n_{\text{th}}$，自激振荡对泵浦功率密度的要求为

$$P\geqslant\frac{h\nu_{\text{P}}n}{2\eta\tau_s} \tag{4.1-9}$$

对于脉冲泵浦，假设泵浦的脉冲时间远小于激光上能级的寿命，$\eta_1=S_{32}/(S_{32}+A_{31})$ 表示 E_3 能级向 E_2 能级无辐射跃迁的量子效率。若光泵激励时间很短，在激励持续期间 E_2 能级的自发辐射和无辐射跃迁的影响可以忽略，要使 E_2 能级增加一个粒子，只需要吸收 $1/\eta_1$ 个泵浦光子。当单位体积中吸收的泵浦光子数大于 $n_{2\text{th}}/\eta_1$ 时，就能产生激光。对于四能级激光器，对泵浦能量密度的要求为

$$E\geqslant\frac{h\nu_{\text{P}}\Delta n_{\text{th}}}{\eta_1} \tag{4.1-10}$$

对于三能级系统激光器，阈值要求比四能级大得多，对泵浦能量密度的要求为

$$E\geqslant\frac{h\nu_{\text{P}}n}{2\eta_1} \tag{4.1-11}$$

三种激光器振荡条件的计算值见表 4.1-1。

表 4.1-1　三种激光器振荡条件的计算值

激光器种类	红宝石	钕玻璃	Nd：YAG
$\lambda_0/\mu m$	0.6943	1.06	1.06
ν_0/Hz	4.32×10^{14}	2.83×10^{14}	2.83×10^{14}
η	1.76	1.52	1.82
$\Delta\nu_F$/Hz	3.3×10^{11}	7×10^{12}	1.95×10^{11}
τ_s/s	3×10^{-3}	7×10^{-4}	2.3×10^{-4}
$\Delta n_{th}/cm^{-3}$	8.7×10^{17}	1.4×10^{18}	1.8×10^{16}
n_{2th}/cm^{-3}	$\approx9.5\times10^{18}$	1.4×10^{18}	1.8×10^{16}
η_F	0.7	0.4	1
$E_{pth}/(V/(J\cdot cm^{-3}))$	5	0.95	4.9×10^{-3}
$P_{pth}/(V/(W\cdot cm^{-3}))$	1600	1400	21

4.2　阈值特性

以四能级激光器为例，第 3 章已给出激光器速率方程为

$$\begin{cases}\dfrac{dn_2}{dt}=-\Delta n\sigma_{21}(\nu)vN_l-\dfrac{\Delta n}{\tau_2}+n_3s_{32}\\[2ex]\dfrac{dN_l}{dt}=\Delta n\sigma_{21}(\nu)vN_l-\dfrac{N_l}{\tau_{Rl}}+\Delta na_l\end{cases}$$

式中，$\Delta n=n_2$，且由 $w_{21}(\nu)=\sigma_{21}(\nu)vN_l=a_lN_lV$ 得 $a_l=\dfrac{A_{21}(\nu)}{n_\nu V}$，故激光器速率方程可改为

$$\begin{cases}\dfrac{dn_2}{dt}=R_p-\dfrac{n_2}{\tau_2}-n_2a_lN_l & (4.1\text{-}12)\\[2ex]\dfrac{dN_l}{dt}=n_2a_lN_l-\dfrac{N_l}{\tau_{Rl}}+n_2a_l & (4.1\text{-}13)\end{cases}$$

两方程中出现 n_2N_l 项表示速率方程是非线性耦合方程，它包含了激光器的整个工作状态，详细求解很复杂。但从其稳态解来说明激光器的阈值特性、输出特性应当是最好的近似方法。

1. 粒子数方程的稳态解

粒子数方程稳态条件$\dfrac{dn_2}{dt}=0$，从式(4.1-12)解出 n_2、R_p、N_l 稳态值间的关系为

$$n_2=\frac{R_p}{\left(\frac{1}{\tau_2}+a_lN_l\right)}=\frac{R_p\tau_2}{1+a_lN_l\tau_2} \tag{4.1-14}$$

式(4.1-14)说明光子数 $N_l\to0$ 时,粒子数 $n_2=n_2^0=R_p\tau_2$,正比于泵浦速率和激光上能级寿命,泵浦速率越大,n_2 越大;激光上能级寿命越长,n_2 也越大。在 R_p 一定条件下,$n_2=\frac{n_2^0}{1+a_lN_l\tau_2}$,随着 N_l 的增大,将出现 $n_2<n_2^0$ 的情况,说明 N_l 增大是以消耗 n_2 为代价的,会出现反转粒子数饱和状态。

2. 光子数方程的稳态解

式(4.1-13) $\frac{dN_l}{dt}=0$ 时解为

$$N_l=\frac{n_2a_l\tau_{Rl}}{1-a_ln_2\tau_{Rl}} \tag{4.1-15}$$

由式(4.1-15)可见,$a_ln_2\tau_{Rl}=1$ 时,$N_l\to\infty$,这就是阈值状态的特解。说明当 n_2 增大到 n_{2th}时,腔内光场发生了质的改变,开始出现受激辐射。所以可得阈值 $n_2=n_{2th}=\frac{1}{a_l\tau_{Rl}}$,说明阈值由腔损耗决定。将式(4.1-15)中$(a_l\tau_{Rl})^{-1}$用 n_{2th}代替,有

$$N_l=\frac{n_2}{n_{2th}-n_2} \tag{4.1-16}$$

显见,当 $n_2=n_{2th}$时,$N_l\to\infty$,激光形成。

3. 阈值特性

在阈值处,当 $n_2=n_{2th}=R_{pth}\tau_2$,腔内的光场发生改变,$N_l\to\infty$时,泵浦阈值 $R_p=R_{pth}=\frac{n_{2th}}{\tau_2}=\frac{1}{a_l\tau_{Rl}\tau_2}$。

阈值以下,$N_l\ll1$,$R_p<R_{pth}$,$n_2=R_p\tau_2$,由式(4.1-16)可得,$N_l=\frac{n_2}{n_{2th}-n_2}=\frac{R_p\tau_2}{R_{pth}\tau_2-R_p\tau_2}=\frac{R_p}{R_{pth}-R_p}\approx\frac{R_p}{R_{pth}}\ll1$,说明腔内光场只能是自发辐射性质。

阈值以上,$R_p>R_{pth}$,且 $n_2=n_{2th}=R_{pth}\tau_2$,由式(4.1-14)可得

$$N_l=\frac{R_p\tau_2-n_{2th}}{a_ln_{2th}\tau_2}=\frac{R_p-\frac{n_{2th}}{\tau_2}}{a_ln_{2th}}=\frac{1}{a_l\tau_2}\left(\frac{R_p}{R_{pth}}-1\right) \tag{4.1-17}$$

输出的是激光。又因 $n_{2th}=\frac{1}{a_l\tau_{Rl}}$,则

$$N_l = \frac{n_{2\mathrm{th}}\tau_{Rl}}{\tau_2 R_{\mathrm{pth}}}(R_\mathrm{p} - R_{\mathrm{pth}}) \qquad (4.1\text{-}18)$$

激光器的阈值特性如图 4.2-1 所示，斜效率 $\eta_{\mathrm{laser}} = \frac{R_\mathrm{p} - R_{\mathrm{pth}}}{R_\mathrm{p}}$。当泵浦 $R_\mathrm{p} < R_{\mathrm{pth}}$ 时，$n_2 = R_\mathrm{p}\tau_2$，$N_l \ll 1$，腔内光场只能是自发辐射；当泵浦 $R_\mathrm{p} = R_{\mathrm{pth}}$ 时，$n_2 = n_{2\mathrm{th}}$，腔内光场发生改变；当泵浦 $R_\mathrm{p} > R_{\mathrm{pth}}$ 时，$n_2 = n_{2\mathrm{th}} = R_{\mathrm{pth}}\tau_2$ 不变，而 N_l 增加，出现激光。

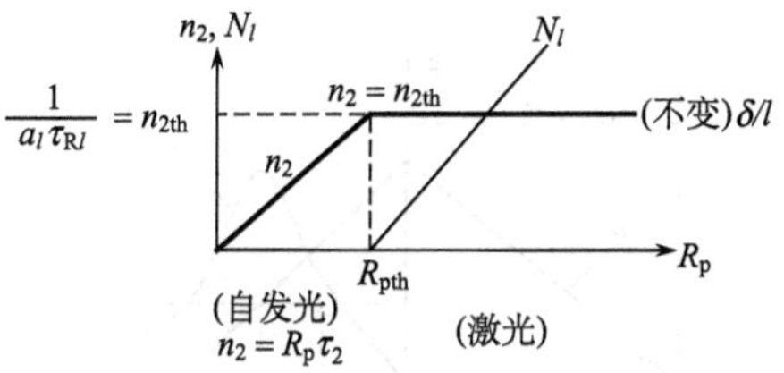

图 4.2-1　阈值特性示意图

4. 激光振荡的时间特性

如图 4.2-2 所示，将振荡过程分为几个阶段作定性说明。

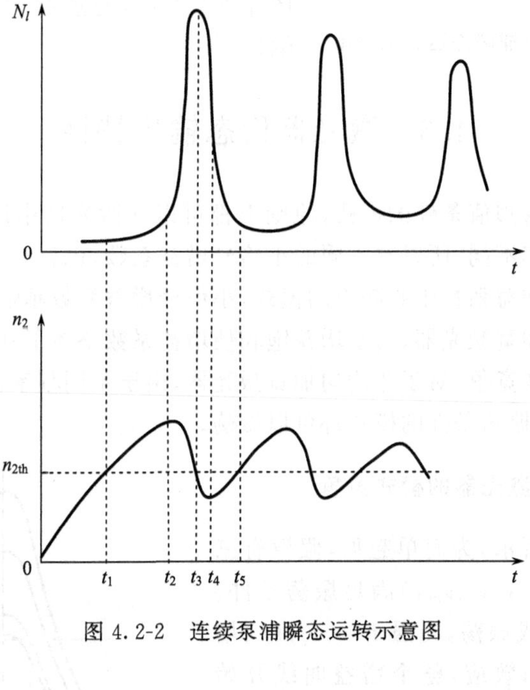

图 4.2-2　连续泵浦瞬态运转示意图

第一阶段($t_1 \sim t_2$)：泵浦激励使 n_2 增加，当 $t = t_1$ 时，n_2 达到阈值 $n_{2\mathrm{th}}$，开始产生激光；当 $t > t_1$ 时，$n_2 > n_{2\mathrm{th}}$，激光器内光子密度急剧增加，同时，受激辐射将使 n_2 减小。但此时，泵浦激励使 n_2 增加的速率仍超过受激辐射使 n_2 减少的速率，所以 n_2 仍继续增加。

第二阶段($t_2 \sim t_3$)：随着光子数密度的增加，受激辐射使 n_2 减少的速率不断增加。到 t_2 时刻，受激辐射使 n_2 减少的速率恰好等于泵浦激励使 n_2 增加的速率，以

后 n_2 开始减少。但此时 $n_2>n_{2th}$，所以腔内光子数仍继续增加。

第三阶段（$t_3\sim t_4$）：当 $t>t_3$ 时，$n_2<n_{2th}$，由于 n_2 仍大于 0，所以有受激辐射产生，使 n_2 继续减少。但因 $n_2<n_{2th}$，增益小于损耗，所以腔内光子数急剧减少。

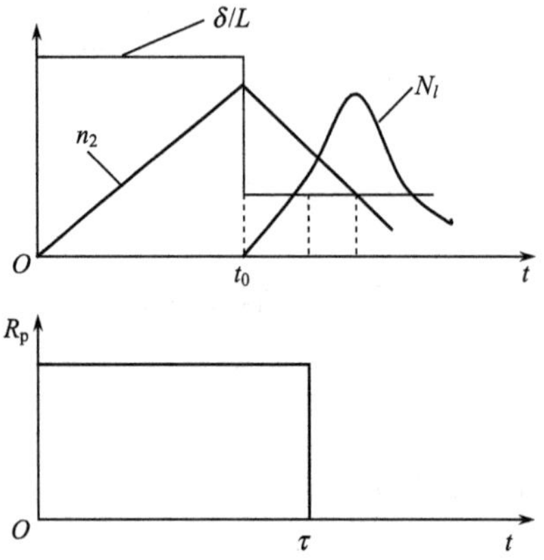

图 4.2-3　脉冲泵浦瞬态运转示意图

第四阶段（$t_4\sim t_5$）：随着腔内光子数的减少，受激辐射使 n_2 减少的速率逐渐变小。至 t_4 时刻，泵浦激励使 n_2 增加的速率恰好等于受激辐射使 n_2 减少的速率，此后 n_2 又重新增加；至 t_5 时刻，$n_2=n_{2th}$，又产生第二个尖峰；此过程反复发生，即形成尖峰序列，是向稳态振荡过渡的弛豫振荡。若脉冲激励持续时间较短，输出如图 4.2-3所示，而连续工作则可得到稳定输出。

4.3　激光器稳态输出特性

只要满足振荡阈值条件的模式，原则上都可以在激光器中形成自激振荡。由于不同的模式频率不同，所以有不同的小信号增益系数，也就有不同的阈值振荡条件。频率越接近增益系数中心频率的模式，小信号增益系数越强，越容易形成自激振荡。对于均匀加宽激光器，由于增益饱和使增益系数整体下降，同时满足振荡条件之间的模式存在竞争；对于非均匀加宽激光器，由于不同频率在增益曲线的不同位置烧孔，已满足振荡条件的模式都可以振荡。

4.3.1　均匀加宽激光器的模式竞争

如图 4.3-1 所示，为简单起见，假设有三个纵模（频率为 ν_{q-1}、ν_q、ν_{q+1}）满足振荡条件。初始时三个模形成振荡，光强 I_{q-1}、I_q、I_{q+1} 增加，由于增益饱和效应，整个增益曲线开始下降。到某一时刻，$q+1$ 模增益系数下降到阈值，光强 I_{q+1} 不再增加（如图 4.3-1 中曲线 1 所示）；但由于 q 模和 $q-1$ 模增益系数仍高于阈值，光强 I_q、I_{q-1} 继续增加，增益曲线继续下降；$q+1$ 模增益系数下降到阈值以下，使该模式逐渐停止振荡。随着增益系数

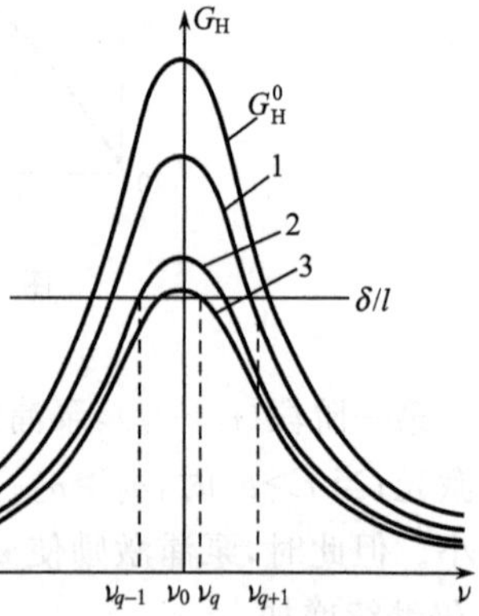

图 4.3-1　均匀加宽激光器建立稳态振荡过程中的模式竞争

继续下降，到达另一时刻，$q-1$ 模增益系数下降到阈值（如图 4.3-1 中曲线 2 所示），光强 I_{q-1} 不再增加，但由于 q 模增益系数仍高于阈值，光强 I_q 继续增加，增益曲线继续下降；同时 $q-1$ 模增益系数下降到阈值以下，使 $q-1$ 模逐渐停止振荡。当增益曲线下降到 q 模的增益系数等于阈值时，形成稳定振荡（如图 4.3-1 中曲线 3 所示）。这种通过饱和效应，某一个模逐渐把别的模振荡抑制下去，最后只剩下该模的现象称为模式竞争。

所以，无论初始时有多少个模式满足振荡条件，模式竞争的最终结果是频率最接近中心频率的模式能形成稳定振荡．其他模式都相继停止振荡。因此，理想情况下，均匀加宽稳态激光器的输出应是单纵模的，单纵模的频率总是在谱线中心频率附近。

4.3.2　空间烧孔

由上可知，均匀加宽稳态激光器应为单纵模输出，但实际上，当激发较强时，往往出现多纵模振荡，激发越强，振荡模式越多。为什么呢？

在驻波型谐振腔中，由于光场在光轴方向上的驻波分布，在波谷处反转集居数密度保持小信号值；在波腹处由于饱和效应而低于小信号值，反转集居数密度在波腹及其附近下降，这种现象称为空间烧孔（如图 4.3-2 所示）。不同的模式形成的驻波波腹位置不同，都可以利用不同位置的反转集居数密度获得增益，因此，空间烧孔可能会导致多模振荡，如果激活粒子的空间转移十分迅速，空间烧孔便无法形成。在气体工作介质中，粒子迅速的热运动可以消除空间烧孔。所以，以均匀加宽为主的高压气体激光器可以获得单纵模振荡；以均匀加宽为主的固体激光器一般为多纵模振荡。

4.3.3　非均匀加宽激光器的多纵模振荡

对非均匀加宽激光器，不同频率的光场在增益曲线的不同位置形成频率烧孔，不同模式之间不会产生竞争现象。因此，只要满足振荡条件，不同纵模都可以同时振荡。假设有多个纵模满足振荡条件，由于某一纵模光强的增加，并不会使整个增益曲线均匀下降，而只是在增益曲线上造成对称的两个烧孔，所以只要纵模间隔足够大，各纵模基本上互不相关，所有小信号增益系数大于 g_t 的纵模都能稳定振荡。因此，在非均匀加宽激光器中，一般都是多纵模振荡。如图 4.3-3 所示，当外界激发增强时，小信号增益系数增加，满足振荡条件的纵模个数增多，因而激光器的振荡模式数目增加。

在非均匀加宽激光器中也存在模竞争现象。例如，当 $\nu_q=\nu_0$ 时，ν_{q+1} 及 ν_{q-1} 模形成的两个烧孔重合，也就是说，它们共用同一种表观中心频率的激活粒子，因而存在模竞争，此时 ν_{q+1} 模及 ν_{q-1} 模的输出功率会有无规起伏。此外，当相邻

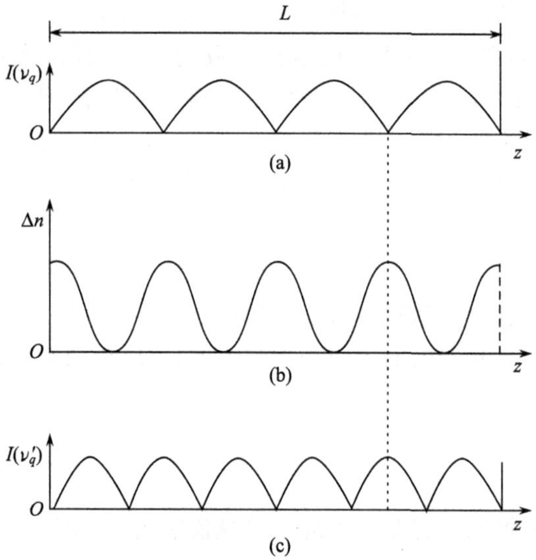

图 4.3-2 空间烧孔示意图

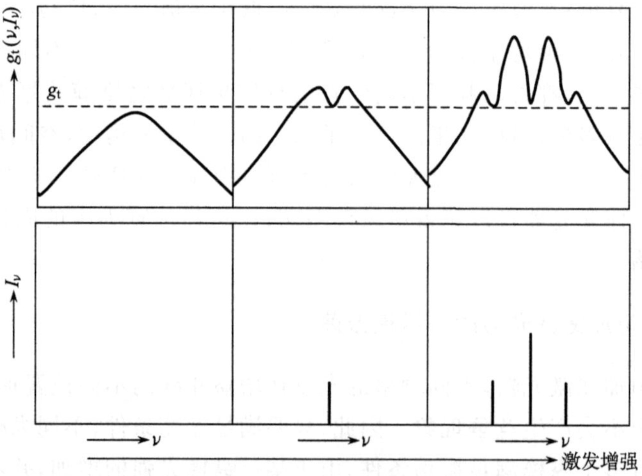

图 4.3-3 非均匀加宽激光器的增益曲线和振荡模谱

纵模所形成的烧孔重叠时，相邻纵横因共用一部分激活粒子而相互竞争。定义振荡线宽 $\Delta\nu_T$，则振荡的纵模数目为 $[\Delta\nu_T/\Delta\nu_q]_{int}+1$，式中 int 表示对括号内的数值取整数。

4.3.4 输出功率及最佳耦合

如果一个激光器的小信号增益系数恰好等于阈值，激光输出是非常微弱的。

实际的激光器总是工作在阈值水平以上，即 $g^0(\nu)>g_t$，此时 $dN_l/dt>0$，腔内光强不断增加。那么，光强是否会无限增加呢？实验表明，在一定的激发速率下，即当 $g^0(\nu)$ 一定时，激光器的输出功率保持恒定，当外界激发作用增强时，输出功率随之上升，但在一个新的水平上保持恒定。下面分析这一稳定状态是如何建立起来的。

如果腔内某一振荡模式的频率为 ν_q，开始时，由于 $g(\nu_q,I_{\nu_q})>g_t$，腔内光强 I_{ν_q} 逐渐增加。同时，由于饱和效应，$g(\nu_q,I_{\nu_q})$ 将随 I_{ν_q} 的增加而减少，但只要 $g(\nu_q,I_{\nu_q})$ 仍比 g_t 大，这一过程就将继续下去，即 I_{ν_q} 继续增加，$g(\nu_q,I_{\nu_q})$ 不断减小，直到

$$g(\nu_q,I_{\nu_q})=g_t=\frac{\delta}{l} \tag{4.3-1}$$

时，增益和损耗达到平衡，I_{ν_q} 才不再增加。这时，激光器建立了稳定工作状态。当外界激发作用增强时，小信号增益系数 $g^0(\nu)$ 增大，此时 I_{ν_q} 必须增加到一个更大的值才能使 $g(\nu_q,I_{\nu_q})$ 降低到 g_t 并建立起稳定工作状态，因此，激光器的输出功率增加。但是，不管激发强或弱，稳态工作时激光器的大信号增益系数总是等于 g_t。根据式(4.3-1)可以确定稳定工作时的腔内光强。

1. 均匀加宽单模激光器

在驻波型激光器中，腔内存在着沿腔轴方向传播的光 I_ν^+ 和反方向传播的光 I_ν^-。当谐振腔由一面全反射镜和一面透射率为 T 的输出反射镜组成时，腔内光强如图 4.3-4 所示。若 $T\ll1$，则稳定工作时增益系数也很小，这时可近似认为 $I_\nu^+\approx I_\nu^-$，腔内平均光强

$$I_{\nu_q}=I_\nu^++I_\nu^-\approx 2I_\nu^+$$

在均匀加宽情况下，I_ν^+ 和 I_ν^- 同时参与饱和作用。

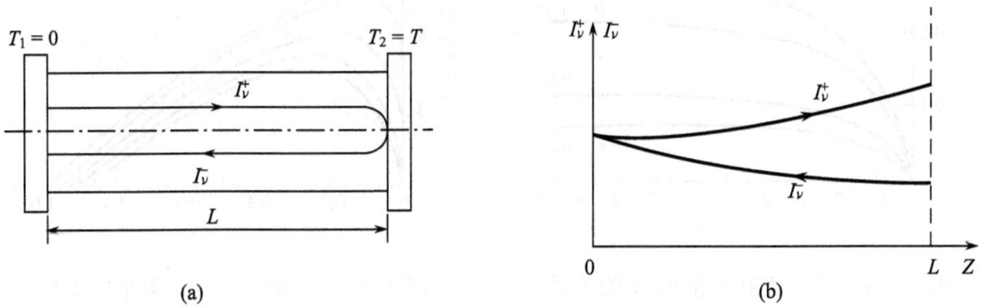

图 4.3-4　驻波型激光器腔内光强示意图

若 $\nu_q=\nu_0$，由式(4.3-1)可得

$$g_H(\nu_0, I_{\nu_0}) = \frac{g_H^0(\nu_0)}{1 + I_{\nu_0}/I_s} = \frac{\delta}{l}$$

由此可得

$$I_{\nu_0} = I_s\left(\frac{g_m l}{\delta} - 1\right) \tag{4.3-2}$$

式中，g_m 是中心频率处小信号增益系数。设激光束的有效截面面积为 A，则激光器的输出功率为

$$P_{出} = ATI_\nu^+ = \frac{1}{2}ATI_s\left(\frac{g_m l}{\delta} - 1\right) \tag{4.3-3}$$

定义激发参量 $\beta_H = \frac{g_m l}{\delta}$，上式改为 $P_{出} = \frac{1}{2}ATI_s(\beta_H - 1)$。

当 $T \ll 1$ 时，$2\delta \approx T + a$，a 为往返指数净损耗因子，通常 $a \ll 1$，则式(4.3-3)改写为

$$P_{出} = \frac{1}{2}ATI_s\left(\frac{2g_m l}{T + a} - 1\right) \tag{4.3-4}$$

对式(4.3-4)T 微分，令 $\mathrm{d}P_{出}/\mathrm{d}T = 0$，可得最佳输出耦合系数

$$T_m = \sqrt{2g_m la} - a \tag{4.3-5}$$

将式(4.3-5)代入(4.3-4)式，可得输出功率 $P_{出m}$ 为

$$P_{出m} = \frac{1}{2}AI_s\left(\sqrt{2g_m l} - \sqrt{a}\right)^2 \tag{4.3-6}$$

图 4.3-5 和图 4.3-6 分别给出了透射率与 $2g_m l$ 和输出功率的关系。

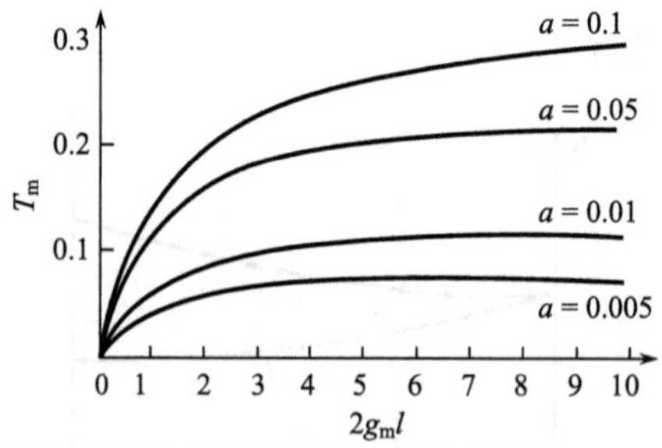

图 4.3-5 最佳透射率和 $2g_m l$ 的关系

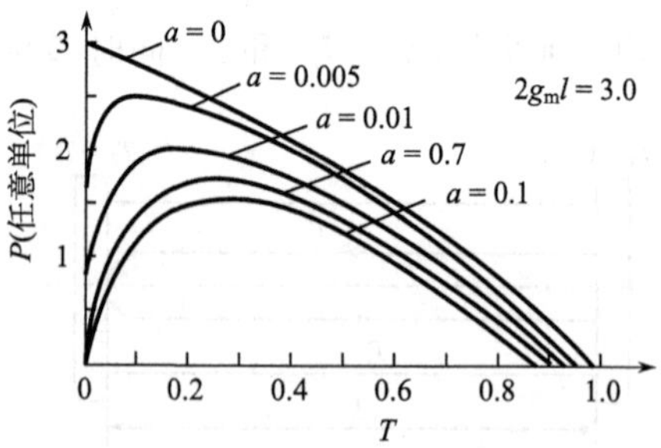

图 4.3-6 输出功率和透射率的关系

2. 非均匀加宽单模激光器

当振荡模频率 $\nu_q \neq \nu_0$ 时，I_ν^+ 和 I_ν^- 两束光在增益曲线上分别烧两个孔，对每一

个孔起饱和作用的分别是 I_ν^+ 和 I_ν^-，并不是两者的和。由稳定工作时的增益系数可得

$$I_\nu^+ = I_s\left(\left\{\frac{g_m l}{\delta}\exp\left[-4\ln 2\,\frac{(\nu_q-\nu_0)^2}{\Delta\,\nu_D^2}\right]\right\}^2-1\right) \tag{4.3-7}$$

单模($\nu_q\neq\nu_0$)输出功率为

$$P_{出} = AI_\nu^+T = AI_sT\left(\left\{\frac{g_m l}{\delta}\exp\left[-4\ln 2\,\frac{(\nu_q-\nu_0)^2}{\Delta\nu_D^2}\right]\right\}^2-1\right) \tag{4.3-8}$$

当 $\nu_q=\nu_0$ 时，I_ν^+ 和 I_ν^- 同时在增益曲线上中心频率处烧一个孔，烧孔深度取决于腔内平均光强 $I_{\nu_0}=I_\nu^+ + I_\nu^- \approx 2I_\nu^+$。由稳定工作时的增益系数可得

$$P_{出} = AI_\nu^+T = \frac{1}{2}AI_sT\left[\left(\frac{g_m l}{\delta}\right)^2-1\right] \tag{4.3-9}$$

比较式(4.3-8)和式(4.3-9)知 $\nu_q=\nu_0$ 时的输出功率下降。单模输出功率和单模频率的关系曲线如图 4.3-7 所示。

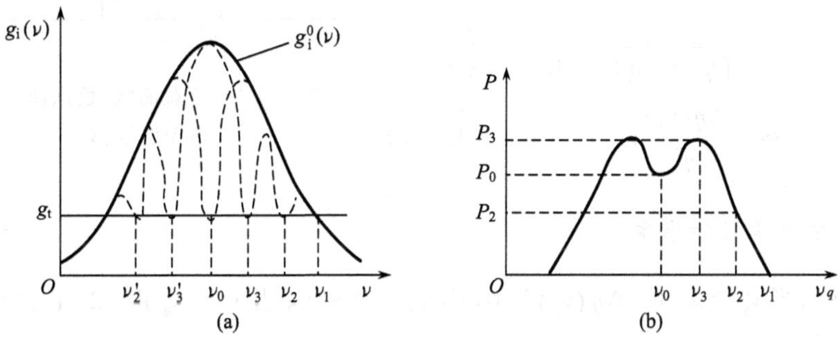

图 4.3-7　兰姆凹陷的形成

多模振荡情况下，总的输出功率是各模输出功率之和 $P_{出} = \sum_i P_{出 i}$。

(1) 非均匀增宽是多普勒效应造成的，具有相同速度、相反方向的粒子的统计概率是一样的，在 ν_0 两侧存在频率对称，只要 $\nu\neq\nu_0$ 烧孔就成对出现。烧孔面积越大，对振荡模式有贡献的粒子数越多，输出功率也越大。

(2) 随着振荡频率向中心频率靠拢，烧孔面积增大，输出功率增加。

(3) 当振荡频率接近或重叠于中心频率时，二孔合一，其烧孔面积小于二孔面积之和。因此，出现输出功率下降——兰姆凹陷，可用于稳频。

4.4　定态激光器频率特性

激光工作物质在增益(或吸收)曲线中心频率 ν_0 附近呈现强烈的色散，即折射率

随频率而急剧变化。色散随工作物质增益系数的增大而增大,增益系数为零时,折射率为常数 η^0;增益系数不为零时,折射率是频率的函数 $\eta(\nu)=\eta^0+\Delta\eta(\nu)$。如图 4.4-1 所示。

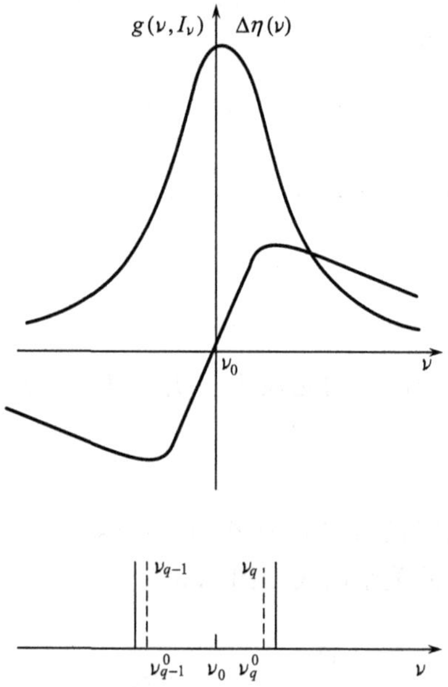

图 4.4-1 增益曲线、色散曲线及谐振腔模谱

1. 介质腔振荡频率条件

在无源腔中,纵模频率为

$$\nu_q^0=\frac{qc}{2\eta_0 L} \qquad (4.4\text{-}1)$$

相邻纵模间隔相等。在有源腔中,由于色散的存在,纵模频率变为

$$\nu_q=\frac{qc}{2\eta L}=\frac{qc}{2[\eta^0+\Delta\eta(\nu)]L} \qquad (4.4\text{-}2)$$

它将偏离无源腔的纵模频率,其偏离量为

$$\nu_q-\nu_q^0=\frac{qc}{2[\eta^0+\Delta\eta(\nu_q)]L}-\frac{qc}{2\eta^0 L}$$

$$\approx-\frac{\Delta\eta(\nu_q)}{\eta^0}\nu_q^0 \qquad (4.4\text{-}3)$$

2. 频率牵引和推斥

显然,当 $\nu_q^0\geqslant\nu_q$ 时,$\Delta\eta(\nu_q)>0$,则 $\nu_q-\nu_q^0<0$;当 $\nu_q^0<\nu_q$ 时,$\Delta\eta(\nu_q)<0$,则 $\nu_q-\nu_q^0>0$。

在有源腔中,由于增益物质的色散,纵模频率比无源腔纵模频率更靠近中心频率,ν_q 向 ν_0 靠拢,此现象称为频率牵引,如图 4.4-2 所示。相反,若其在衰减介质中远离中心频率,ν_q 远离 ν_0,则称为频率推斥,如图 4.4-3 所示。

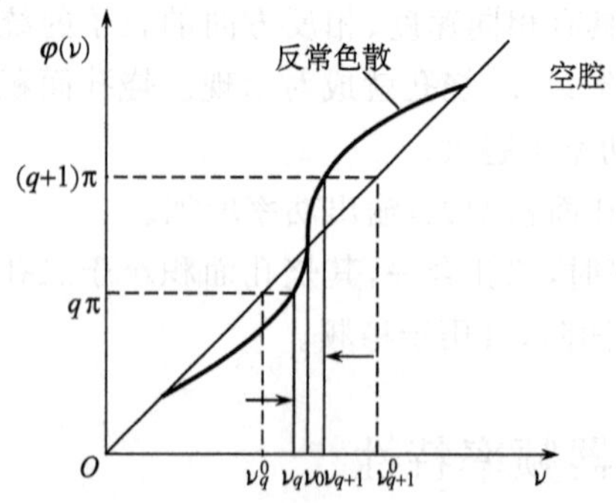

图 4.4-2 频率牵引示意图

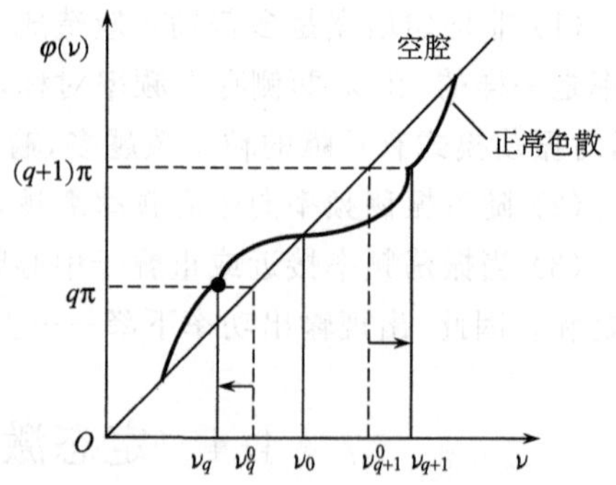

图 4.4-3 频率推斥示意图

4.5　定态激光器极限线宽

不考虑激光器工作过程中温度漂移、折射率变化等实际因素对单模激光频率宽度的影响，单模激光的频率宽度能够达到的极限，也就是理论上的极小值，取决于在激光输出中不可避免存在的微弱的自发辐射，自发辐射的非相干性要影响单模激光的相干性。由于自发辐射，稳定振荡时单程增益略小于单程损耗，有源腔的净损耗也不为 0。虽然光子数密度 N_l 不变，但其中有少量的自发辐射光子，使得受激辐射的光子数随时间缓慢减小，所输出的光波列振幅是随时间按指数缓慢降低的，具有一定的谱线宽度 $\Delta\nu_s$。单模激光的线宽极限为

$$\Delta\nu_c = \frac{c\delta}{2\pi L} \tag{4.5-1}$$

有源腔提供增益，抵消了部分损耗，定义单程净损耗 $\delta_s=\delta-GL$，则有源腔的线宽极限为

$$\Delta\nu_s = \frac{c\delta_s}{2\pi L} \tag{4.5-2}$$

激光器稳态工作时，$GL=\delta$，则激光器的净损耗 δ_s 为零，因此，激光单纵模的线宽 $\Delta\nu_s$ 也应为零。这只是一种理想化的分析结果，其物理含义是受激发射光与原激励光波同方向、同频率、同位相及同偏振，腔内损耗的能量由受激发射能量予以补充，因而这种激光应当是一无限长的波列，其线宽应等于零。但是，实际中绝对的单色光是不存在的。出现理想化分析结果的原因是上面的分析忽略了自发发射对线宽的影响。尽管自发发射的光贡献与受激发射比极其微弱，但激光器单纵模的线宽却恰恰受制于自发发射。

当腔长 l 等于介质长度 L，光腔横截面面积为 s 时，考虑自发发射的影响，则四能级系统速率方程应为

$$\frac{dN_l}{dt} = G(I_\nu)vN_l - \frac{N_l}{\tau_R} + a_l n_2 = G(I_\nu)vN_l - N_l\frac{v\delta}{L} + a_l n_2 \tag{4.5-3}$$

定态工作时，令上式为零，可得

$$\delta - GL = a_l n_2 \frac{L}{vN_l} \tag{4.5-4}$$

又 $\delta_s=\delta-GL=a_l n_2 \dfrac{L}{vN_l}$，则线宽极限为

$$\Delta\nu_s = \frac{c\delta_s}{2\pi L} = \frac{a_l n_2}{2\pi N_l} \tag{4.5-5}$$

又因为阈值处有

$$a_l n_{2\text{th}} = \frac{1}{\tau_R} = 2\pi\Delta\nu_c$$

$$P_{出} = \frac{1}{2}AI_\nu T = \frac{T}{2}A\rho_\nu c = \frac{TcA}{2}N_l h\nu$$

可得 $N_l = \dfrac{2P_{出}}{TcAh\nu}$，代入式(4.5-5)可得

$$\Delta\nu_s = \frac{\pi h\nu Ac\,\Delta\nu_c T}{P_{出}} < \Delta\nu_c \tag{4.5-6}$$

可见，输出功率越大，单纵模线宽越窄。输出功率增大表示腔内相干光子数增多，受激发射比自发发射占更大优势，因而线宽变窄，但由于自发发射的存在，单纵模线宽不可能等于零。

例如，对于 $l=300\text{mm}$，$T=0.02$，$P=1\text{mW}$ 的波长为 $0.6328\mu\text{m}$ 的氦氖激光器，无源腔线宽为 $\Delta\nu_c=1.6\times10^6\,\text{Hz}$，而 $\Delta\nu_s=6\times10^{-3}\,\text{Hz}$。

实际激光器中由于各种不稳定因素的影响，输出激光线宽往往远大于理论值，而且纵模频率本身的漂移量也远大于 $\Delta\nu_s$ 值。

至此，已经涉及了多种线宽，现归纳如下：

(1) 原子自然线宽 $\Delta\nu_N$，是原子自发发射自然加宽的谱线宽度；

(2) 原子线宽 $\Delta\nu$，又称为荧光线宽，是原子自发发射综合加宽后的谱线宽度。激光介质的增益线宽就是指这一线宽。

(3) 无源腔线宽 $\Delta\nu_c$，是满足谐振条件的 q 个无源腔谐振模式中每一个模的线宽。

(4) 单纵模激光极限线宽 $\Delta\nu_s$，是单纵模激光的理论线宽。

各种线宽的数量级范围列于表 4.5-1，相互关系如图 4.5-1 所示。

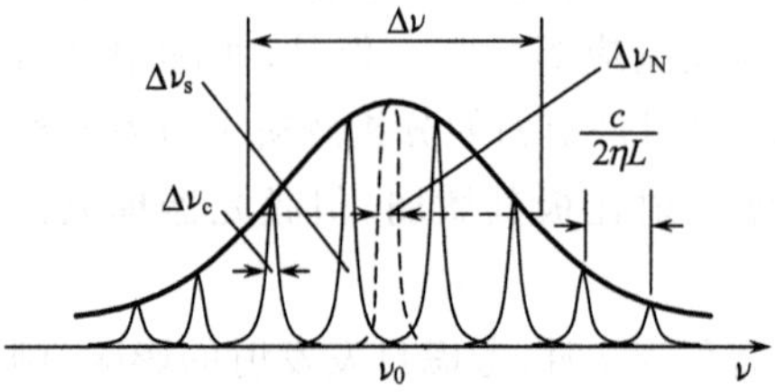

图 4.5-1 各种线宽示意图

表 4.5-1 各种线宽的数量级

自然线宽 $\Delta\nu_N$			$10^6\,\text{Hz}$
原子线宽 $\Delta\nu$	介质	低压气体	$10^8\sim10^9\,\text{Hz}$
		固体、半导体	$10^{11}\sim10^{13}\,\text{Hz}$
无源腔线宽 $\Delta\nu_c$			$10^6\sim10^8\,\text{Hz}$
单纵模激光极限线宽 $\Delta\nu_s$			$10^{-3}\sim10^{-2}\,\text{Hz}$

习题与思考题 4

1. 某一激光器的工作物质长度为 l，折射率为 η，谐振腔长为 L，谐振腔内除工作物质外的其余部分折射率为 η'，试由速率方程推导阈值反转粒子数密度 Δn_{th} 和阈值增益系数 G_{th}。
2. 632.8nm 氦氖激光器工作物质的多普勒宽度 $\Delta\nu_D=1500\text{MHz}$，中心频率处小信号增益系数 $g_m=1.2\times10^{-3}\text{cm}^{-1}$。两反射镜的透射率 T_1 和 T_2 分别为 0 和 0.03，忽略腔内的其他损耗。腔长 $L=108\text{cm}$，放电毛细管长 $l=100\text{cm}$。试估算有几个纵模可以振荡。
3. 激光谐振腔内的光波电场强度满足下列微分方程：

$$\frac{\mathrm{d}}{\mathrm{d}t}\left(\frac{E}{E_s}\right)+\frac{1}{2\tau_R}\left[1-\frac{c}{\eta}\tau_R g(t)\right]\left(\frac{E}{E_s}\right)=0$$

方程中忽略了自发辐射。式中 τ_R 为光子寿命，E_s 为与饱和光强有关的场强，它和饱和光强的关系为 $E_s^2/2\eta_0=I_s=h\nu/(\sigma_{21}\tau_2)$（$\eta_0$ 为自由空间波阻抗常数）；若下能级的集居数密度可忽略不计，则 $g_t=n_2(t)\sigma_{21}$。E_2 能级的集居数密度速率方程为下列不完整的微分方程：

$$\frac{\mathrm{d}n_2(t)}{\mathrm{d}t}=R_2-\frac{n_2(t)}{\tau_2}[\quad]$$

(1) 括号中应出现什么项(用题中所给场强参数表示)？

(2) 试用题中两式所得结果来描述稳态激光光强和泵浦速率的关系？

(3) 推导阈值泵浦速率 R_{2t} 的公式。

(4) 假设泵浦速率为本题(3)中计算所得阈值泵浦速率的 m 倍，推导激光器连续工作时的输出光强公式(公式用 m 因子、饱和光强和输出反射镜的透射系数表示)。

4. 一个氩离子气体激光器工作在 514.5nm 绿光波长，假定这一波长的多普勒线宽为 3.5GHz，腔长为 100cm，工作物质长度近似等于腔长，腔的单程损耗因子为 0.1，中心频率发射界面 σ 和上能级寿命 τ_2 分别为 $2.5\times10^{-13}\text{cm}^2$ 和 5ns。若激光下能级的寿命远小于上能级寿命，一腔模位于谱线中心频率。计算中心频率模式的阈值反转粒子数密度和阈值泵浦速率，并求泵浦速率必须高于阈值泵浦速率多少倍才能使与该模式相邻的纵模起振？
5. 题图 5 所示的激光谐振腔，其两块反射镜 M_1 和 M_2 的反射率分别为 0.95 和 0.85，布儒斯特(Brewster)窗片每个面对特定偏振光的透过率 T 为 98%，增益介质折射率 $\eta=1$。

(1) 若小信号增益系数 $g^0=0$，求无源腔光子寿命(布儒斯特窗片其他损耗忽略不计）；

（2）若在中心频率处的小信号增益系数 $g^0=4\times10^{-3}\text{cm}^{-1}$，该系统能否振荡，并说明理由。

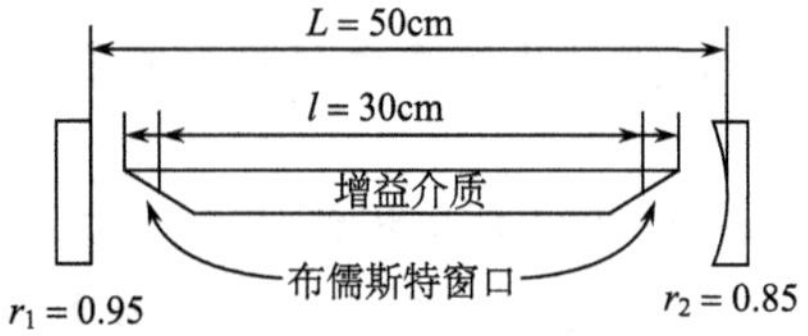

题图 5

6. 题图 6(a)为一连续工作均匀加宽激光器的能级系统，假设能级 1 和能级 2 的泵浦速率相同，能级 1 寿命 $\tau_1\approx0$，能级 2 寿命 $\tau_2=100\text{ns}$，能级 2 至能级 1 跃迁中心频率处的发射界面 $\sigma=1.3\times10^{-17}\text{cm}^2$，能级 0 未抽空。光谐振腔其他参数如题图 6(b)所示。试求：

（1）能级 2 至能级 1 跃迁小信号增益系数为 0.05cm^{-1} 时所需的单位体积泵浦功率（单位：W/cm^3）；

（2）从腔的右端可获得的激光输出光强。

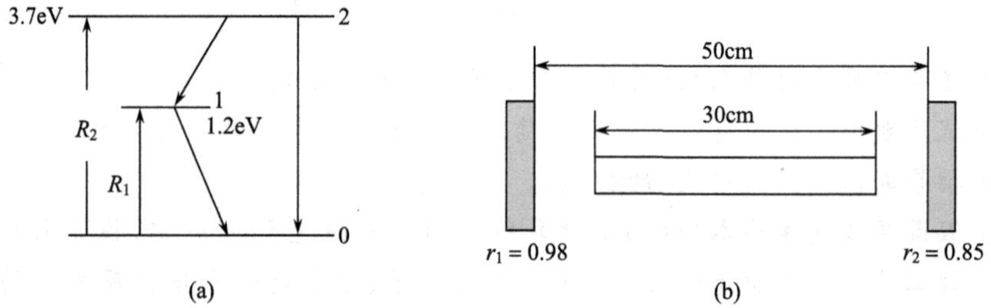

题图 6

7. 有一个氪灯激励的连续掺钕钇铝石榴石激光器如题图 7 所示。实验测出氪灯阈值输入功率 P 为 2.2kW，斜效率 $\eta_s=\text{d}P/\text{d}P_p=0.024$（$P$ 为激光器输出功率，P_p 为氪灯输入电功率）。掺钕钇铝石榴石棒内损耗系数 $\alpha_i=0.005\text{cm}^{-1}$。试求：

（1）P_p 为 10kW 时激光器的输出功率；

（2）反射镜 1 换成平面镜时的斜效率（更换反射镜引起的衍射损耗变化忽略不计；假设激光器振荡于 TEM_{00} 模）；

（3）题图 7 所示激光器中 T_1 换成 0.1 时的斜效率。

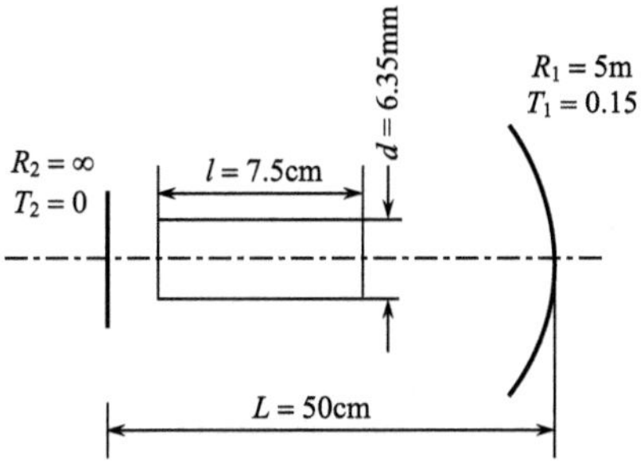

题图 7

8. 为什么阈值反转粒子数密度表达式与频率有关，而阈值增益与频率无关？

9. 如何从物理上理解不同纵模的阈值增益是相同的，而不同横模的阈值增益却不同？

10. 什么是振荡线宽？振荡线宽一定等于小信号增益曲线宽吗？

11. 说明空间烧孔效应导致均匀加宽激光器产生多模振荡的原因以及空间烧孔的消除方法。

12. 非均匀加宽固体激光器中的空间烧孔效应会影响输出模式吗？为什么？

13. 简述弛豫振荡的物理本质。

14. 从物理上说明为什么输出功率加大有助于激光器的单色性变好？

15. 试比较激光、ASE 和自发辐射的特性。

16. 掺铒光纤放大器的输出光中除信号光外，还不可避免的存在着放大的自发辐射，采取什么措施可以减小放大的自发辐射，而保留信号光。

第5章 典型激光器与技术

5.1 气体激光器

气体激光器是以气体或蒸汽为工作物质的激光器。气体工作物质的光学均匀性远比固体好，所以气体激光器易于获得衍射极限的高斯光束，方向性好；气体工作物质的谱线宽度远比固体小，因而激光的单色性好；但气体的激活粒子密度远比固体小，需要较大体积的工作物质才能获得足够的功率输出，因此，气体激光器的体积比较大。

气体工作物质吸收谱线宽度小，不宜采用光源泵浦，通常采用气体放电泵浦方式，还可采用化学泵浦、热泵浦及核泵浦等方式。

5.1.1 He-Ne 激光器

He-Ne 激光器是最早研制成功的气体激光器，在可见及红外波段可产生多条激光谱线，其中最强的是 632.8nm、1.15μm 和 3.39μm 三条谱线。放电管长数十厘米的 He-Ne 激光器可输出毫瓦量级功率，长 1～2m 的 He-Ne 激光器输出功率达数十毫瓦。He-Ne 激光器可输出优质的连续运转可见光，且具有结构简单、体积较小、价格低廉等优点，在准直、定位、测量、全息照相、精密计量等方面得到了广泛应用。

1. 激励机制

图 5.1-1(a)是内腔式 He-Ne 激光器结构示意图，由放电毛细管、储气套、电极和谐振腔等组成。虽然混和气体中 He 的含量是 Ne 的数倍，但激光跃迁只发生于 Ne 原子的能级间，辅助气体 He 的作用是提高泵浦效率。阴极和阳极间通过充有氦氖混和气的毛细管放电使 Ne 原子的某一对或几对能级间形成集居数反转。激发过程有：电子直接碰撞激发、共振能量转移激发、串级激发和复合激发。

He-Ne 激光器是综合增宽激光器，通常为多纵模基横模光束。当激光器腔长足够短，纵模间隔与谱线线宽满足$\frac{c}{2L}\geqslant\Delta\nu$，那么输出激光为单纵模基横模光束。

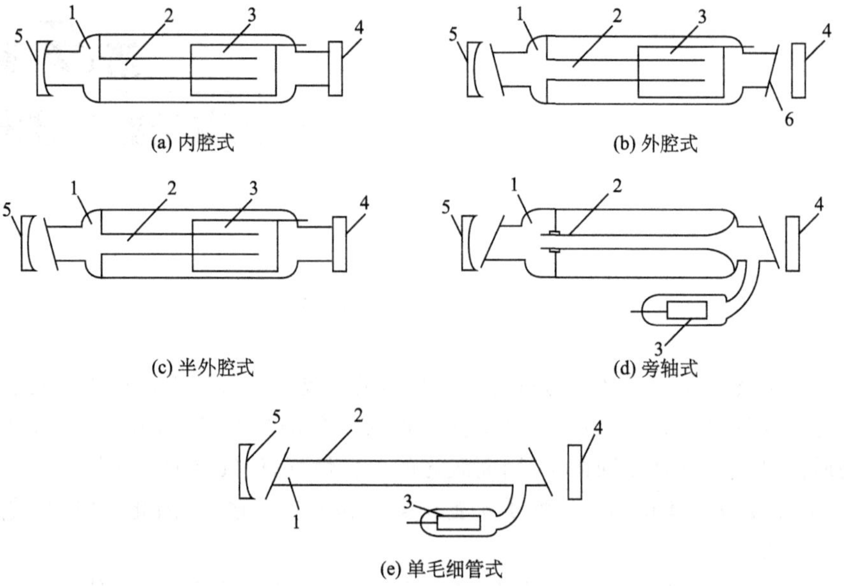

图 5.1-1　He-Ne 激光器的结构

1-阳极；2-毛细管；3-阴极；4-部分反射镜（输出镜）；5-全反镜；6-布儒斯特（窗）

影响 He-Ne 激光器输出功率的因素有：放电管尺寸、放电管参数、输出镜与输出功率的关系和输出功率的稳定性。

2. 谱线竞争

He-Ne 激光器的三条最强的激光谱线（632.8nm、1.15μm 和 3.39μm）中哪一条谱线起振完全取决于谐振腔介质膜反射镜的波长选择。在较长的 632.8nmHe-Ne 激光器中，虽然介质膜反射镜对 632.8nm 波长的光具有较高的反射率，但仍然会产生较强的 3.39μm 波长的自发辐射或激光，这将使上能级集居数减少，从而导致 632.8nm 激光功率下降。为获得较强的 632.8nm 激光输出，可采用下述方法抑制 3.39μm 辐射的产生：使用选择性谐振腔，这只适用于短腔器件；腔内加色散元件，如棱镜，如图 5.1-2 所示；腔内吸收法，如甲烷吸收盒，如图 5.1-3 所示；加非均匀磁场，如图 5.1-4所示，是对较长的激光器最有效的方法。

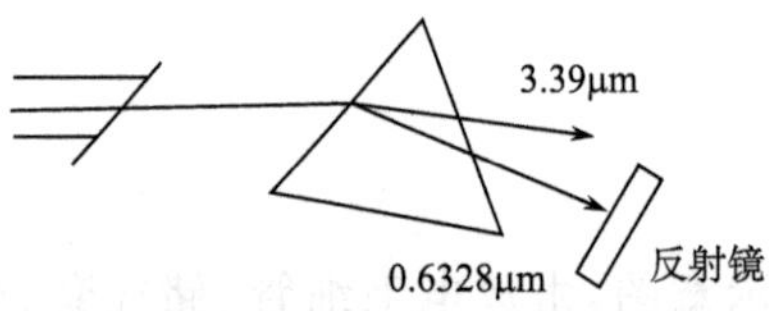

图 5.1-2　色散法抑制 3.39μm 辐射

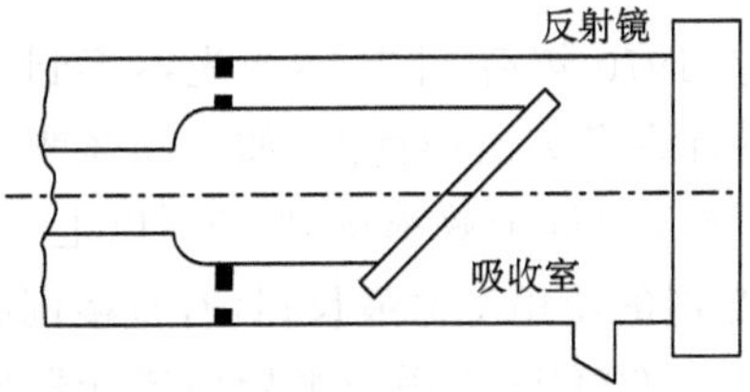

图 5.1-3　吸收法抑制 3.39μm 辐射

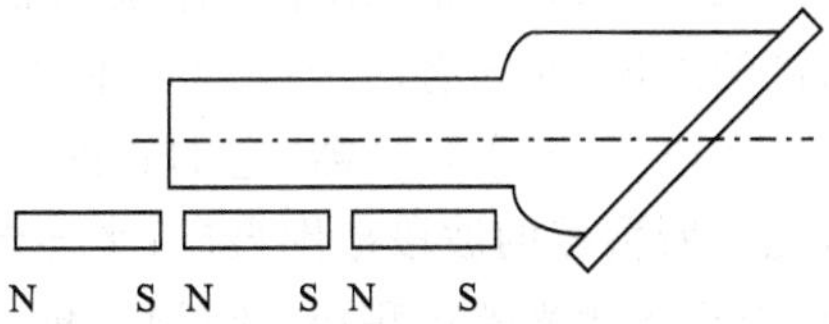

图 5.1-4　塞曼效应抑制 3.39μm 辐射

5.1.2　CO_2 激光器

CO_2 激光器的主要特点是输出功率大、能量转换效率高、输出波长(10.6μm)正好处于大气窗口,故广泛用于激光加工、医疗、大气通信及其他军事应用。

CO_2 激光器以 CO_2、N_2 和 He 的混和气体为工作物质。激光跃迁发生在 CO_2 分子的电子基态的两个振动-转动能级之间。N_2 的作用是提高激光上能级的激励效率,He 则有助于击鼓那个下能级的抽空。

CO_2 激光器中有三个过程将 CO_2 分子激发:直接电子碰撞、级联跃迁和共振转移,其中共振转移的概率最大,作用也最为显著。CO_2 分子激光跃迁下能级的抽空主要依靠气体分子间的碰撞。辐射波长较长使 CO_2 激光跃迁能级间的自发辐射谱线具有较小的多普勒加宽,在温度为 400K 时 $\Delta\nu_D \approx 60$MHz。碰撞加宽不可忽视,在高气压情况下,碰撞加宽可占主导地位。

CO_2 激光器的谐振腔大多采用平凹腔,由于其增益高,也可采用非稳腔以增加其模体积。高反射镜可用金属制成,也可在玻璃表面镀以金膜,输出端可采用小孔耦合方式或由可透过红外光的 Ge、GaAs 等材料制成输出窗。

CO_2 激光器工作气压不同,谱线线型也不同,输出功率与谱线增宽性质有关。当气压 $P < 2\times10^3$ Pa 时,谱线为非均匀增宽和综合增宽,当 $P > 2\times10^3$ Pa 时,线型为均匀增宽。对中小功率 CO_2 激光器,影响其输出功率的因素有:注入功率、放电管尺寸、放电参数和气体温度。

CO_2 激光器可分为七类:纵向慢流 CO_2 激光器、封离型 CO_2 激光器、纵向快流 CO_2 激光器、横向流动 CO_2 激光器、横向激励大气压 CO_2 激光器、气动 CO_2 激光器和波导 CO_2 激光器。

5.2　半导体激光器

半导体激光器是指以半导体材料为工作物质的一类激光器,亦称半导体激光二极管或简称激光二极管,英文缩写为 LD。与其相对应的非相干发光二极管,英文缩写为 LED。

1962 年 GaAs 同质结半导体激光器问世，1970 年后，半导体激光器得到了突飞猛进的发展，原因有两个：①半导体激光器有许多突出的优点，如半导体激光器是直接的电子-光子转换器，它的转换效率很高，内量子效率达到 70%以上；半导体激光器所覆盖的波段范围最广；半导体激光器的使用寿命最长；具有直接调制的能力；半导体激光器体积小、质量轻、价格便宜。②实际应用与半导体激光器的发展相互促进，且随着分子束外延（MBE）和金属有机化合物化学气相沉积（MOCVD）技术的发展与完善，能带工程使半导体激光器产生新的飞跃，如量子阱半导体激光器。

半导体激光器的体积小、寿命长，并可采用简单的注入电流的方式泵浦；其工作电压和电流与集成电路兼容，因而可与之单片集成；还可用高达吉赫兹的频率直接进行电流调制以获得高速调制的激光输出。半导体激光器在激光通信、光纤通信、光存储、光陀螺、激光打印、光盘录放、测距、制导、引信以及光雷达等方面已经获得了广泛应用，大功率 LD 可用于医疗、加工和作为固体激光器的泵浦源。就激光器数量而言，已成为激光器市场占有率之冠，给整个信息光电子领域带来了蓬勃生机。

半导体激光器的光学谐振腔是介质波导腔，其振荡模式是介质波导模。与其他激光器不同的是，半导体激光器中电子分布在不同能带的不同能量状态中，而其他激光器中的粒子是分布在有源介质的不同能级上，因而粒子数反转条件的标志也有差别。

半导体激光器所涉及的半导体材料有很多种，但目前最常用的有两类材料体系。一种材料体系是以砷化镓（GaAs）和镓铝砷（$Ga_{1-x}Al_xAs$）为基础的，其中下标 x 表示 GaAs 中被 Al 原子取代的 Ga 原子的百分数。x 值将直接影响激光波长值，一般为 850nm 左右。这种器件主要用于短距离光纤通信和固体激光器的泵浦源。另一类材料体系是以磷化铟（InP）和镓铟砷磷（$Ga_{1-x}In_xAs_{1-y}P_y$）为基础的。激光波长一般为 920nm～1.65μm，但最常见的波长是 1.3μm 和 1.55μm。1.3μm 是光纤传输中的零色散点，1.55μm 光在石英光纤中传输时损耗最小（仅为 0.15dB/km）。

5.2.1 反转原理

半导体激光介质与固体、气体激光介质完全不同。它没有像固体激光介质那样专门掺入的激活粒子，而是依靠电子和空穴的复合过程产生光辐射。正是这个原因，虽然半导体也是固体，但没有列入固体激光类，而是专列一大类。

从重掺杂 pn 结的能带形态图 5.2-1(a)可见，不加偏压时，pn 结处于平衡态，位于导带底的电子和价带顶的空穴分别被阻挡在 pn 结两侧，不能继续向对方一侧扩散。这时如有频率合适的光子射入，只能将电子从价带激发到导带，呈现光的吸收特性。

如果给 pn 结施加正向偏压（p 为正，n 为负），半导体的平衡被破坏，pn 结势垒降低，电子和空穴分别沿相反方向向 pn 结区扩散注入，于是在 pn 结区大约 1μm 的宽度内形成电子、空穴在能带上的非平衡分布，即结区内导带底的电子数目增多，价带顶的空穴数目也同样增多，相对平衡分布来说，出现了粒子数反转如图 5.2-1(b)所示。这时电子和空穴的复合概率增大，当它们复合时（电子从导带底跃迁到价带顶），多余的能量以光子形式发射，这就是自发辐射光子的产生。如果频率合适的外来光子射入这个反转区（亦称激活区或作用区），导带底的电子将在外来光子刺激下，跃迁到价带产生受激辐射光子。从这个意义上说，半导体激光器也是一种四能级系统。

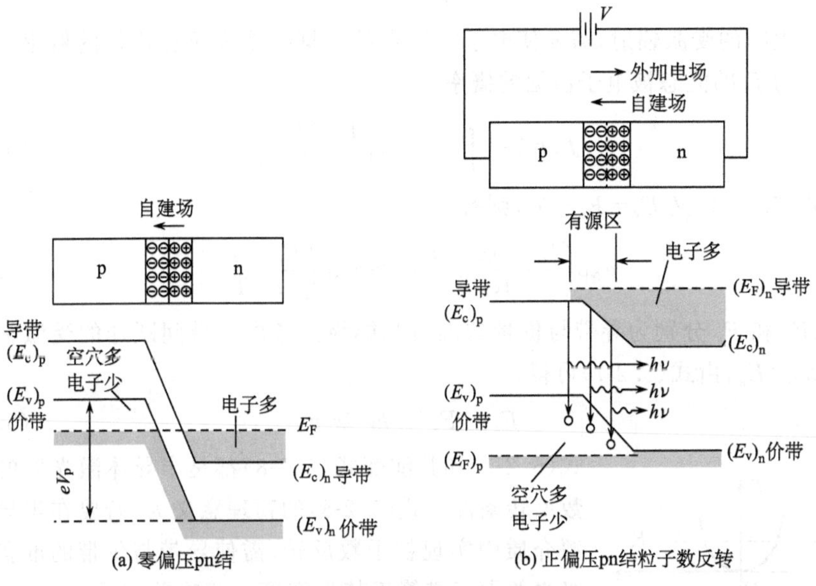

图 5.2-1　pn 结能带形态图

半导体中的电子是依照费米-狄拉克统计规律而分布在价带与导带之中的不同能态上，是电子的正常分布。其特点是，依电子优先占据能量较低状态的所谓“能量最小原理”，从低能量到高能量状态分布。下面不考虑电子跃迁的严格 K（动量）选择定则，而只考虑导带电子态密度 ρ_c 和价带电子态密度 ρ_v，来推导粒子数的反转条件。

设单位体积内单位频率间隔上所有模式的光子能量密度为 $P(h\nu)$（$\mathrm{J/(m^3 \cdot Hz)}$），电子处于导带和价带的概率分别为 f_c 和 f_v，则电子在能量为 $h\nu$

的光子作用下，从价带向导带的受激光吸收跃迁速率为

$$r_{12} = B_{12} f_{\mathrm{v}} \rho_{\mathrm{v}} \rho_{\mathrm{c}} (1 - f_{\mathrm{c}}) P(h\nu) \tag{5.2-1}$$

而电子从导带向价带的受激辐射跃迁速率为

$$r_{21} = B_{21} f_{\mathrm{v}} \rho_{\mathrm{v}} \rho_{\mathrm{c}} (1 - f_{\mathrm{v}}) P(h\nu) \tag{5.2-2}$$

同时，电子从导带至价带的自发辐射速率为

$$r_{\mathrm{sp}} = A_{21} f_{\mathrm{c}} \rho_{\mathrm{c}} \rho_{\mathrm{v}} (1 - f_{\mathrm{v}}) \tag{5.2-3}$$

由爱因斯坦关系有 $B_{12}=B_{21}$，若忽略半导体激光器中很小的自发辐射速率，要得到净的受激光辐射则必须有

$$r_{净} = r_{21} - r_{12} > 0 \tag{5.2-4}$$

将式(5.2-1)和式(5.2-2)代入式(5.2-4)，则有

$$f_{\mathrm{c}} > f_{\mathrm{v}} \tag{5.2-5}$$

即要产生净的受激辐射，需要使电子在导带的占据概率大于在价带的概率。将某一能量为 E 的能态被电子占据的概率

$$f(E) = \left[1 + \exp\left(\frac{E - F}{K_{\mathrm{B}} T}\right)\right]^{-1} \tag{5.2-6}$$

代入式(5.2-5)，又 $E_{\mathrm{v}} = E_{\mathrm{c}} - h\nu$，则有

$$\exp\left(\frac{E_{\mathrm{c}} - h\nu - F_{\mathrm{v}}}{K_{\mathrm{B}} T}\right) > \exp\left(\frac{E_{\mathrm{c}} - F_{\mathrm{c}}}{K_{\mathrm{B}} T}\right) \tag{5.2-7}$$

式中，F_{c} 和 F_{v} 分别为导带与价带的准费米能级。考虑到带间跃迁的受激辐射需满足 $h\nu \geqslant E_{\mathrm{g}}$，由式(5.2-7)可得

$$F_{\mathrm{c}} - F_{\mathrm{v}} > h\nu \geqslant E_{\mathrm{g}} \tag{5.2-8}$$

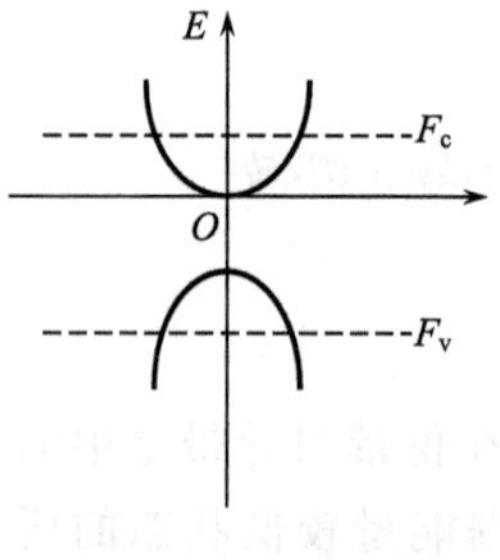

图 5.2-2 满足粒子数条件的理想能带结构

式(5.2-5)和其演变式(5.2-8)都是半导体激光器的粒子数反转条件。式(5.2-8)的物理意义为，若要在半导体有源介质中实现粒子数反转，需使导带与价带的准费米能级之差大于或等于禁带宽度。意味着在同质 pn 结激光器中，要通过高掺杂来使 F_{c} 进入半导体有源介质的导带，或者 F_{c} 和 F_{v} 分别进入其导带和价带。而由于双异质结半导体激光器可以利用异质结势垒很好的将注入的载流子限制在有源区中而得到高的非平衡电子浓度，无须高掺杂就可满足式(5.2-8)。图 5.2-2 是满足粒子数反转条件的理想能带结构。

一旦在半导体有源介质中实现粒子数反转，该介质就具有正增益，即具有对内部和外部的光子进行谐振放大的能力。要使激光器开始产生相干辐射输出，必须

使粒子数反转到某一程度，即达到由激光器的增益和损耗决定的阈值，即

$$g_{th} = \alpha_i + \alpha_{out} \tag{5.2-9}$$

式中，g_{th} 为阈值增益，α_i 为增益介质的内部损耗，如吸收和散射损耗，α_{out} 为激光器的输出损耗。

激光器的振荡条件（即阈值条件）包括振幅条件和相位条件，前者决定激光器的阈值，后者决定激光器谐振波长的精细结构。对 F-P 腔半导体激光器，设光场在两腔面上有相同的功率反射率 R 和相同的反射相移角 θ，β 为波的传播常数，则振荡的阈值条件为

$$R^2 \exp[2(g - \alpha_i)L - 2i(\beta L - \theta)] = 1 \tag{5.2-10}$$

进一步分为振幅阈值条件

$$g_{th} = \alpha = \alpha_i + \frac{1}{L}\ln\frac{1}{R} \tag{5.2-11}$$

和相位阈值条件或驻波条件

$$2\bar{n}L = m\lambda \tag{5.2-12}$$

式中，m 为正整数，表示在腔内振荡的模式数。

5.2.2　典型半导体激光器

1. 分布反馈半导体激光器

普通 F-P 腔半导体激光器的光反馈由端面的光反射实现，纵模的选择则由增益谱决定。而增益谱通常比纵模间隔宽得多，很难实现单纵模工作。分布反馈结构和耦合腔结构主要是利用光反馈与激光频率相关，从而使不同纵模具有不同的腔损耗来实现选模的。在任一种异质结构激光器有源层或邻近波导层上刻蚀周期光栅，即可制成分布反馈（DFB）半导体激光器，结构如图 5.2-3 所示。其优点是，不但阈值低，而且易于获得单模单频输出，容易与光纤耦合，特别适宜作集成光路的光源，是半导体激光器的发展方向之一。

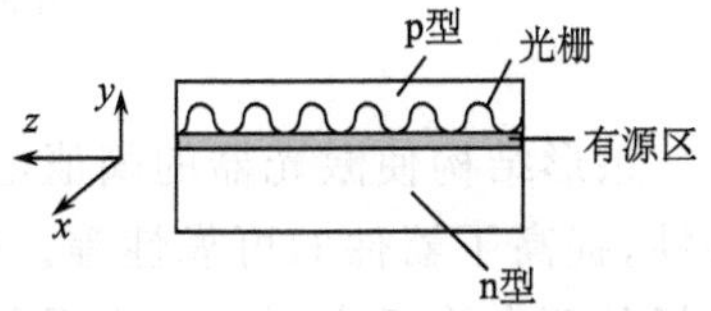

图 5.2-3　DFB 激光器结构示意图

稳定工作的单纵模 DFB 激光器，在吉赫兹直接调制下，边模抑制比 MSR>30dB，使 DFB 激光器成为高比特率光纤通信系统的理想光源，且当频率处于驰豫振荡频率 ν_R 以下时，脊形波导结构的 DFB 激光器的调制带宽不受寄生振荡的影响。

2. 异质结半导体激光器

从激光器工作特性来说，同质结结构是很不理想的。主要缺点是：第一，激活区

宽(≈1μm),工作偏压高;第二,激活区与两侧邻近区折射率相近,光波导效应不明显,光损耗大。这使得同质结激光器阈值电流密度很高,一般在$(2\sim4)\times10^4\,A/cm^2$,室温下只能以脉冲方式运转。双异质结能很好地克服上述缺点,使激活区压缩在0.4μm以内,而且激活区折射率明显高于邻近区,形成光波约束,大大降低阈值电流密度($600\sim800A/cm^2$),并实现室温连续运转。

双异质结激光器(DH)基本结构是将有源层夹在同时具有宽带隙和低折射率的两种半导体材料之间,以便在垂直于结平面的方向(横向)上有效的限制载流子与光子。图 5.2-4 为双异质结激光器的结构示意图,其中设有源区为窄带隙 p 型半导体。在正向偏压下,电子和孔穴分别从宽带隙的 n 区和 p 区注入有源区,它们在该区的扩散又分别受到 pp 异质结和 pn 异质结的限制,从而在有源区积累起产生粒子数反转所需的非平衡载流子浓度,同时,窄带隙有源区的折射率与两边低折射率的宽带隙层构成了一个限制光子在有源区内的介质光波导。双异质结结构成功地解决了在垂直于结平面方向对载流子和光子的限制问题。

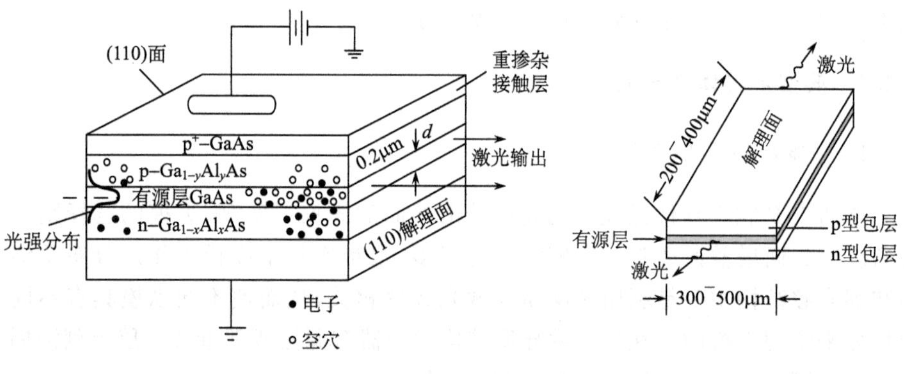

图 5.2-4 双异质结激光器

条形结构使激光器的阈值电流大幅度降低,改善了近场与远场、纵模与横模特性,提高了器件的可靠性等。侧向的增益波导只是限制了电流流经的通道,对光场的侧向渗透实际上没有限制作用,只是相对于损耗而出现光的净增益区域。折射率波导激光器则充分体现了条形结构的优越性,有例如沟道衬底平面(CSP)条形激光器、隐埋新月型(BC)条形激光器、脊形波导(RW)条形激光器和双沟平面隐埋异质结条形激光器(DC-PBH)等 10 多种折射率波导结构,如图 5.2-5所示。

3. 量子阱半导体激光器

随着半导体工艺技术的不断进步,异质结的厚度越做越薄,如薄到 1~10nm

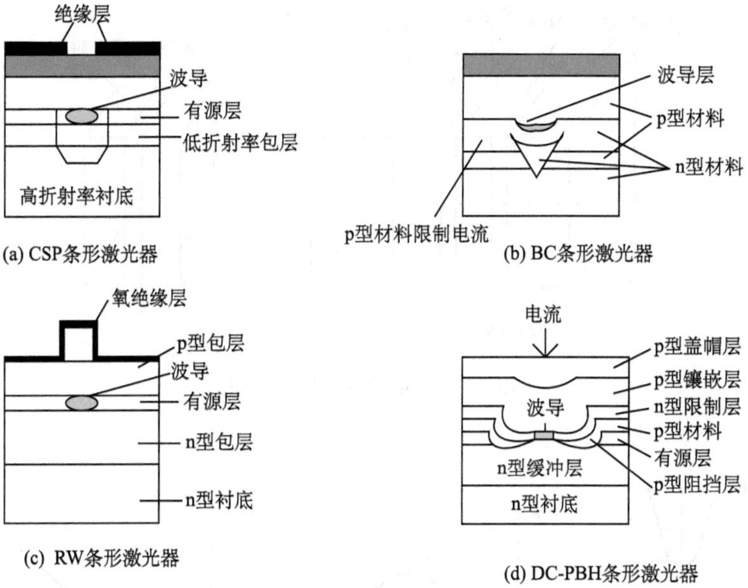

图 5.2-5　几种典型的条形激光器

的水平。这样薄的有源层厚度对电子的运动会产生什么影响呢？这里有一个量变到质变的问题，也就是关于量子阱的概念。前面曾说过，半导体中的电子和空穴参与导电，因为它们的运动是自由的。这里的自由并不是真空中的完全自由，而是有一定的约束，使电子或空穴的能量状态只能处于导带或价带上。电子运动的自由程度用电子平均自由程描述，即在一个自由程内电子运动不受任何干扰(如碰撞)。同质结的有源区厚度基本上就由这个自由程决定(大约 1μm)。异质结的激活区进一步变窄(0.1～0.4μm)，电子在这个窄的激活区运动就好像在一个井中运动一样，但这个窄的激活区井对电子运动来说约束还不够强烈，也就是说，电子作为粒子其波动性还不明显，因为这时的井底宽度与电子的量子波长相比还大得多。当井底宽度减小到 1～10nm 时，激活区宽度已经与电子的量子波长相当甚至还小，这样的井就像陷阱一样在量子力学中称为“阱”。这时电子的运动受到强烈约束，电子和空穴在导带底和价带顶的能量状态出现不连续分布，称为量子阱(QW)，结构示意图如图 5.2-6 所示。用这样的量子阱结构制成的半导体激光器称为量子阱半导体激光器，其增益特性如图 5.2-7 所示。从这个意义上说，量子阱激光器就是结区很薄很薄的异质结激光器。

量子阱激光器突出的优点是：阈值电流密度更低(大约 200A/cm^2)，大约是异质结激光器的 1/4，如此低的阈值电流易于光集成化，同时也容易做成大功率半导体激光器。

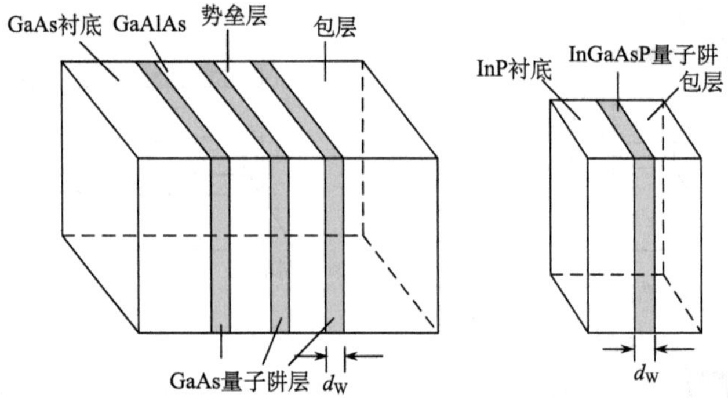

图 5.2-6 量子阱结构示意图

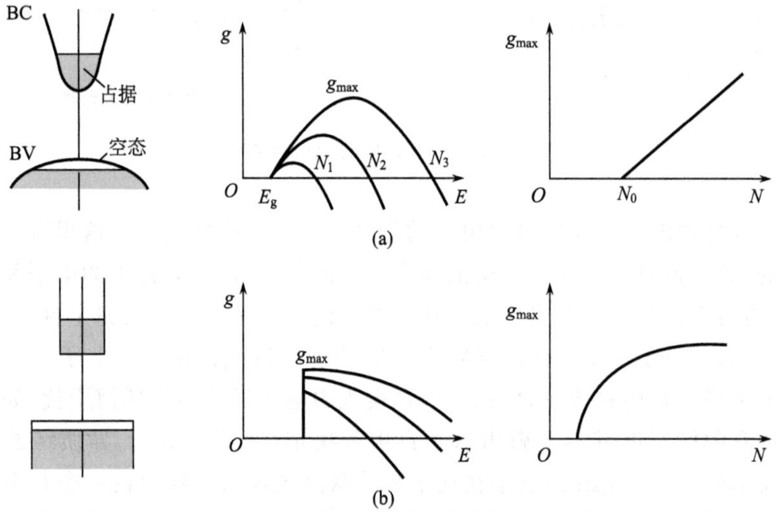

图 5.2-7 DH 激光器和 QW 激光器的增益特性

量子阱结构已成为大多数高性能半导体光电子器件的典型结构，量子阱半导体激光器阈值电流达亚毫安，调制带宽达数十吉赫兹。与块状晶体抛物线能带中载流子必须从接近带底处开始填充不同，量子阱的阶梯状能带允许注入的载流子依子带逐级填充。注入载流子能量的量子化，提高了注入有源层内载流子的利用率，明显增加了微分增益，而高的微分增益带来了诸多好处：降低了激光器的阈值电流；提高了激光器的调制带宽(约 30GHz)；提高了激光器的斜率效率；减少了频率啁啾。

限制单量子阱(SCH-SQW)结构和多量子阱结构解决了光能量从很薄的有源层渗透的问题，单量子阱和多量子阱激光器的能带结构示意图如图 5.2-8 所示，不同结构量子阱激光器的阈值电流密度如图 5.2-9 所示。而量子线(一维量子结构)和量子点使半导体激光器的性能发生了更大的改善，如图 5.2-10 和图 5.2-11 所示。

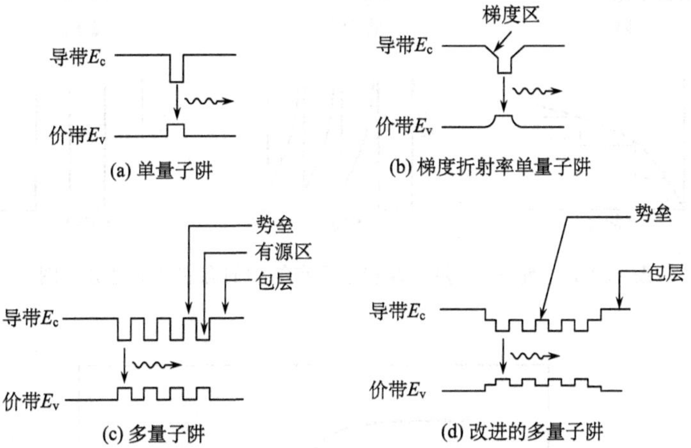

图 5.2-8　单量子阱和多量子阱激光器的能带结构示意图

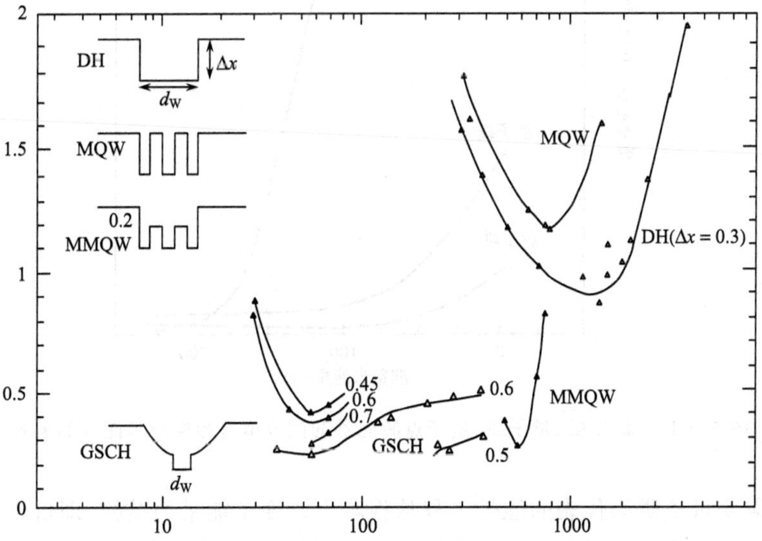

图 5.2-9　不同结构量子阱激光器的阈值电流密度比较

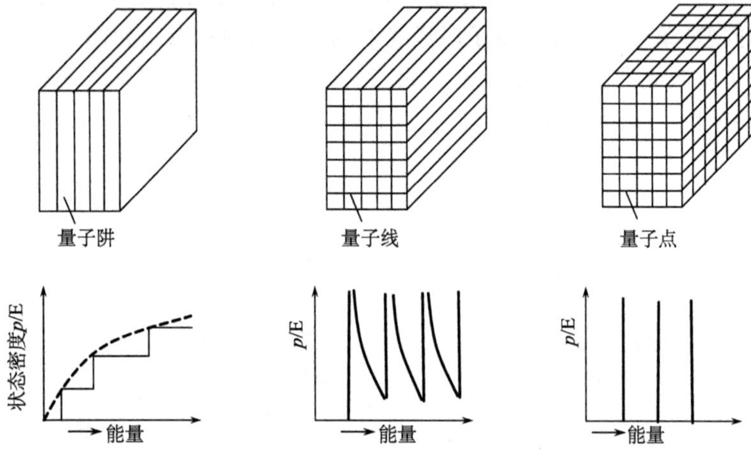

图 5.2-10 量子阱、量子线和量子点结构的态密度能谱分布图

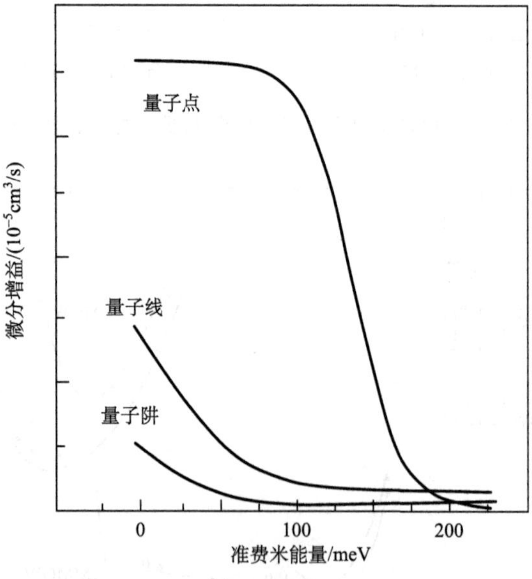

图 5.2-11 量子阱、量子线、量子点激光器的微分增益和准费米能级的关系

以应变量子阱为代表的能带工程从根本上改变了能带的结构，即价带工程，使阈值电流达亚毫安，如图 5.2-12 和图 5.2-13 所示。应变的类型与应变量的大小都可以调节带隙的大小，从而调节激射波长。

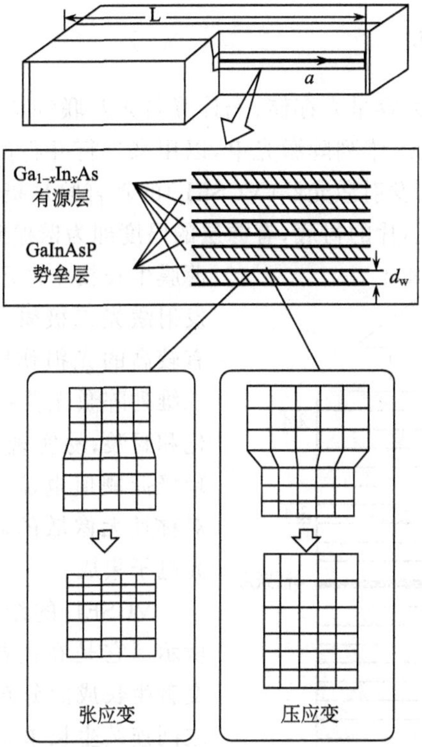

图 5.2-12 应变量子阱激光器示意图

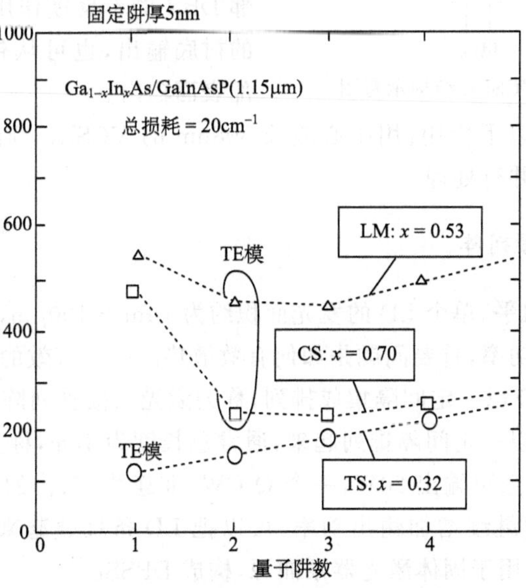

图 5.2-13 应变量子阱激光器的阈值电流与量子阱数目的关系

TS:张应变,LM:晶格匹配,CS:压应变

4. 表面发射激光器

随着并行光通信、大容量光存储、光计算与光互联等信息技术的迅速发展，迫切要求获得均匀一致的二维列阵激光束，以用来进行并行的光信息存储、传输、处理与控制。垂直腔表面发射激光器(VCSEL)的垂直腔是指激光器的方向(光子振荡方向)垂直于半导体芯片的衬底，有源层的厚度即为谐振腔的长度。随着超薄层薄膜生长技术的不断完善，VCSEL 与边发射激光二极管相比具有明显的特点：有较高的光损伤阈值；可高密度的形成二维列阵激光器；芯片成本低；容易模块化和封装；易实现动态单纵模工作；可实现极低阈值电流(亚毫安量级)工作；圆对称且无像散的高斯光束质量好；易于光电子集成。

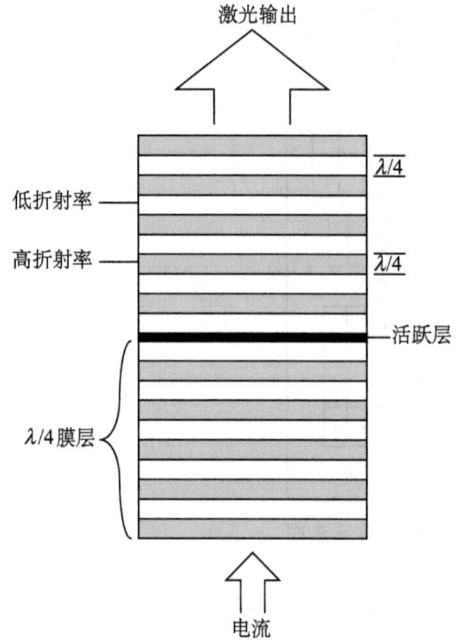

图 5.2-14　VCSEL 结构示意图

VCSEL 的结构示意图如图 5.2-14 所示。它是在由高、低折射率介质材料交替生长成的分布布喇格反射器(DBR)之间连续生长单个或多个量子阱有源区所构成。顶部镀有金属反射层以加强上部 DBR 的不反馈作用，激光束可从透明的衬底输出，也可从带有环形电极的顶部表面输出。

VCSEL 适宜以下应用：用中心波长 808nm 的 VCSEL 列阵泵浦板条固体激光器；用于光信息并行处理。

5. 激光二极管列阵

就当前工艺水平，单个 LD 的发光面积约为 1μm ×100μm，输出功率约限制在 1W。要增大输出功率，首要问题是如何有效散热。一个有效的办法就是采用列阵结构，即将多个 LD 以一定间隔集成排列，称为激光二极管列阵。要进一步提高功率，再把这些列阵以一定间隔排列起来，通常总长度为 1cm，称为 LD 条，一个 CW(连续)工作的 LD 条可输出 20W，一个 Q-CW(准连续)工作的 LD 条可输出 50W(峰值功率)。要再继续增加输出功率，可以把 LD 条堆叠起来，称为 LD 堆。LD 条和 LD 堆已广泛用于固体激光器泵浦源，构成 DPSSL。

由 SDL 公司生产的 SDL-2460 型二极管线阵连续工作时最大输出功率为

1W，发射面积为 1.0μm×200μm，发散角为 10°×40°。将 10～20 片二极管线阵串接在一个基片上就构成了单条结构，长度在 1cm 之内，连续输出功率 10W，可用于侧面泵浦棒状或板条固体激光器。

将列阵条叠在一起构成二维面阵，如图 5.2-15和图 5.2-16 所示，有三种装配和冷却方式：微通道（microchannel）、背面冷却列阵（back-plane cooled array）和沟槽上放列阵条（bar in a groove）。

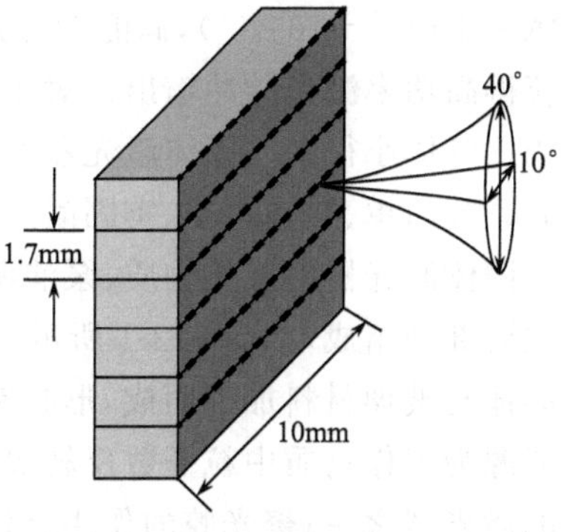

图 5.2-15　Stack 型大功率半导体激光器结构图

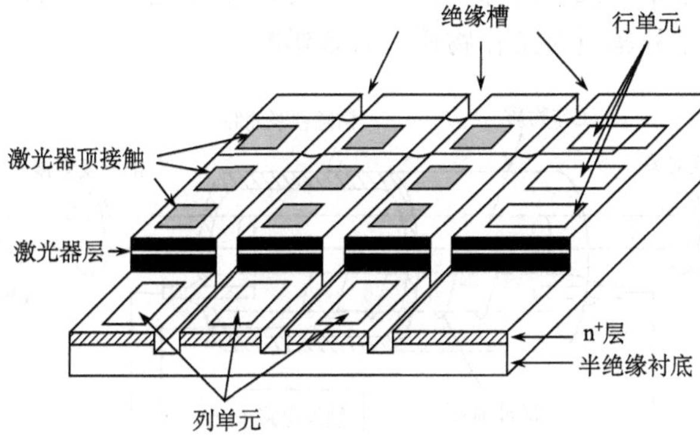

图 5.2-16　可寻址 VCSEL 列阵的矩阵结构图

5.3　固体激光器

固体激光器通常是指以均匀掺入少量激活离子的光学晶体或光学玻璃作为工作物质的激光器。真正发光的是激活离子，晶体或玻璃则作为提供一个合适配位场的基质材料，使激活离子的能级特性产生对激光运转有利的变化。激活离子按元素周期表中所分有三类：过渡金属元素如铬、锰、钴、镍、钒等，稀土元素如钕、铒、铥、镝、钬、镨等以及个别放射性元素如铀等。每种激活离子可具有与之相配位的一种或几种基质材料。晶体已有上百种，玻璃有上百种，但真正实用的基质材料不过是红宝石、钇铝石榴石晶体以及硅酸盐、硼酸盐、磷酸盐、氟化物玻璃等几种。总体来讲，最常用且商品化的激光工作物质是红宝石（Cr^{3+}：Al_2O_3）、掺钕钇铝石榴石（Nd^{3+}：YAG）和钕玻璃等。由于参与受激辐射作用的激活离子密度一般为 10^{25}～$10^{26}\,m^{-3}$，比气体工作物质高 3 个量级以上，激光上能级的寿命长，即自发辐射概率小（$10^4 \sim 10^3 s^{-1}$），储能能力强，易于获得大能量输出，并适合于进行 Q 开关以获得高功率激光脉冲输出。对于同样大小的能量和功率输出，固体工作物质的体积比气体小得多。固体激光器的主要特点是运行方式多样、激光谱线达数千条、导光系统简单、结构紧凑、牢固耐用且价格适宜。

固体激光器由工作物质、泵浦源、聚光腔、光学谐振腔、冷却、滤光及激光电源等主要部分组成，如图 5.3-1 所示。工作物质是激光器的核心，由掺杂离子型电介质晶体与玻璃材料加工而成，形状有圆柱体（棒状）、平板形（板条）、圆盘形与管状；泵浦源为工作物质中粒子数反转提供光能，二极管泵浦固体激光器是当前发展最快的激光器之一；聚光腔的作用是将泵浦源辐射的光能有效均匀地汇聚至工作物质上，以获得高的泵浦效率；谐振腔由全反射镜和部分反射镜组成，可分为稳腔、介稳腔和非稳腔等基本形式。冷却与滤光系统是防止聚光腔及内部元件温升过高，并减小泵浦灯中紫外辐射对工作物质的有害影响。

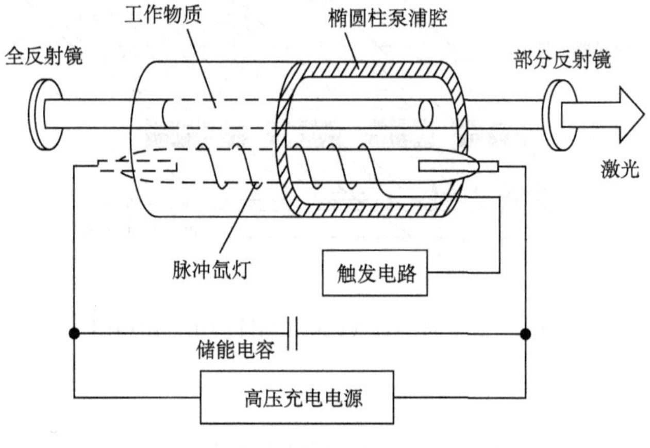

图 5.3-1　固体激光器的基本结构

5.3.1　红宝石激光器、钕激光器

红宝石激光器是世界上第一台激光器。钕激光器包括 Nd^{3+}：YAG 和钕玻璃激光器，是目前发展最为成熟、应用最成功的一种激光器。激光器的发光特性主要由激活离子的能级结构决定。红宝石是三能级系统，Nd：YAG 是四能级系统，如图 5.3-2 所示。

红宝石激光器属三能级运转，阈值泵浦能量高，红宝石晶体导热性差，通常只能以脉冲方式工作。由于它输出可见光，在动态全息、医学等方面仍有应用价值。Q 开关红宝石激光器输出巨脉冲峰值功率可达 10～50MW，脉宽为 10～20ns。锁模红宝石激光器输出超短脉冲的峰值功率可达吉瓦级，脉宽可达 10ps。

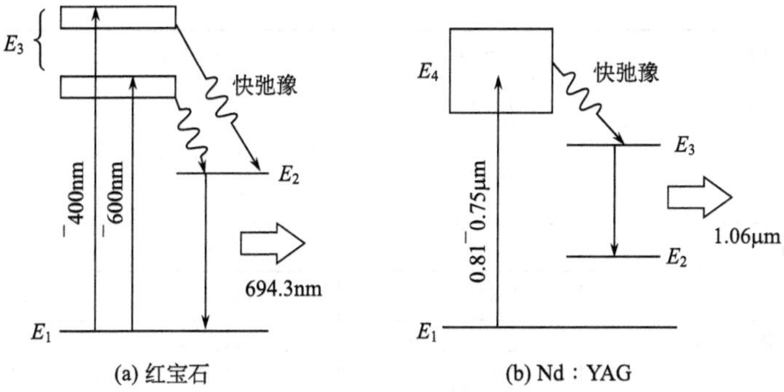

图 5.3-2　红宝石和 Nd：YAG 激活离子能级

Nd：YAG 激光器属四能级系统，其阈值泵浦能量比红宝石和钕玻璃激光器小得多，Nd：YAG 晶体导热性好，易于散热，因此，不仅可以单次脉冲运转，还可以高重复率或连续运转。最大连续输出功率已超过 1000W，每秒 5000 次重复频率激光器的输出峰值功率已达千瓦以上，每秒几十次重复频率的 Q 开关激光器的峰值功率可达几百兆瓦。

钕玻璃也是四能级系统，能级结构与 Nd：YAG 类似，只是泵浦吸收带稍宽，荧光寿命较长，荧光线宽较宽，易于积累激光上能级粒子，又容易制成光学均匀性能优良的大尺寸材料，因此，可用于大能量、高功率激光器。大能量钕玻璃激光器的输出能量已达上万焦耳。宽的荧光线宽，适于制成锁模激光器，钕玻璃锁模激光器可产生脉宽小于 1ps 的超短光脉冲。钕玻璃激光器在激光核聚变实验中已获得重要应用。只是由于钕玻璃热导率低，振荡阈值又较 Nd：YAG 高，因此，不宜用于连续和高重复率运转。

上述钕激光器中，钕离子以杂质形式掺入基质材料。另一类钕激光器，如五磷酸钕(NdP_5O_{14}，记为 NPP)，由于激活离子本身是晶体化合物的组成成分之一，所以钕离子浓度比掺杂形式高出数十倍。相应地，对泵浦光的吸收和增益也有数量级的提高。于是，这类钕晶体可以做成薄片波导形状或针状，使激光器体积大为缩小，称为微型固体激光器。用它制作的激光测距仪可放在军用望远镜中。

表 5.3-1 给出了三种激光材料的物理性能及其激光性能的对比。

表 5.3-1　三种固体工作物质的主要性能(室温)

性能	红宝石	Nd^{3+}：YAG	钕玻璃
基质成分	α-Al_2O_3	Y_3AlO_{12}	K_2O-Ba-SiO_2 等
基质结构	立方晶系	六方晶系	固熔体
掺杂浓度/%	Cr^{3+}：0.05	Nd^{3+}：0.725	Nd_2O_3：3.1

续表

性能	红宝石	Nd^{3+}:YAG	钕玻璃
激活离子密度/cm^{-3}	1.58×10^{19}	1.38×10^{20}	2.85×10^{20}
吸收带/μm	0.41,0.55	0.53,0.58,0.75, 0.81,0.87	0.53,0.58,0.75, 0.81,0.87
激光波长/nm	694.3	1064	1064
光子能量/J	2.86×10^{-19}	1.86×10^{-19}	1.86×10^{-19}
受激发射截面面积/cm^2	2.5×10^{-20}	$(27\sim88)\times10^{-20}$	3×10^{-20}
荧光半线宽/cm^{-1}	11	6.5	250
荧光寿命/ms	3	0.23	0.6～0.9
折射率	n_o:1.763,n_e:1.755	1.823	1.51
折射率温度系数/($10^{-6}\cdot K^{-1}$)	11	7.3	
热导率/($W\cdot cm^{-1}\cdot K^{-1}$)	0.42	0.14	0.012
热膨胀系数/($10^{-6}\cdot K^{-1}$)	6	(001):8.2, (111):7.8	8～9
比热/($kJ\cdot g^{-1}\cdot K^{-1}$)	0.18	0.15	0.16

5.3.2 可调谐固体激光器

顾名思义,激光调谐就是在一定频率范围内使激光频率或波长产生人为控制的变化。调谐技术的原理与纵模选择技术基本相同,因而所使用的方法和光学元件也基本相同。可调谐的固体激光器的激活介质受激辐射跃迁发生在两个电子振动能级之间,调谐的方法主要有棱镜调谐法、F-P 标准具调谐法、光栅调谐法、滤光片调谐法和分布反馈系统调谐法。为了提高调谐的选择能力,压缩激光的输出线宽,对一些激光器,可同时将两种方法组合起来进行调谐,如光栅和标准具组合调谐、棱镜和光栅组合调谐、光栅和光栅组合调谐、双折射滤光片和标准具组合调谐等。这里主要介绍紫翠宝石激光器和掺钛蓝宝石激光器。

1. 紫翠宝石激光器

紫翠宝石是在金绿宝石($BeAl_2O_3$)中掺入 0.01%～0.4%的 Cr^{3+} 生长成的激光晶体。Cr:$BeAl_2O_3$ 的吸收带为 380～630nm,吸收峰值为 590nm,适合用通常的闪光灯泵浦,如图 5.3-3 所示。另一个吸收峰值在 680nm 附近,可以用激光二极管泵浦。

成熟的脉冲紫翠宝石激光器在 720～800nm 范围内可调谐,与波长相关的平

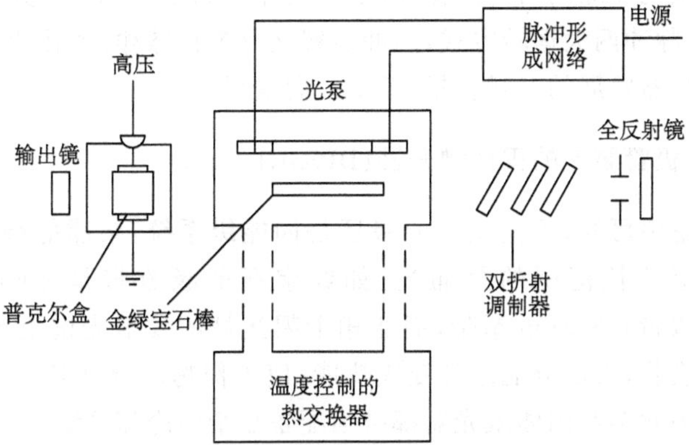

图 5.3-3 闪光灯泵浦的紫翠宝石激光器结构示意图

均输出功率可达 20W，二次谐波可在 360～400nm 范围内产生几瓦激光输出。

2. 掺钛蓝宝石激光器

掺钛蓝宝石（简称钛宝石）激光器突出的特点是在很宽的波长范围内（680～1100nm）连续可调。在钛宝石激光器之前，普遍使用的可调谐染料激光器必须更换四种染料，才能覆盖如此宽的波长调谐范围，而且染料使用寿命短、有毒，所以使用很不方便。因此，钛宝石激光器在许多应用中将取代染料激光器。钛宝石（Ti^{3+}：Al_2O_3）中，少量 Ti^{3+} 离子（约 1.2%）取代了 Al_2O_3 晶体中的 Al^{3+} 离子，其能级结构如图 5.3-4 所示，也是四能级系统。E_3 是激光上能级，E_2 是激光下能级。从图 5.3-4 可见，激光下能级由于基质配位离子的作用构成了准连续的能带。这样，激光上能级是同一个能级，而下能级是一定能量范围的能带，激光波长取决于能带中哪一个能级作为终端能级。激光器的调谐通过光腔中插入波长选择元件来实现。由于钛宝石激光上能级寿命较短（仅有 3.8μs），为了获得足够高的泵浦速率，大多采用激光泵浦，即用另一台激光器作为泵浦激励源，常用的有氩离子激光器、铜蒸气激光器或倍频（530nm）Nd：YAG 激光器。闪光灯泵浦的钛宝石激光器也已获得

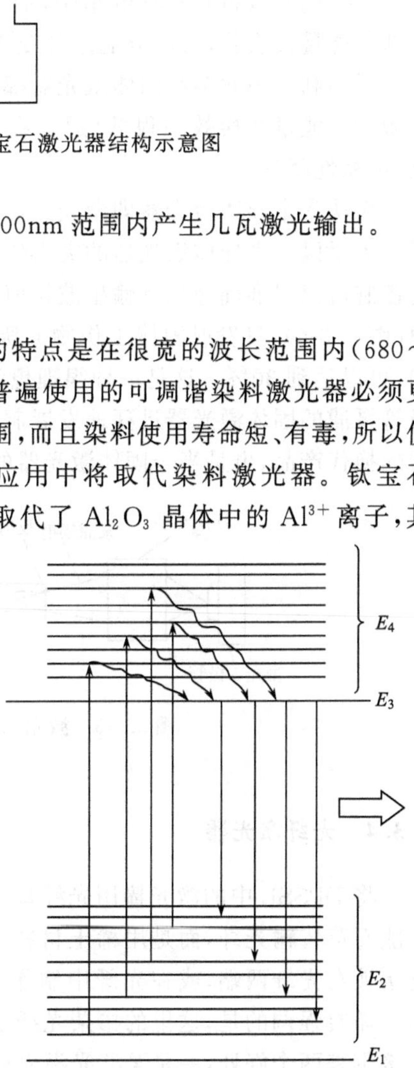

图 5.3-4 钛宝石能级图

成功。钛宝石激光器除调谐范围宽外,输出功率(或能量)大、转换效率高、运转方式多(有连续及脉冲两大运转方式,脉冲运转又分为长脉冲、短脉冲及超短脉冲等)而成为固体激光器发展的一颗新星,颇受人们重视。

5.3.3 激光二极管泵浦的固体激光器(DPSSL)

从以上讨论中可知,无论是三能级还是四能级系统,泵浦能级都有一定的宽度,只吸收一定波长范围的泵浦光,如红宝石的吸收带是400nm和600nm,Nd:YAG的吸收带是808nm窄带,而非相干闪光灯的发射光谱范围很宽,只有一小部分能量被吸收,大部分能量都变成热能,使工作物质温度升高,这对激光器的工作很不利。为此多数固体激光器都必须配备复杂的冷却系统。这种热效应不仅使激光器能量转换效率很低(通常在5%以下),光束质量变差,而且使结构复杂化,可靠性降低。

大功率半导体激光器即激光二极管的发展为克服固体激光器的这一困难提供了有力手段。半导体激光器的突出优点是体积小、效率高,而且通过组分设计和温度控制可以很准确地控制输出波长值。于是用激光二极管作为固体激光器的泵浦源(图5.3-5),只发射固体工作物质吸收带内的激光,能量转换效率大为提高,例如,可以达到30%。这是一种很理想的组合设计。20世纪80年代末以来,激光二极管泵浦的固体激光器迅猛地发展起来。可以毫不夸张地说,它将成为固体激光器的换代产品,也是当今固体激光器的发展方向之一。

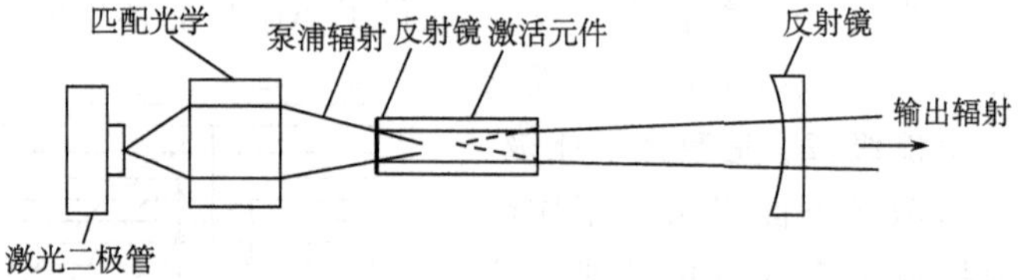

图5.3-5 激光二极管端面泵浦固体激光器

5.3.4 光纤激光器

将DPSSL中的激光棒用光纤替代就构成光纤激光器。不过这里的光纤不是一般石英传输光纤,而是用稀土材料(Nd、Er、Yb、Tm等)掺杂的特种光纤。腔镜直接镀在光纤两端,或在光纤中制作光栅替代腔镜,结构十分简单而且更稳定可靠。需要强调的是,这里的掺杂光纤采用双包层结构,如图5.3-6所示。这种结构直接带来两个好处:一是泵浦光沿光纤长度接近均匀分布;二是泵浦LD可多模运转,大大提高了转换效率和输出功率。

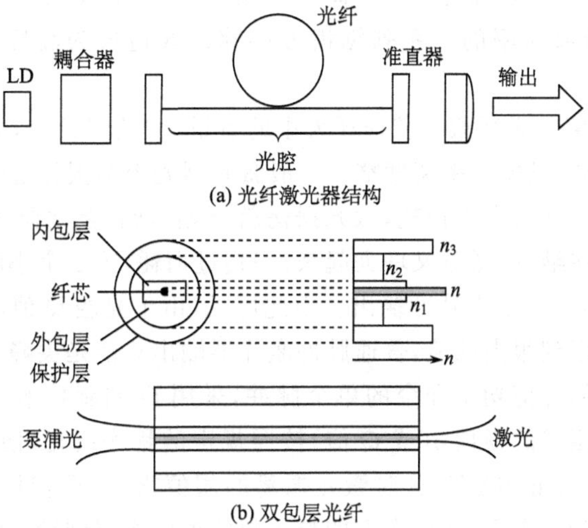

图 5.3-6　光纤激光器

光纤激光器采用光纤增益介质的主要好处是:①由于光纤双包层波导结构,保证了高效泵浦和激光束的单模特性,因此,光束质量好而且效率可高达 80%;②由于光纤的表面面积和体积的比值大,散热效果好,在－20～70℃内风冷即可,整体结构简单,适于高功率工作;③由于光纤柔性好、外形紧凑体积小、性价比高,所以平均无故障时间可达 10K～100K 小时以上;④由于掺杂光纤的宽带特性,在400～3400nm 范围内,调谐单色性和稳定性高。正因为这些优点,光纤激光器已成为 DPSSL 的发展方向之一。

5.4　调 Q 激光器

调 Q 技术自 1962 年出现以来,发展极为迅速,是激光发展史上的一个重要突破。采用调 Q 技术可以获得峰值功率在兆瓦级以上,脉宽为纳秒级的激光脉冲,这种强的相干辐射光与物质相互作用,促进了一系列具有重大意义的新现象和新技术的出现,如非线性光学、激光测距、激光雷达和高速全息照相等。

5.4.1　Q 调制原理

一台脉冲激光器输出的激光脉冲呈尖峰结构,由一系列宽度为微秒量级、强度不等的小脉冲组成。这种未加控制的脉冲激光器有两个严重的缺点:第一,总输出能量分布在一系列小脉冲中,每个脉冲的峰值功率都不高,增大泵浦能量,只能使小脉冲数目增多,而不能有效地提高峰值功率水平;第二,激光输出的时间波形很差，不能满足激光计时系统的需要。而实际应用中，常需要高峰值功率的单脉冲。因此，需要把低峰值功率的一系列锯齿形小脉冲改造成为高峰值功率的单个窄脉冲。

激光器的 Q 值是表征激光腔损耗大小的参量，腔的损耗大，Q 值低，纵模频带宽；损耗小，Q 值高，纵模频率宽度窄。一般激光器光腔的损耗是固定的，Q 值也是固定不变的。只要增益大于损耗，激光振荡就开始，增益随之降低，形成一个小脉冲。由于泵浦还在继续，增益又增大起来，一超过损耗，第二个小脉冲又形成，如此直到泵浦结束，形成一串小脉冲输出。由此可见，由于光腔 Q 值固定，粒子反转数也即增益无法积累到很高的值，普通脉冲激光器输出只能是尖峰结构。

为了得到高的峰值功率和窄的单个脉冲，采用 Q 调制技术，其基本原理是通过某种方法使谐振腔的损耗 δ（或 Q 值）按照规定的程序变化，使光腔在泵浦开始时处于高损耗（低 Q 值）状态，这时激光振荡的阈值很高，反转粒子数即使积累到很高水平也不会产生振荡，亚稳态上的粒子数便可以积累到较高的水平；当积累的反转粒子数即增益达到其峰值时，突然使光腔的损耗降低（Q 值增大），这时激光介质的增益将大大超过阈值，就会极其快速地振荡。这时存储在亚稳态的粒子所具有的大部分能量会很快转换为光子的能量，光子像雪崩一样以极高的速率增多，激光器便可输出一个峰值功率高、宽度窄的激光脉冲。通常，把这种高峰值功率的单个窄脉冲称为巨脉冲。用调节光腔 Q 值以获得巨脉冲的技术称为 Q 开关技术或调 Q 技术、Q 突变技术。

5.4.2 调 Q 技术

谐振腔的 Q 值与损耗 δ 成反比，若按照一定的规律改变谐振腔的 δ 值，就可以使 Q 值发生相应的变化，谐振腔的损耗包括反射损耗、衍射损耗、吸收损耗等。用不同的方法控制不同类型的损耗变化，就可以形成不同的调 Q 技术。Q 开关装在激光谐振腔内，可以急剧的改变激光振荡器输出光束的功率和瞬时特性。机械开关是通过光学元件转动、振动或移动实现的，被动染料盒则利用它的按光束强度而变的透过率。其他绝大多数器件都是靠光束与电、磁及声的相互作用，利用了电光克尔效应和普克尔效应、磁光法拉第效应及声光效应。

常用的调 Q 方法有转镜调 Q、电光调 Q、声光调 Q 与饱和吸收调 Q 等，前三种方法中谐振腔损耗由外部驱动源控制，为主动调 Q；后一种方法中谐振腔损耗取决于腔内激光光强，为被动调 Q。转镜调 Q 是最早发展的一种调 Q 方法，但目前已很少使用。

1. 电光 Q 开关

某些晶体如磷酸二氢钾（KDP）、磷酸二氘钾（KD^*P）、铌酸锂（LN）等施加电压后，通过它的线偏振光的偏振方向将发生偏转，称为电光效应。具有电光效应的晶体称为电光晶体。用一个偏振器和电光晶体构成 Q 开关插入光腔，当施加一适当高压于晶体时，透过偏振器的线偏振光进入晶体后偏振方向发生偏转，经过反射镜返回晶体时再次积累偏转，到达偏振器时刚好与偏振器的偏振方向垂直，不能透过，相当于 Q 开关关闭，光腔呈高损耗状态，不能产生振荡。当反转粒子数达到最大时，突然撤去电压，相当于 Q 开关打开，光腔呈低损耗（高 Q 值）状态，激光振荡迅速进行，激光器输出一个激光巨脉冲。

激光器 Q 开关所利用的电光效应有两种，即普克尔效应和克尔效应。前者发生于没有点对称中心的晶体，后者则发生于某些液体。普克尔盒需要加的电压仅为克尔盒的 1/5～1/10，是 Q 开关脉冲激光器中使用较广泛的主动器件。

电光 Q 开关的开关时间短（约 10^{-9}s）、效率高、同步精度高、系统稳定可靠、输出脉冲宽度窄（10～20ns）、峰值功率高（几十兆瓦以上），是目前广泛使用的一种 Q 开关方式。

2. 声光 Q 开关

这也是一种广泛使用的 Q 开关方式，其主要优点是重复频率高、性能稳定可靠。声光 Q 开关是利用声光相互作用以控制光腔损耗的 Q 开关技术。

压电换能器与声光材料（如熔石英、钼酸铅（$PbMoO_4$）晶体等）构成声光器件。压电换能器加电后，将超声波馈入声光材料，声波是疏密波，声光材料的折射率发生周期变化，对相对声波方向以某一角度传播的光波来说，相当于一个相位光栅。于是，在超声场中光波发生衍射，改变传播方向，这就是所谓的声光衍射效应。

将声光器件置于光腔内构成声光 Q 开关激光器。在最初施加声场时，腔内光束将偏折出光腔，相当于 Q 开关关闭，光腔呈大损耗低 Q 状态，不能形成振荡。当反转粒子数积累到最大值时，突然撤去声场，光束不发生偏折顺利通过声光介质，相当于 Q 开关打开，光腔呈低损耗高 Q 状态，形成激光巨脉冲输出。如果用一定频率的脉冲调制器调制射频发生器，使声光介质中有相同重复频率的射频超声场时，就能获得以重复频率工作的声光 Q 开关，激光器将以重复频率状态输出激光巨脉冲。

电光调 Q、声光调 Q 开关开启的延迟时间都是可控的，这一类技术为主动调 Q。电光开关与声光开关相比，前者电压较高（10^3～10^4V），后者电压较低（10^2V），故声光调 Q 是应用较广泛的一种技术。

3. 染料 Q 开关

在光腔内插入一个具有可饱和吸收特性的染料盒或染料片，即可构成 Q 开关激光器，又称被动 Q 开关技术。

在泵浦开始激光振荡的初期，可饱和染料极大地吸收腔中光子，形成很高的损耗(很低的 Q 值)。随着腔内光强的增加,可饱和染料的吸收能力下降,损耗变小,Q 值增大。当光强增大到一定程度时,染料吸收完全饱和,不再吸收,好像染料被漂白一样,变得对光透明,Q 值增至最大。这就如同打开了 Q 开关一样,激光振荡突然增强,输出一个激光巨脉冲。此后,由于前面的巨脉冲消耗了反转粒子数,腔内光子数迅速减少,染料的透明度降低,恢复到原来不透明状态,相当于光腔又处于关闭状态。这样就完成了一个"关—开—关"的周期。显然,可饱和染料 Q 开关是一种控制吸收损耗的 Q 开关技术,非常简单实用。

被动饱和 Q 开关有如下缺点:抖动大,为 10～100μs;染料变质;吸收有损耗。优点是经济、操作简便和输出脉冲的线宽窄。

近年来,发展了系列新型固体饱和吸收材料,适用于 1060nm 波段的有:Cr^{4+}:YAG、Cr^{4+}:GSGG、Cr^{4+}:GSAG、Cr^{4+}:Mg_2SiO_4、LiF:F_2^-(色心材料)及 GaAs 等。将 Cr^{4+} 和 Nd^{3+} 同时掺入晶体,还可实现自调 Q。

5.4.3 腔倒空技术

以上讨论的 Q 调制方式属于工作物质储能调 Q,即在低 Q 值状态下激光工作物质的上能级积累粒子,当 Q 值突然升高时形成巨脉冲振荡,同时输出光脉冲。上述方式是脉冲反射式调 Q,而腔倒空技术是脉冲透射式(PTM)调 Q。

Q 开关激光器两端都有反射率为 100%的反射镜,在循环功率的峰值处,迅速把输出反射镜的反射率从 100%变到 0%,使光腔内的全部光能量迅速倒空。腔倒空技术的优点之一是,产生的 Q 开关光脉冲宽度主要是振荡器腔长的函数,而不像脉冲反射式(PRM)是激光腔增益特性的函数。

连续泵浦激光器的腔倒空技术,以及输出脉冲间的能量积累和存储主要是在光场内,而反射式 Q 开关主要是在原子的反转粒子数中。激光腔内光场的有限建立时间和重新泵浦到粒子数反转所需要的时间决定了 Q 开关激光器可达到的重复频率上限,腔倒空的脉冲重复频率可达到 125kHz 到几兆赫兹。

腔倒空技术有两个突出的优点:效率比 PRM 式调 Q 高;脉冲宽度比 PRM 式调 Q 大大缩短。

5.4.4 调 Q 激光器特性

1. 调 Q 脉冲峰值功率

近似认为,光子在腔内的寿命为 t_c 的时间内逸出,而每个光子的能量为 $h\nu$,腔内光子数密度为 ϕ,粒子反转数密度为 Δn,稳态振荡时阈值反转粒子数为 Δn_t,$t=0$ 时刻 Δn 达到最大值 Δn_i,则激光的瞬时功率为

$$p=\frac{\phi h\nu}{t_c}=\frac{h\nu}{2t_c}\left(\Delta n_i-\Delta n+\Delta n_t\ln\frac{\Delta n}{\Delta n_i}\right)$$

当 $\Delta n=\Delta n_t$ 时，输出功率达到最大值，即峰值功率为

$$p=\frac{h\nu}{2t_c}\left(\Delta n_i-\Delta n_t+\Delta n_t\ln\frac{\Delta n_t}{\Delta n_i}\right)$$

如果初始反转粒子数 Δn_i 大大超过阈值反转粒子数 Δn_t（高 Q 值情况），则

$$p=\frac{1}{2}\frac{\Delta n_i}{t_c}h\nu$$

2. 调 Q 脉冲的能量及利用率

激光脉冲的能量是由消耗反转粒子数的受激辐射过程提供的，若以光子数从极大值 ϕ_m 下降到 ϕ_f 的时间作为脉冲结束，则 ϕ_f 对应的反转粒子数为 Δn_f。调 Q 脉冲的总能量为

$$E=\frac{1}{2}(\Delta n_i-\Delta n_f)h\nu V$$

式中，V 为腔内激活介质的体积，$\frac{\Delta n_f}{\Delta n_i}=\exp\left(\frac{\Delta n_f-\Delta n_i}{\Delta n_t}\right)$。

通常 $\Delta n_i\gg\Delta n_f$，所以调 Q 脉冲能量随参量 $\frac{\Delta n_i}{\Delta n_t}$ 的变大而线性增加。一个调 Q 脉冲可以从激活介质的储能中提取多大比例的能量，Δn_f 是没有贡献的，剩余的反转粒子在巨脉冲结束后，以荧光形式消散掉了。用 $\frac{\Delta n_i-\Delta n_f}{\Delta n_i}$ 表示调 Q 脉冲的能量利用率。

3. 调 Q 脉冲的时间特性

激光脉冲宽度的一段时间为 Δt，假设该时间内初始光子数密度 ϕ_0 可忽略，则

$$\Delta t\delta=-\int_{\Delta n_i}^{\Delta n}\frac{\mathrm{d}\Delta n}{\Delta n\left(\frac{\Delta n_i}{\Delta n_t}-\frac{\Delta n}{\Delta n_t}+\ln\frac{\Delta n}{\Delta n_i}\right)}$$

该积分不易直接得出解析解，但可根据已给的初始值 $\frac{\Delta n_i}{\Delta n_t}$，利用数值积分来求得 Δt。

在调 Q 激光器中，$\frac{\Delta n_i}{\Delta n_t}$ 是一个极为重要的参量，直接影响到输出功率和脉冲宽度，即影响到总体效率。当 $\frac{\Delta n_i}{\Delta n_t}$ 值增大时，峰值光子数增加，脉冲的上升时间（前沿）和下降时间（后沿）同时缩短，脉冲变窄，只是后沿变化较缓慢些。故应尽可能的提高光泵的抽运速率以增大 Δn_i，同时选择效率较高的激光工作物质和合适的

谐振腔结构以减小 Δn_t 和其他损耗。

5.5 锁模激光器

虽然 Q 开关技术可以压缩激光脉冲宽度，获得巨脉冲输出，但其压缩能力受到腔长限制。因为一个 Q 开关光脉冲的宽度至少等于光波行进单程光腔长度所经历的时间，所以通常 Q 开关巨脉冲宽度被限制在纳秒量级。激光锁模技术将激光脉冲宽度进一步压缩到了皮秒和飞秒量级，堪称超短脉冲之最。一部瞬态光学的序幕也就此拉开，经历了主动锁模、被动锁模、同步泵浦锁模、碰撞锁模(CPM)、加成脉冲锁模(APM)或耦合腔锁模(CCM)、自锁模等阶段。

5.5.1 锁模原理

顾名思义，“锁模”就是将两个以上不发生关联的振荡模式(纵模)联系起来。激光器中振荡的不同模式本来是不关联的，即各自的振荡相位是独立而随机变化的，两个模即使是紧相邻的两个模也是非相干的，所以激光器的总输出功率等于各个独立模功率之和。如果能把它们的振荡相位一致起来，各模之间变成相干关系，相干源之间的相加就不再是功率之和，而变成振幅相加，相应的功率在时间上出现不均匀分布，参与相干的模越多，不均匀分布越尖锐，即形成脉宽极窄、峰值功率很高的激光脉冲。要想获得窄脉冲激光，不仅要求参与振荡的模式数目要多，而且要求各模式之间的相位关系要一致且要固定。这种固定各个模式相位关系的方法称为锁模，相应的技术称为锁模技术。

5.5.2 锁模技术

1. 主动锁模

用周期性调制谐振腔参量的方法，可以使所有参与振荡的模式相位同步，达到锁模目的，这称为主动锁模。

在光腔中插入一个调制器(可以是电光调制器或声光调制器，可以是振幅调制或相位调制)，控制调制器的调制频率精确地等于纵模间隔。这样，最先起振的纵模受到调制，调制的作用将使与它相邻的上下频率模式随之同步(同相)起振。它们在调制器作用下，又激起相邻模的振荡。以此类推，使增益线宽内所有可能振荡的模式同步振荡，相位一致。这些同相模式之间产生强烈的相干耦合，发生相干叠加(即振幅相加)，形成锁模序列脉冲输出腔外。

根据调制的原理，可分为相位调制(PM)(或频率调制 FM)锁模及振幅调制(或损耗调制)锁模两种。

2. 被动锁模

被动锁模类似染料被动 Q 开关，也是把可饱和吸收染料盒置于光腔中。主要区别有两点，第一，要求可饱和吸收染料的上能级寿命特别短；第二，染料盒在腔内必须紧靠全反射镜放置，这样光脉冲每经腔内一次往返就受一次染料吸收作用，相当于一个周期损耗调制器的作用，调制频率正好等于相邻纵模间隔。

在锁模染料激光器中，采用环形腔结构，可饱和吸收体置于环路中点，使相反方向的两个脉冲精确、同步地到达吸收体，并发生碰撞，产生相干叠加效应，获得有效锁模，称为碰撞锁模。

3. 自锁模

当锁模介质本身的非线性效应能够保持各个振荡纵模频率的等间隔分布，并有确定的初相位关系时，无须在谐振腔内插入任何调制元件，即可实现纵模锁定的方法称为自锁模。掺钛蓝宝石自锁模激光器是最实用的，自锁模 Cr^{4+}：YAG 激光器也是研究热点。

4. 同步锁模

与损耗调制实现锁模不同，同步锁模是通过增益调制来实现锁模的。用一台锁模激光器的序列脉冲输出泵浦另一台激光器，在两个激光器光腔长度相等的条件下，激光器的增益受到调制，与损耗调制类似，在最大增益时形成一个脉宽更窄的序列脉冲输出，这就是同步锁模激光器。

5.6　稳频激光器

频率的稳定性包括两个方面，一是频率的稳定度，二是频率稳定点的复现性。

频率稳定度是指在激光器工作时间内，频率的变化量与参考频率的比值。这个比值越小，表示其频率稳定度越高。频率的复现性是指参考频率本身在激光器工作时间内的漂移变化量与参考频率的比值。这个比值越小，表示其复现性越好。在实际应用中，对两者都有很高要求。

5.6.1　稳频原理

激光频率的稳定性主要取决于光腔振荡频率的稳定性。由于光波长很短，各种原因（如工作温度变化、机械振动等）引起的腔长和工作物质折射率的微小变化，都会引起光波相位的很大变化，最终导致振荡频率的变化。在不考虑原子跃迁谱线频率微小变化的情况下，激光器振荡频率主要由谐振腔的谐振频率决定，即

$$\nu = q\frac{c}{2nL}$$

式中，L 为腔长，c 为光速，n 为腔内介质的折射率，q 为纵模的序数。若腔长或腔内的折射率 n 发生变化，则激光振荡频率也将变化，表示为

$$\Delta\nu = -qc\left(\frac{\Delta L}{2nL^2} + \frac{\Delta n}{2n^2 L}\right)$$

$$\left|\frac{\Delta\nu}{\nu}\right| = \left|\frac{\Delta L}{L}\right| + \left|\frac{\Delta n}{n}\right|$$

故激光频率的稳定问题，归结为如何设法保持腔长和折射率稳定的问题。影响频率稳定的外界因素主要有：温度变化的影响、大气变化（温度、气压、湿度）的影响、机械振动的影响及磁场的影响。

5.6.2 稳频的主要方法

稳频技术的实质就是保持谐振腔光程长度的稳定性。采取一定措施（如恒温、避振、隔声、选取小膨胀系数材料、采用稳压稳流电源等）可以使频率不稳定度达到 10^{-7} 量级，这称为被动稳频方法。但要进一步提高频率稳定性，必须采用人为伺服控制方法，即以某一条跃迁谱线为参考标准，采用电子学中伺服回路技术将激光器频率锁定在这一不变的频率上，这称为主动稳频方法。主动稳频的方法可分为两类：一类是利用原子谱线中心频率作为鉴别器进行稳频，如兰姆（Lamb）凹陷稳频法；另一类是利用外界参考频率作为鉴别器标准进行稳频，如饱和吸收稳频法。

图 5.6-1 和图 5.6-2 给出了兰姆凹陷稳频装置及其工作原理的示意图。兰姆凹陷稳频稳定度可达到 $10^{-10}\sim10^{-9}$ 量级，复现性为 1×10^{-7}。若要进一步提高，还需要采用其他方法，例如，采用饱和吸收稳频法，频率稳定性可达 $10^{-13}\sim10^{-11}$ 量级，复现性可达 $10^{-11}\sim10^{-10}$。

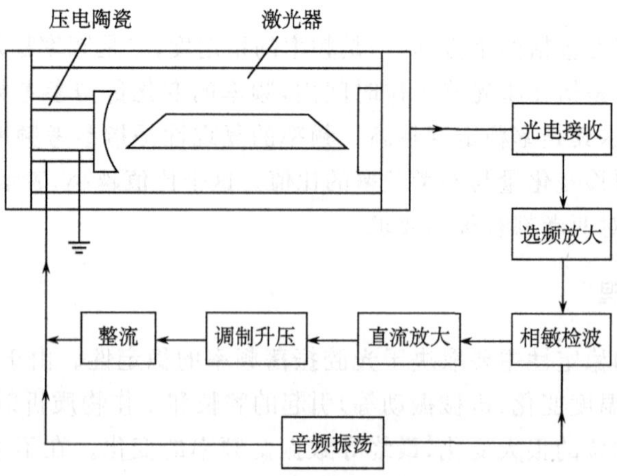

图 5.6-1　兰姆稳频装置

饱和吸收稳频装置和工作原理如图 5.6-3和图 5.6-4 所示。从图 5.6-3 可见,激光器中多了一个吸收管,输出功率频率曲线在原子中心出现了一个尖峰,称为反兰姆凹陷。它比兰姆凹陷宽度更窄,斜率更大,所以要求伺服控制精度更高。由于分子饱和吸收能得到迄今最好的反兰姆凹陷,所以相应的稳频方法又称分子饱和吸收稳频法。常用的吸收分子是碘分子和甲烷分子。

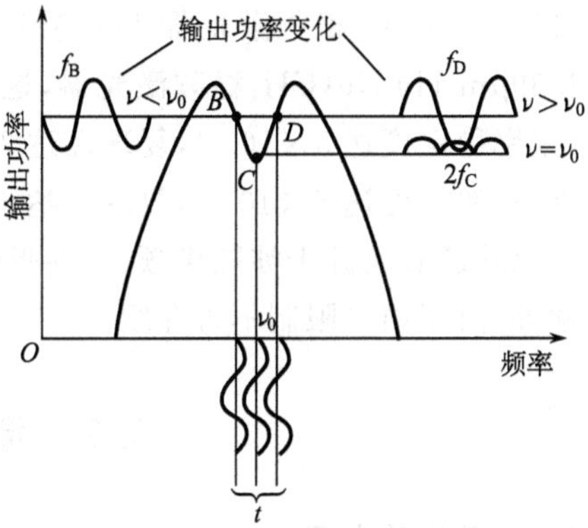

图 5.6-2　兰姆稳频原理

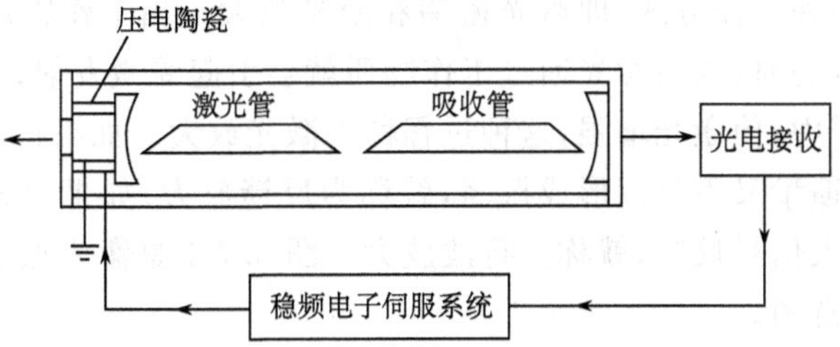

图 5.6-3　分子饱和吸收稳频装置

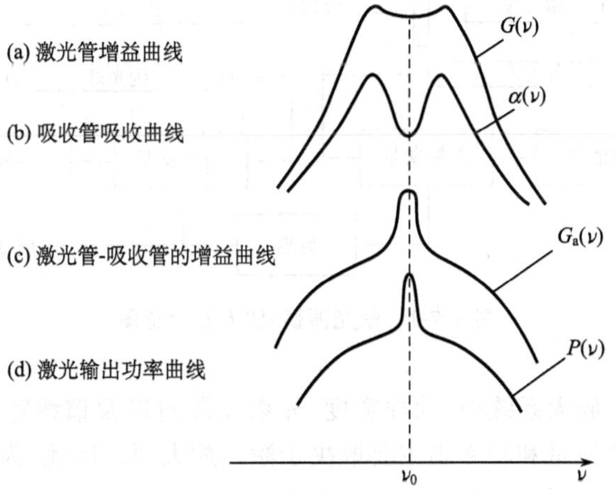

图 5.6-4　反拉姆凹陷的形成

迄今,典型的稳频激光器有:①633nm He-Ne:I_2稳频激光器,频率稳定度达 5×10^{-13},复现性达 1×10^{-10};②612nm He-Ne:I_2稳频激光器,性能同上相近;

③515nm Ar^+：I_2稳频激光器，频率稳定度可达 5×10^{-14}，复现性可达 1.5×10^{-12}；④3.39μm He-Ne：CH_4稳频激光器，这是第一台可与微波频标相比拟的稳频激光器，频率稳定度达 5×10^{-15}，复现性达 3×10^{-14}；⑤CO_2 稳频激光器，利用 SF_6 饱和吸收，频率稳度达 5×10^{-14}，复现性达 10^{-10}。

此外还有无源干涉腔稳频、线性吸收稳频、准行波吸收稳频以及塞曼效应双频稳频等，由于篇幅限制不再介绍。

5.7 激光放大器

5.7.1 激光放大理论

激光器有两种工作方式，即激光振荡和激光放大。当工作物质被激励处于粒子数反转分布状态时，入射激光通过工作物质就会引起受激发射，受激发射的光子叠加到入射光子中，使激光增强，这种过程称为激光放大。如果将放大了的激光反馈回放大器，反馈量又不足以形成振荡，就称为反馈放大；如果放大器中不设置反射镜，不存在放大信号反馈，就称为行波放大。图 5.7-1 是激光振荡-放大(行波放大)器的结构示意图。

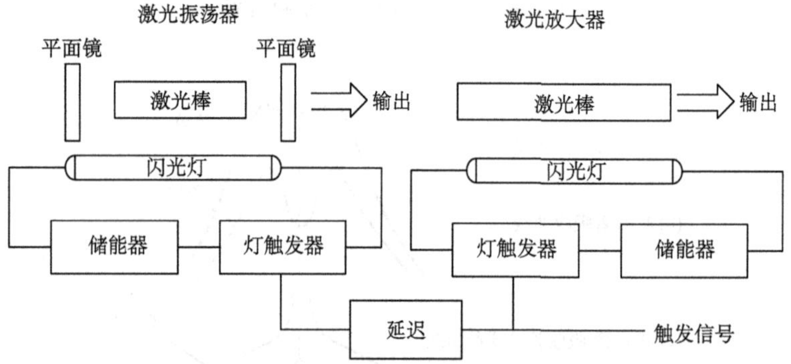

图 5.7-1 激光振荡-放大器示意图

在激光振荡-放大系统中，脉冲宽度、光束发散角以及谱线宽度主要由激光振荡器决定，激光的能量和功率则主要取决于激光放大器。因此，为获得高光束质量的大功率激光输出，激光振荡器一般工作在小功率状态，这样容易获得高质量的光束(如单纵模单横模状态)，然后经放大器放大得到大功率高质量激光输出。图 5.7-2是掺铒光纤放大器示意图，半导体激光器(LD)输出的泵浦光通过光纤耦合器注入掺铒光纤，参与受激辐射过程的 Er^{3+} 属三能级系统，受激辐射波长为 1525～1565nm，带宽约为 40nm，其最佳泵浦光波长是 980nm 或 1480nm。

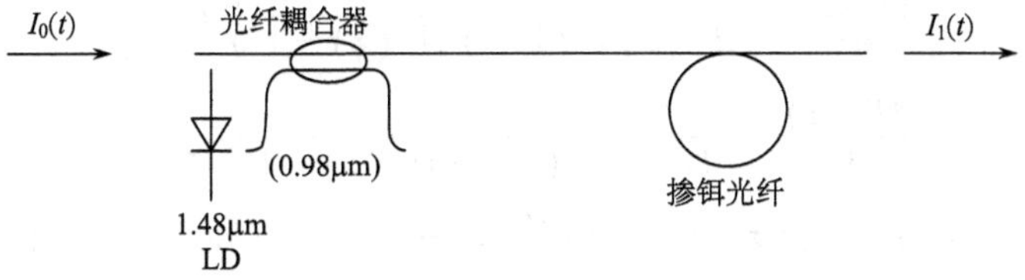

图 5.7-2　掺铒光纤放大器示意图

5.7.2　激光放大的主要方法

按照被放大的激光脉冲宽度的大小，可将激光放大器分为稳态放大器、脉冲放大器和超短脉冲放大器三类。当激光脉冲较宽或是连续激光时，脉冲宽度大于放大器激光上能级寿命，两者都是稳态运转，称为稳态放大器；当脉冲宽度小于激光上能级寿命时，例如，Q 开关纳秒级脉冲，此时放大器反转粒子数和光子数均未达到稳态，放大过程就结束了，称为脉冲放大器；当激光脉冲更短（飞秒级）时，放大器介质原子不能立即响应激光作用，必须考虑光子原子相互作用的相位关系，称为超短脉冲放大器。

增益工作物质两端面无反射的激光放大器称为行波放大器；增益工作物质两端面与光传输方向垂直并有一定反射率的放大器称为再生放大器（或法布里-珀罗放大器）。

当光信号传播通过激光放大器时，若干物理过程导致信号发生畸变，有空间畸变和时间畸变。非均匀泵浦、激活介质的不均匀性、增益饱和、衍射效应、热畸变和非线性折射率会导致光束的发散角增大或产生局部高能密度的空间畸变；时间畸变包括脉冲形状畸变、频率调制等。

5.7.3　光纤放大器

在图 5.7-3 所示的以掺杂光纤为增益介质的光纤放大器中，泵浦光与信号光一起在光纤中同向或反向传输。泵浦光在传输过程中不断被吸收并使杂质离子（如 Er^{3+}）激励至高能级，这一过程必然导致泵浦光强不断减弱。工作物质中的小信号增益系数、小信号反转粒子数密度及饱和光强均与传输距离有关（三能级系统的饱和光强与激励强弱有关）。下面以三能级系统为例讨论纵向光激励连续激光放大器的增益特性。

为简单起见，不考虑光纤中光场及激活离子的横向分布，并假设三能级系统的总量子效率为 1，忽略光纤的损耗，只考虑泵浦光与信号光同向传输的工作方式。

描述归一化信号光强及泵浦光强变化的稳态方程为

$$\frac{\mathrm{d}I'(z)}{\mathrm{d}z}=\frac{I'_{\mathrm{p}}(z)-\gamma}{I'_{\mathrm{p}}(z)+(1+\gamma)I'(z)+1}\frac{\beta}{\gamma}I'(z) \tag{5.7-1}$$

$$\frac{\mathrm{d}I'_{\mathrm{p}}(z)}{\mathrm{d}z}=\frac{I'(z)+1}{I'_{\mathrm{p}}(z)+(1+\gamma)I'(z)+1}\beta_{\mathrm{p}}I'_{\mathrm{p}}(z) \tag{5.7-2}$$

式中，$I'(z)=I(z)/\{h\nu/[\sigma_{21}(\nu)\tau_{\mathrm{s}}]\}$，$I'_{\mathrm{p}}(z)=I_{\mathrm{p}}(z)/\{h\nu_{\mathrm{p}}/[\sigma_{13}(\nu_{\mathrm{p}})\tau_{\mathrm{s}}]\}$，$I(z)$为信号光强，$I_{\mathrm{p}}(z)$为泵浦光强，$\nu$ 和 ν_{p} 分别为信号光和泵浦光频率，$\beta=n\sigma_{12}(\nu)$与 $\beta_{\mathrm{p}}=n_3\sigma_{13}(\nu_{\mathrm{p}})$分别为掺铒光纤中信号光与泵浦光的小信号吸收系数。由式(5.7-1)与式(5.7-2)可知，泵浦光沿传输方向逐渐衰减。当 $I_{\mathrm{p}}(z)>I_{\mathrm{pth}}$时，信号光逐渐增长；而当 $I_{\mathrm{p}}(z)<I_{\mathrm{pth}}$时，信号光逐渐减弱，阈值泵浦光强 $I_{\mathrm{pth}}=\gamma\frac{h\nu_{\mathrm{p}}}{\sigma_{13}(\nu_{\mathrm{p}})\tau_{\mathrm{s}}}$。

若光纤放大器中信号光很弱，小信号增益 G^0 与信号光强无关，但和入射泵浦光强 I_{p0}(功率 P_{p0})及掺杂光纤长度 l 有密切关系，如图 5.7-3 所示。图 5.7-4 为光纤长度一定时归一化小信号增益系数及归一化输入泵浦功率的关系曲线，小信号增益 G^0 随输入泵浦光功率 P_{p0} 的增加而增大。曲线的平坦区表明，泵浦光过强时未被充分吸收的过剩泵浦光能量将从输出端逸出，对提高放大器的增益不起作用。

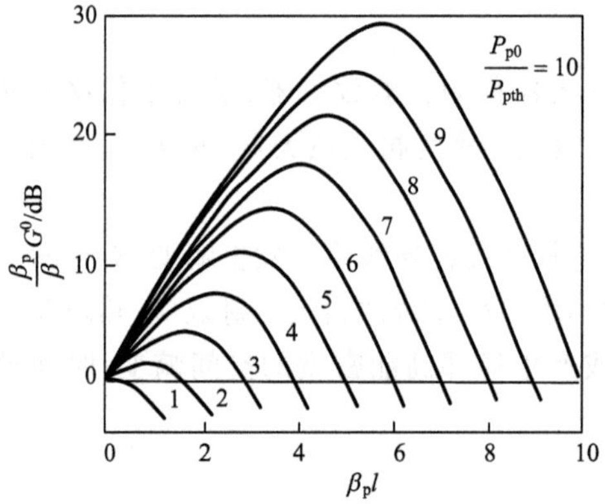

图 5.7-3 归一化小信号增益和归一化掺铒光纤长度关系曲线

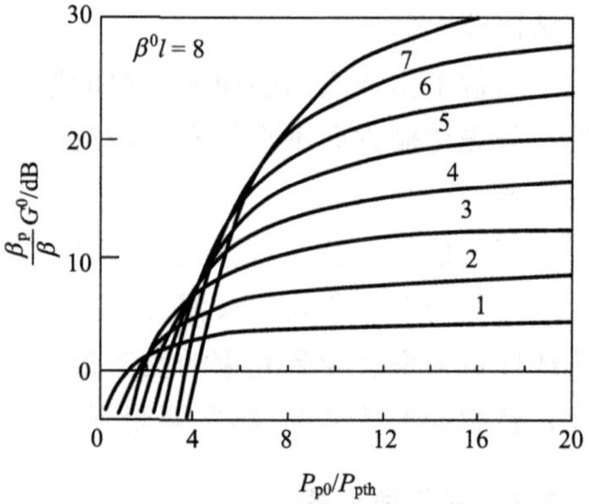

图 5.7-4 归一化小信号增益和归一化泵浦功率关系曲线

小信号工作状态下虽能得到较大的增益，但放大器的输出功率很小，只适用于作前置放大器。若需要输出相当光功率的光纤放大器，通常放大器工作于大信号增益饱和状态。这时输出信号光功率 $P(l)$和输入信号光功率 P_0 的关系曲线呈饱和状，光放大器的增益率 G 将随输出光功率 $P(l)$的增加而下降，如图 5.7-5 所示。曲线的平坦部分对应于小信号工作区，增益较小信号增益下降 3dB 所对应的输出功率称为光放大器的饱和输出功率，表征光放大器的高功率输出能力。图 5.7-6 为某一泵浦光功率下最大输出光功率与输入光功率 P_0 的关系曲线。

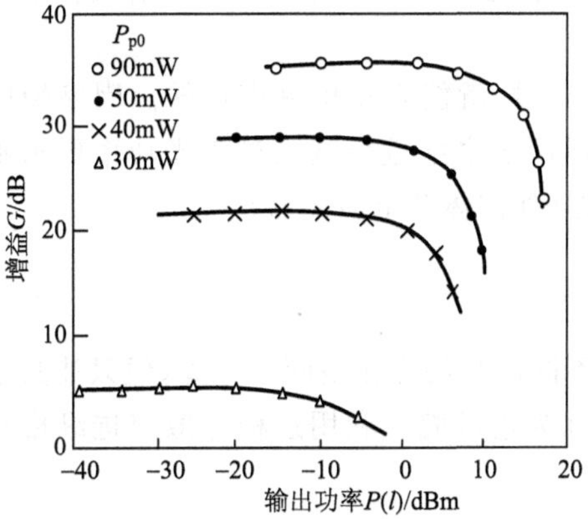

图 5.7-5　掺铒光纤放大器的增益饱和特性

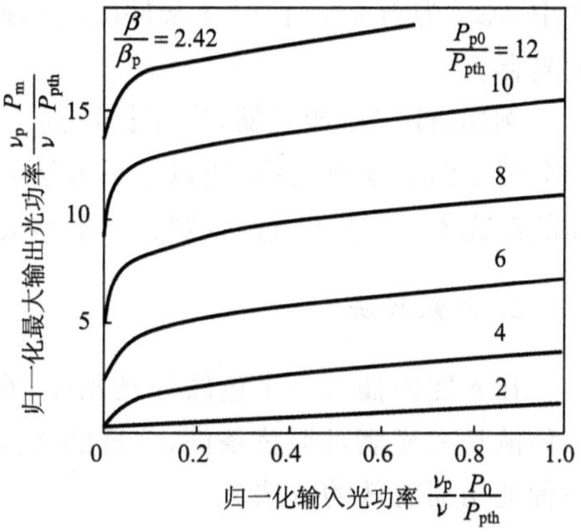

图 5.7-6　归一化信号输入/输出光功率特性

5.8　单模激光器

激光的优点是具有良好的方向性、单色性和相干性，理想激光器的输出光束应只具有一个模式，然而若不采取选模措施，多数激光器的工作状态往往是多模的。含有高阶横模的激光束光强沿径向散布，光束发散角较大，含有多纵模及多横模的激光束单色性及相干性差。因此，要提高激光的单色性、方向性和相干性，就必须首先限制能够参与振荡的模式数目，这就是激光选模技术的意义。

激光的模式可分为纵模和横模两大类，纵模主要决定频率特性，横模主要决定方向性。因此，选模技术又分为纵模选择技术和横模选择技术。

5.8.1　单纵模激光器

激光工作介质的增益线宽是有限的，而无源光腔只允许一些分立的频率成分存在，这些分立的频率光场称为光腔的纵模，而且每一纵模的线宽远远小于增益线宽。因此，在增益线宽内可能有很多纵模满足振荡阈值条件，形成多纵模振荡。如果在增益线宽内只允许一个纵模存在，激光振荡也就只在一个纵模上发生，称为单纵模激光器。单纵模激光器能输出单色性最好的激光束，而实现单纵模的方法称为选纵模技术。

1. 短腔法

缩短腔长将使无源腔纵模频率间隔拉大，如果这个频率间隔大于激光增益线宽，则只可能有一个纵模获得增益。短腔选模条件可表达为

$$\Delta\nu_q = \frac{c}{2L} > \Delta\nu_{osc} \tag{5.8-1}$$

式中，$\Delta\nu_{osc}$为由 $g^0(\nu)>\delta/l$ 条件决定的振荡带宽。此方法适用于荧光谱线较窄的激光器。

例如，He-Ne 激光器，当腔长短到 10cm 时，就能实现单纵模运转。因缩短腔长会减小激光输出功率，所以这种方法只适用于窄增益线宽又对激光功率要求不高的激光器，不适于增益线宽较宽的激光器(如固体及氩激光器)。

2. 色散腔法

在光腔内插入一个色散分光元件，使不同波长的光在空间上分离，但只让其中一种波长的光满足振荡条件，这样的光腔称为色散腔。利用这种色散腔选纵模是一种通用而有效的方法。

3. 干涉子腔法

为克服短腔法因激光工作介质受到相应的限制而使输出功率太低的缺点，采用复合光腔是最好的办法。复合腔由大腔长的主腔(包含工作介质)和短腔长的子腔组成，主腔允许较多的纵模存在，而子腔的干涉效应则只允许其中一个纵模通过，对其他纵模呈现较大损耗。其综合效果是只允许一个纵模实现较强功率的振荡，达到既选单纵模又保持较大功率的目的。图 5.8-1 是福克斯-史密斯(Fox-Smith)型复合腔。

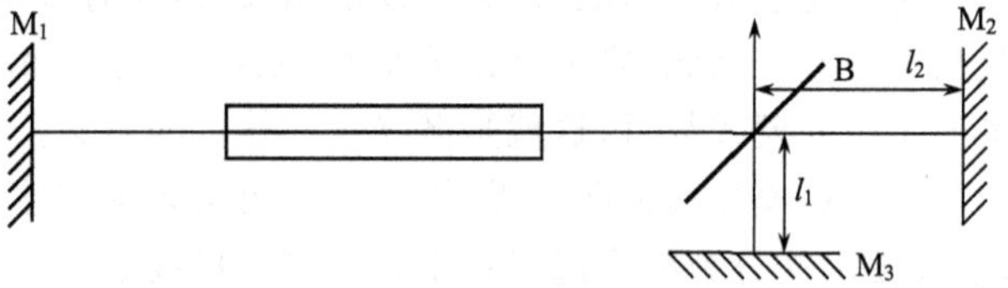

图 5.8-1　福克斯-史密斯干涉仪选模装置

4. 行波腔方法

在均匀加宽工作物质组成的激光器中，虽然增益饱和过程中的模式竞争有助于形成单纵模振荡，但由于驻波腔中空间烧孔的存在，当激励足够强时，激光器仍然出现多纵模振荡。若采用环形腔，并在腔内插入一个只允许光单向通过的隔离器，则可形成无空间烧孔的行波腔，以实现单纵模振荡。如图 5.8-2 就是环形行波腔激光器结构示意图，用多于两个的反射镜构成三角形环行光腔，其中一臂置工作介质，另一臂置一

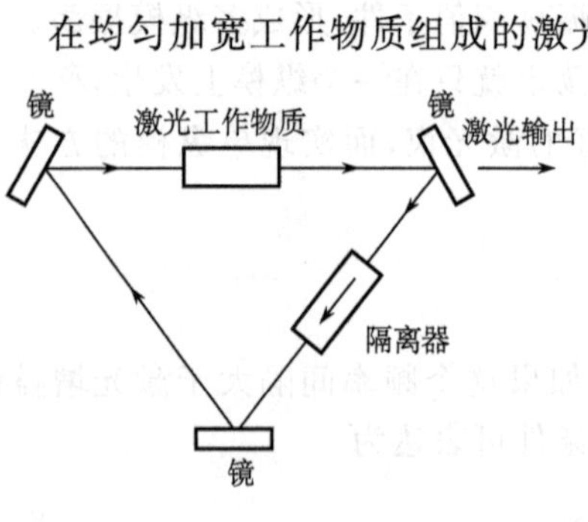

图 5.8-2　环形行波腔激光器

单向隔离器，只允许一个方向传播的光通过。这样激光只能以行波方式沿顺时针或逆时针方向传播，从而获得单纵模输出。

5. 选择性损耗法

若在腔内插入标准具或构成组合腔，则由于多光束干涉效应，谐振腔具有与频率有关的选择性损耗，损耗小的纵模形成振荡，损耗大的纵模则被抑制。图 5.8-3 为腔内插入 F-P 标准具的激光器。由于多光束干涉，只有某些特定频率的光能透过标准具在腔内往返传播，因而具有较小的损耗，其他频率的光因不能透过标准具而具有很大的损耗。

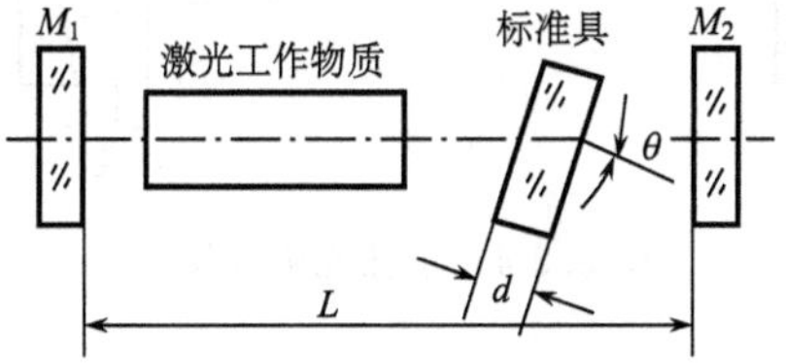

图 5.8-3 腔内插入 F-P 标准具

5.8.2 基横模激光器

横模是指由于光腔（包括工作介质在内）的横向尺寸限制能允许独立存在的各种光场分布形式。激光模式用符号 TEM_{mnq} 表示，TEM 表示横电磁波，下标前两个 m、n 表示 x、y 方向光场的零线或暗线数目，第三个下标 q 表示纵模代号，这些下标只能取正整数，数目的大小表示模式阶次的高低。模式阶次越高，光场分布越分散，方向性越差。其中 TEM_{00} 模能量最集中，方向性最好，称为基横模。

在各个横模的增益大体相同的条件下，不同横模间衍射损耗的差别就是进行横模选择的根据。稳定腔中，基模的衍射损耗最低，随着横模阶次的增高，衍射损耗将迅速增加。选横模技术就是只允许基横模存在，而抑制其他高阶模振荡的技术。主要方法如下。

1. 选择腔型和腔参数

光腔理论表明，稳定腔与非稳腔相比，前者的横模间损耗差别很小，通常总是多横模振荡；而后者的横模间损耗差别很大，具有强的抑制高阶横模的能力，是一种很好的选横模光腔。因为非稳腔本身就是高损耗腔，不但高阶模相对基横模损耗差别大，而且基横模自身的损耗也较高，所以它只适宜那些高增益工作介质的情况。当低增益介质必须选用稳定腔时，通过腔参数设计尽量向非稳腔靠拢，同时采用一些其他补救方法。

2. 光阑选模

在光腔中人为插入一个小孔光阑，只允许基横模通过，阻挡其他高阶模，可以达到选模目的。但往往为了较好地限制高阶模同时也限制了基横模的体积,这对提高基横模输出功率不利。小孔光阑和聚焦光阑选模如图 5.8-4 和 5.8-5 所示。

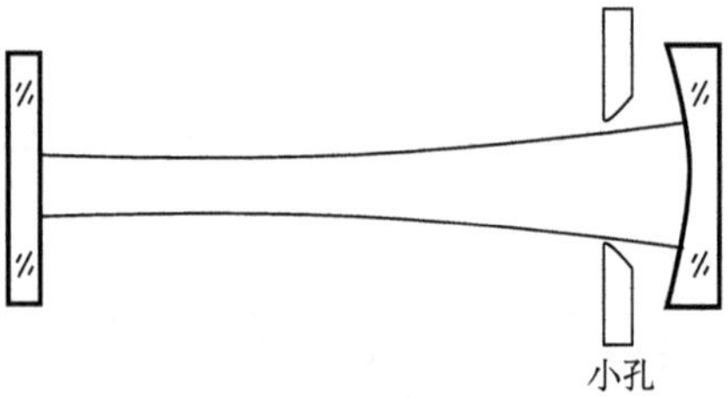

图 5.8-4 小孔光阑选模

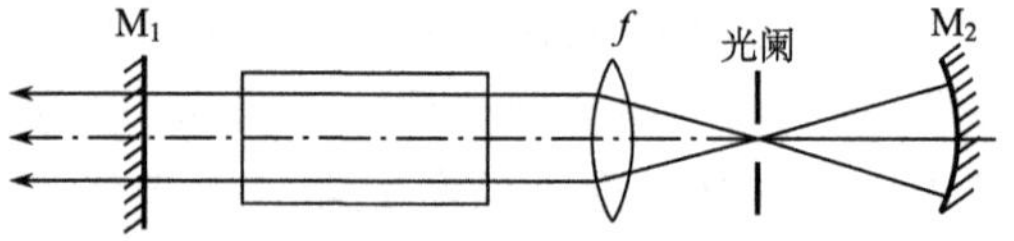

图 5.8-5 聚焦光阑选模

3. 自孔径选模

如果选择适当的光腔参数以增大基横模在激光晶体中的光斑尺寸,那么既可增大有效的基横模体积,同时又可利用激光棒本身的横向尺寸起到小孔光阑的限制模作用,这就是自孔径选模技术。

4. 棱镜选模

对于高增益激光器,为使输出功率最大,其腔镜最佳反射率往往较低。在这种情况下,依据棱镜的临界角附近反射率随入射角的变化而迅速变化的原理,可用棱镜代替光腔的一个反射镜进行选模。

5. 微调谐振腔

对于平面腔,当腔镜倾斜时基模损耗增加最显著,腔的偏调有利于高阶模的优先振荡。在稳定腔中,由于基模体积最小面高阶模的体积较大,当腔镜发生倾斜时,高阶横模损耗显著增大,基模受到的影响较小,因而仍可继续维持振荡。这样,适当将腔镜倾斜就可以抑制高阶横模。

习题与思考题 5

1. 激光输出波长在可见光范围内的激光器有哪些?常用波长为多少?
2. 分析二氧化碳激光器效率高的原因。
3. 发光二极管与半导体激光器有何根本的差异?
4. 用 F-P 标准具选单纵模时,为什么 F-P 标准具的自由谱区(相邻透射率峰的频率间隔)需要大于激光器的振荡线宽,而透射谱线宽度需要小于纵模间隔?
5. 用 F-P 标准具选单纵模时,将标准具放在谐振腔内还是谐振腔外更好,并说明理由。

6. 假定激励足够强，忽略光隔离器的插入损耗，分析在均匀加宽环形激光器谐振腔中加入光隔离器或没有光隔离器两种情况下的输出模式，并说明理由。
7. 固体或半导体激光器能用短腔法进行选模吗？为什么？
8. 说明非稳腔选横模的原理和优点。
9. 已知一个单纵模氦氖激光器其振荡频率位于谱线中心，若该激光器的一个腔镜与压电位移器连接，试问反射镜位移为多大时会发生跳模(即振荡模式由一个纵模变为另一个相邻的纵模)？
10. 简述反兰姆凹陷形成的物理机制。
11. 试画出对 Nd:YAG 连续激光器进行声光 Q 调制时，腔内损耗、反转粒子数密度及光子数密度随时间变化的示意图(假设 Q 调制脉冲为矩形脉冲)。
12. 试比较调 Q 激光器和锁模激光器产生短脉冲的工作原理的本质区别。
13. 从物理上说明为什么通常被动锁模比主动锁模产生的光脉冲更窄？
14. 在电光调制器中，为了得到线性调制，在调制器中插入一个 $\lambda/4$ 波片，波片的轴向如何设置最好？若旋转 $\lambda/4$ 波片，它所提供的直流偏置有何变化？

附录A

激光参数的定义和测试方法

A.1 激光光斑宽度和光斑直径

1. 激光光斑宽度和光斑直径的定义

1）光斑宽度

光斑宽度是激光束在传播方向上任意一点垂直于光轴的截面上某一方向的激光光斑尺寸。激光束传播方向 z 处 x 方向光斑宽度 $d_{\sigma x}$ 和 y 方向光斑宽度 $d_{\sigma x}$ 分别表示为

$$d_{\sigma x}(z) = 4\sigma_x(z) \tag{A.1-1}$$

$$d_{\sigma y}(z) = 4\sigma_y(z) \tag{A.1-2}$$

式中，$\sigma_x(z)$ 和 $\sigma_y(z)$ 是光强二阶矩的开方。若以 $I(x,y,z)$ 表示 z 处的光强分布，则光强的二阶矩分别表示为

$$\sigma_x^2(z) = \frac{\iint (x-\bar{x})^2 I(x,y,z)\mathrm{d}x\mathrm{d}y}{\iint I(x,y,z)\mathrm{d}x\mathrm{d}y} \tag{A.1-3}$$

$$\sigma_y^2(z) = \frac{\iint (y-\bar{y})^2 I(x,y,z)\mathrm{d}x\mathrm{d}y}{\iint I(x,y,z)\mathrm{d}x\mathrm{d}y} \tag{A.1-4}$$

其中，$\bar{x}$ 和 $\bar{y}$ 为光强的一阶矩，表示为

$$\bar{x} = \frac{\iint xI(x,y,z)\mathrm{d}x\mathrm{d}y}{\iint I(x,y,z)\mathrm{d}x\mathrm{d}y} \tag{A.1-5}$$

$$\bar{y} = \frac{\iint yI(x,y,z)\mathrm{d}x\mathrm{d}y}{\iint I(x,y,z)\mathrm{d}x\mathrm{d}y} \tag{A.1-6}$$

2）光斑直径

光斑直径是两个主轴比小于或等于 1.15∶1 的近似圆形光斑的光斑宽度。激

光束传播方向上 z 处的光斑直径 d_σ 表示为

$$d_\sigma(z) = 2\sqrt{2}\sigma(z) \tag{A.1-7}$$

式中，$\sigma(z)$是光强二阶矩的开方。若以 $I(r,z)$表示 z 处的光强分布，则光强的二阶矩表示为

$$\sigma^2(z) = \frac{\iint r^2 I(r,z)\mathrm{d}x\mathrm{d}y}{\iint I(r,z)\mathrm{d}x\mathrm{d}y} \tag{A.1-8}$$

2. 激光光斑宽度和光斑直径的测量方法

1) 套孔法(适用于光斑直径测量)

测量方法如图 A.1-1 所示，首先测量不加光阑时的激光束能量 Q(或光功率 P)；然后将较小直径的光阑置于光轴 z 处，沿垂直于光轴的 x 和 y 方向反复调整光阑的位置，使能量计(或功率计)接收的能量(或功率)最大并记录此时的激光束能量 Q'(或光功率 P')，即可求得光阑的透过率

$$T = \frac{Q'}{Q} \times 100\% \tag{A.1-9}$$

或

$$T = \frac{P'}{P} \times 100\% \tag{A.1-10}$$

改变光阑孔径，当 $T=86.5\%$时，测得的光阑直径 d'即为 z 处的光斑直径 d。

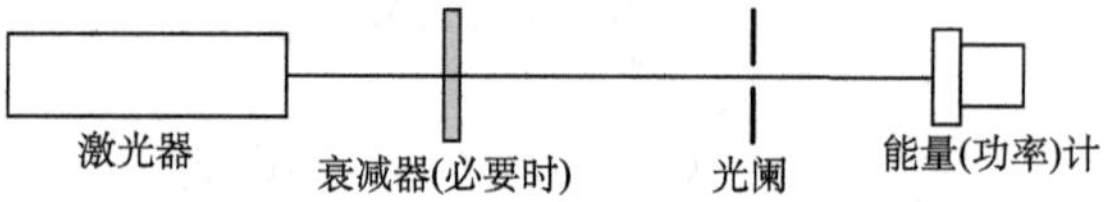

图 A.1-1　套孔法测量光斑宽度示意图

2) 刀口法(适用于光斑宽度和光斑直径测量)

测量方法如图 A.1-2 所示，首先测量不加刀口时的激光束能量 Q(或光功率 P)；然后将刀口仪放置于激光器及能量(功率)计之间的光轴上，刀口沿与光束垂直的 x 方向移动，逐渐遮挡输出光斑，进入能量(功率)计的能量(功率)逐渐减小。记录能量(功率)计读数为原始能量(功率)84%及 16%时对应的位置 x_1 和 x_2，则 x 方向的光斑宽度为

$$d_x = 2|x_1 - x_2| \tag{A.1-11}$$

同理，若刀口沿与光束垂直的 y 方向移动，逐渐遮挡输出光斑，记录能量(功率)计读数为原始能量(功率)84%及 16%时对应的位置 y_1 和 y_2，则 y 方向的光斑宽

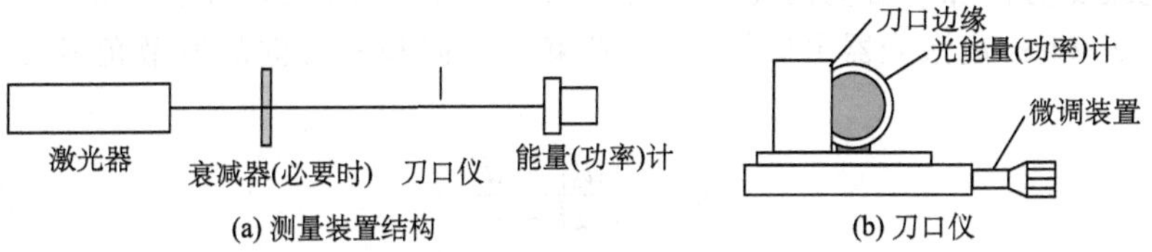

图 A. 1-2　刀口法测量光斑宽度示意图

度为

$$d_y = 2\left| y_1 - y_2 \right| \tag{A. 1-12}$$

3) CCD 法(适用于光斑宽度和光斑直径测量)

测量方法如图 A. 1-3 所示,动态范围大于 8bit 的 CCD 探测器置于垂直于光轴的 z 处,选择适当的衰减量并充分利用 CCD 动态范围,测量 z 点截面光斑的能量(功率)强度分布,按照式(A. 1-1)～式(A. 1-4)直接计算得到光斑的宽度或光斑半径。

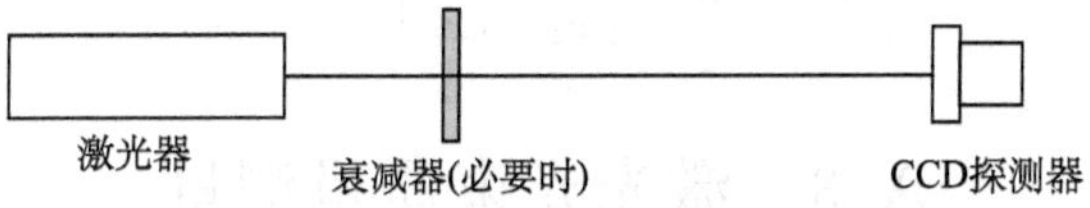

图 A. 1-3　CCD 法测量光斑宽度示意图

A. 2　激光光束发散角测量

1. 聚焦镜法

在激光光束适当位置放置焦距为 f 的长焦距聚焦透镜,按照激光光斑宽度和光斑直径的测量方法测量聚焦镜焦平面上光斑 x 方向和 y 方向的光斑宽度 d_x 和 d_y 或光斑直径 d,则光束在 x 方向和 y 方向的发散角或发散角分别为

$$\theta_x = \frac{d_x}{f} \tag{A. 2-1}$$

$$\theta_y = \frac{d_y}{f} \tag{A. 2-2}$$

$$\theta = \frac{d}{f} \tag{A. 2-3}$$

2. 光斑宽度计算法

按照激光光斑宽度和光斑直径的测量方法测量束腰同一侧光轴上两点 z_1 和

z_2 处光斑 x 方向和 y 方向的光斑宽度 d_{x1}、d_{y1} 和 d_{x2}、d_{y2} 或光斑直径 d_1 和 d_2。当测量点 z_1 和 z_2 离激光器出口较近时，光束 x 方向和 y 方向的发散角或发散角分别为

$$\theta_x = \left| \frac{d_{x1}^2 - d_{x2}^2}{z_1^2 - z_2^2} \right| \tag{A. 2-4}$$

$$\theta_y = \left| \frac{d_{y1}^2 - d_{y2}^2}{z_1^2 - z_2^2} \right| \tag{A. 2-5}$$

$$\theta = \left| \frac{d_1^2 - d_2^2}{z_1^2 - z_2^2} \right| \tag{A. 2-6}$$

当测量点 z_1 和 z_2 离激光器出口较远时，光束在 x 方向和 y 方向的发散角或发散角分别为

$$\theta_x = \left| \frac{d_{x1} - d_{x2}}{z_1 - z_2} \right| \tag{A. 2-7}$$

$$\theta_y = \left| \frac{d_{y1} - d_{y2}}{z_1 - z_2} \right| \tag{A. 2-8}$$

$$\theta = \left| \frac{d_1 - d_2}{z_1 - z_2} \right| \tag{A. 2-9}$$

A. 3 激光光束质量测量

用 M^2 表示光束质量因子，则

$$M^2 = \frac{\pi}{4\lambda} d_0 \theta \tag{A. 3-1}$$

式中，d_0 为束腰宽度或束腰半径，θ 为远场发散角，λ 为激光波长。

1. 测量方法 1

分别测量激光光束束腰同一侧适当位置 z_1、z_2、z_3 处的光斑宽度 d_1、d_2、d_3，则由

$$d_i^2 = A + Bz_i + Cz_i^2 \quad (i = 1,2,3) \tag{A. 3-2}$$

计算出 A、B、C 的值，即可求得束腰位置 z_0、束腰直径 d_0 和远场发散角 θ 为

$$z_0 = \frac{-B}{2C} \tag{A. 3-3}$$

$$d_0 = \sqrt{A - \frac{B^2}{4C}} \tag{A. 3-4}$$

$$\theta = \sqrt{C} \tag{A. 3-5}$$

式(A. 3-3)～式(A. 3-5)代入式(A. 3-1)得到计算光束质量因子 M^2 的计算公式

$$M^2 = \frac{\pi}{\lambda}\sqrt{AC - \frac{B^2}{4}} \tag{A. 3-6}$$

2. 测量方法 2

在光路适当位放置焦距为 f 的长焦距的聚焦镜，按照激光光斑直径测量方法测量被聚焦后像方空间最小光斑直径，即像方束腰直径 d_0'，同时测量像方束腰到聚焦镜的距离 u，则物方空间光束束腰直径为

$$d_0 = \frac{fd_0'}{u - f} \tag{A. 3-7}$$

按照测量激光光束发散角的方法测量光束发散角 θ，将测得的 d_0 和 θ 代入式(A. 3-1)，即可计算光束质量因子 M^2。

附录B

常用物理常数、常量和常用符号表

表 1 常用物理常数与常量

物理常数与常量	符　号	数　　值
真空中的光速	c	2.99792458×10^{8} m/s
基本电荷	e	1.6021892×10^{-19} C
普朗克常量	$\hbar=h/(2\pi)$	6.626176×10^{-34} J·s 1.0545887×10^{-34} J·s
阿伏加德罗常数	N_A	6.022045×10^{23}/mol
原子质量单位	u	1.6605655×10^{-27} kg
电子静止质量	m_e	9.109534×10^{-31} kg $5.4858026\times10^{-4}u$
质子静止质量	m_p	1.6726485×10^{-27} kg $1.00727647u$
气体常量	R	8.31441J/K·mol
玻尔兹曼常量	k_B	1.380662×10^{-23} J/K
真空介电常量	ε_0	$8.854187818\times10^{-12}$ F/m
真空磁导率	μ_0	$4\pi\times10^{-7}$ H/m

表 2 常用符号表

物理量名称	物理量符号	单位名称	单位符号
长度	L、l	米	m
面积	S、A	平方米	m^2
体积、容积	V	立方米	m^3
时间	t、τ	秒	s
[平面]角	α、β、γ、θ、φ 等	弧度	rad
立体角	Ω	球面度	sr
速度	v、u、c	米每秒	$m\cdot s^{-1}$
加速度	a	米每二次方秒	$m\cdot s^{-2}$
角速度	ω	弧度每秒	$rad\cdot s^{-1}$
角加速度	β	弧度每二次方秒	$rad\cdot s^{-2}$

续表

物理量名称	物理量符号	单位名称	单位符号
周期	T	秒	s
频率	f、ν	赫[兹]	Hz(1Hz=1s^{-1})
角(圆)频率	ω	弧度每秒	rad · s^{-1}
波长	λ	米	m
波数	$\tilde{\lambda}$	每米	m^{-1}
振幅	A	米	m
相位	φ、ϕ、Φ	弧度	rad
质量	M、m	千克	kg
密度	ρ	千克每立方米	kg · m^{-3}
数密度	N、n	每立方米	m^{-3}
力	F、f	牛[顿]	N
力矩	M	牛[顿]米	N · m
压力,压强	P、p	帕[斯卡]	Pa、N · m^{-2}
动量	P、p	千克米每秒	kg · m · s^{-1}
冲量	I	千克米每秒	kg · m · s^{-1}
动量矩、角动量	L	千克二次方米每秒	kg · m^2 · s^{-1}
功	W、A	焦[耳]、电子伏特	J、eV
能[量]	W、E	焦[耳]、电子伏特	J、eV
动能	E_k、T	焦[耳]、电子伏特	J、eV
势能	E_p、V	焦[耳]、电子伏特	J、eV
功率	P	瓦[特]	J · s^{-1}、W
热力学温度	T、Θ	开[尔文]	K
摄氏温度	t、θ	摄氏度	℃
热量	Q	焦[耳]	J
热导率(导热系数)	κ、λ	瓦[特]每米每开[尔文]	W · m^{-1} · K^{-1}
热容[量]	C	焦[耳]每开[尔文]	J · K^{-1}
质量热容	c	焦[耳]每千克	J · kg^{-1}
摩尔质量	M	千克每摩尔	kg · mol^{-1}
摩尔定压热容	C_p	焦[耳]每摩尔每开[尔文]	J · mol^{-1} · K^{-1}
摩尔定容热容	C_V	焦[耳]每摩尔每开[尔文]	J · mol^{-1} · K^{-1}
内能	E、U	焦[耳]	J
熵	S	焦[耳]每开[尔文]	J · K^{-1}
平均自由程	λ	米	m
扩散系数	D	二次方米每秒	m^2 · s^{-1}

续表

物理量名称	物理量符号	单位名称	单位符号
电量	Q、q	库[仑]	C
电流强度	I、i	安[培]	A
电场强度	E	伏[特]每米	$V\cdot m^{-1}$
电势	U、V	伏[特]	V
电势差、电压	U_{12}、U_1-U_2、V	伏[特]	V
电位移	D	库[仑]每平方米	$C\cdot m^{-2}$
电位移通量	Ψ、Φ_e	库[仑]	C
电容	C	法[拉]	$F(1F=1C\cdot V^{-1})$
介电常量(电容率)	ε	法[拉]每米	$F\cdot m^{-1}$
相对介电常数(相对电容率)	ε_r		
电[偶极]矩	p、p_e	库[仑]每米	$C\cdot m^{-1}$
电流密度	j、δ	安[培]每平方米	$A\cdot m^{-2}$
磁场强度	H	安[培]每米	$A\cdot m^{-1}$
磁感应强度	B	特[斯拉]	$T(1T=1Wb\cdot m^{-2})$
磁通量	Φ	韦[伯]	$Wb(1Wb=1V\cdot s)$
自感	L	亨[利]	$H(1H=1Wb\cdot A^{-1})$
互感	M、L_{12}	亨[利]	H
磁导率	μ	亨[利]每米	$H\cdot m^{-1}$
磁矩	m、p_m	安[培]平方米	$A\cdot m^2$
电磁能密度	w	焦[耳]每立方米	$J\cdot m^{-3}$
坡印亭矢量	$\boldsymbol{S}$	瓦[特]每平方米	$W\cdot m^{-2}$
[直流]电阻	R	欧[姆]	$\Omega(1\Omega=1V\cdot A^{-1})$
电阻率	ρ	欧[姆]米	$\Omega\cdot m$
光强	I	瓦[特]每平方米	$W\cdot m^{-2}$
相对磁导率	μ_r		
折射率	n		
发光强度	I	坎[德拉]	cd
辐[射]出[射]度	M	瓦[特]每平方米	$W\cdot m^{-2}$
辐[射]照度	I	瓦[特]每平方米	$W\cdot m^{-2}$

参考文献

蔡伯荣 等.1988. 激光器件. 长沙:湖南科技出版社

陈英礼.1986. 激光导论. 北京:电子工业出版社

戴特力.1993. 半导体二极管泵浦固体激光器. 成都:四川大学出版社

江剑平.2000. 半导体激光器. 北京:电子工业出版社

蓝信钜 等.2001. 激光技术. 北京:科学出版社

李适民 等.2005. 激光器件原理与设计. 北京:国防工业出版社

刘树杞 等.1990. 量子电子学. 天津:天津科学技术出版社

吕百达.1986. 激光光学. 成都:四川大学出版社

钱梅珍 等.2001. 激光物理. 北京:电子工业出版社

王雨山 等.2004. 激光物理基础. 哈尔滨:哈尔滨工业大学出版社

徐荣甫 等.1995. 激光器件与技术. 北京:北京理工大学出版社

姚建铨.1995. 非线性光学频率变换及激光调谐技术. 北京:科学出版社

张国威 等.1989. 激光光谱学. 北京:北京理工大学出版社

章若冰 等.1988. 激光物理导论. 天津:天津大学出版社

周炳琨 等.2000. 激光原理. 第4版. 北京:国防工业出版社

Koechner W. 1999. Solid-State Laser Engineering. New York:Springer

Maitland A,Dunn M H. 1975. 激光物理. 朱如曾 等编译. 北京:国防工业出版社

Orazio Svelto. 1998. Principles of Lasers. New York:Springer

Stitch M L. 1979. Laser Handbook. Amsterdam:North-Holland